D1832483

# ओमप्रकाश वाल्मीकि

ओमप्रकाश वाल्मीकि का जन्म 30 जून, 1950 को बरला, जिला–मुजफ्फरनगर, उत्तर प्रदेश में हुआ। उन्होंने हिन्दी साहित्य से एम.ए. किया।

उनकी प्रकाशित कृतियाँ हैं—'सदियों का संताप', 'बस्स! बहुत हो चुका', 'अब और नहीं', 'शब्द झूठ नहीं बोलते', 'चयनित कविताएँ' (कविता-संग्रह); 'जूठन' (आत्मकथा); 'सलाम', 'घुसपैठिए', 'अम्मा एंड अदर स्टोरीज़', 'छतरी' (कहानी-संग्रह); 'दलित साहित्य का सौन्दर्यशास्त्र', 'मुख्यधारा और दलित साहित्य', 'दलित साहित्य : अनुभव, संघर्ष और यथार्थ' (आलोचना); 'सफाई देवता' (सामाजिक अध्ययन)।

उनकी आत्मकथा 'जूठन' अंग्रेजी, जर्मन, स्वीडिश, पंजाबी, तमिल, तेलगू, मलयालम, कन्नड़ आदि भाषाओं में अनूदित एवं प्रकाशित है। उन्होंने कई अनुवाद भी किए जिनमें 'सायरन का शहर' शीर्षक से अरुण काले के कविता-संग्रह का मराठी से हिन्दी में अनुवाद और 'मैं हिन्दू क्यों नहीं' शीर्षक से कांचा एलैया की अंग्रेज़ी पुस्तक का हिन्दी में अनुवाद प्रमुख हैं। इनके अलावा लोकनाथ यशवन्त की अनेक मराठी कविताओं का हिन्दी में अनुवाद किया। लगभग 60 नाटकों में अभिनय एवं निर्देशन किया। विभिन्न नाट्य-दलों द्वारा 'दो चेहरे' के मंचन हुए हैं। इसके अलावा 'जूठन' के नाट्य-रूपान्तरण के भी कई मंचन हुए। प्रथम हिन्दी दलित साहित्य सम्मेलन, नागपुर के अध्यक्ष; 28वें अस्मितादर्श साहित्य सम्मेलन, चन्द्रपुर, महाराष्ट्र के अध्यक्ष और भारतीय उच्च अध्ययन संस्थान, राष्ट्रपति निवास, शिमला सोसाइटी के सदस्य रहे।

उन्हें 'डॉ. अम्बेडकर राष्ट्रीय पुरस्कार', 'परिवेश सम्मान', 'जयश्री सम्मान', 'कथाक्रम सम्मान', 'न्यू इंडिया बुक पुरस्कार', 'साहित्य भूषण सम्मान' और उत्तर प्रदेश हिन्दी संस्थान के सम्मान से सम्मानित किया गया है।

**निधन** : 17 नवम्बर, 2013

# सलाम

ओमप्रकाश वाल्मीकि

राधाकृष्ण पेपरबैक्स

पहला पुस्तकालय संस्करण
राधाकृष्ण प्रकाशन प्राइवेट लिमिटेड द्वारा
2000 में प्रकाशित

राधाकृष्ण पेपरबैक्स में
**पहला संस्करण :** 2004
**सातवाँसंस्करण :** 2023

© श्रीमती चन्द्रकला

---

**राधाकृष्ण पेपरबैक्स :** उत्कृष्ट साहित्य के जनसुलभ संस्करण

---

राधाकृष्ण प्रकाशन प्राइवेट लिमिटेड
जी-17, जगतपुरी, दिल्ली-110 051
द्वारा प्रकाशित

**शाखाएँ :** अशोक राजपथ, साइंस कॉलेज के सामने, पटना-800 006
पहली मंजिल, दरबारी बिल्डिंग, महात्मा गांधी मार्ग, प्रयागराज-211 001
1, अनमोल सोराबजी संतुक लेन, धोबी तलाव, मरीन लाइंस, मुम्बई-400 002
वेबसाइट : www.radhakrishnaprakashan.com
ई-मेल : info@radhakrishnaprakashan.com

बी.के. ऑफसेट
नवीन शाहदरा, दिल्ली-110 032
द्वारा मुद्रित

**मूल्य : ₹** 199

SALAM
*Short Stories* by Omprakash Valmiki

ISBN : 978-81-7119-897-9

श्रद्धेय श्री राजेन्द्र यादव जी को...

# अनुक्रम

# सलाम

शादी की रस्म पूरी होते-होते रात के दो बज गए थे। ज्यादातर बाराती सो चुके थे। गिने-चुने लोग ही दूल्हे के साथ विवाह-मंडप में मौजूद थे। कमल उपाध्याय अतिरिक्त उत्साह में हरीश के साथ हर जगह मौजूद था। घर-परिवार के सदस्य की तरह सारी व्यवस्था कमल उपाध्याय की देख-रेख में संपन्न हो रही थी। हरीश और कमल के संबंध ही कुछ ऐसे थे।

फेरों से लौटकर वे बरामदे में ऐसी जगह तलाशने लगे, जहाँ थोड़ी देर पीठ टिकाकर पाँव सीधे किए जा सकें। छोटे से बरामदे में एक साथ इतने सारे लोग गुड़-मुड़ होकर सोए थे। कहीं ऐसी जगह नहीं बची थी कि खुलकर लेटा जा सके।

बारात ठहराने के लिए स्कूल का बरामदा ही मिल पाया था। प्रधान जी ने स्कूल खोल देने की हामी तो भर दी थी। लेकिन ऐन वक्त पर हेडमास्टर कहीं रिश्तेदारी में चले गए थे। काफी भागदौड़ के बाद भी चाबी नहीं मिली थी। आखिर हारकर बारात को बरामदे में ही ठहराना पड़ा था। स्कूल में जो हैंडपंप था, एक रात पहले किसी ने उसका हत्था और वाल्व भी खोल लिये थे। पीने के पानी का और कोई इंतजाम वहाँ नहीं था। बड़ी मुश्किल से दो मिट्‌टी के घड़े ही मिल पाए थे।

रोशनी के नाम पर भी सिर्फ अँधेरा ही था। सड़क के लैंपपोस्ट की हलकी पीली रोशनी बरामदे तक आकर अँधेरे में तब्दील हो गई थी।

हरीश ने दूल्हेपन के भार को उतारकर दीवार के सहारे पीठ टिका दी। कमल के लिए जगह बनाते हुए बोला, "थोड़ी देर कमर सीधी कर लो। थक गए होगे...तुम्हें तो यहाँ काफी अटपटा लग रहा होगा।"

कमल ने मोजे और जूते सहेजते हुए कहा, "रात भर की ही तो बात है किसी तरह गुजर जाएगी। गाँव के बारे में सिर्फ पढ़ा था। देखा आज ही है।"

"कैसा लग रहा है ?" हरीश ने कमल को अपनी ओर खींचा।

"कैसा क्या...हालत दयनीय है...कितना धैर्य है लोगों में..." कमल ने गहरी साँस ली।

बरामदे के किनारे पर दो बुजुर्ग अभी तक जगे थे। रुक-रुककर बातचीत कर रहे थे। हरीश और कमल की वार्तालाप सुनकर उनकी ओर मुखातिब हुए। उनमें से एक बोला, "बेट्‌टे, हरीश, तुम्हारा ये दोस्त पहली बार गाँव आया है क्या ?"

''हाँ, ताऊ जी...'' उत्तर कमल ने दिया।

''कौन बिरादर हो ?'' बुजुर्ग ने बात आगे बढ़ाई।

''ताऊ, क्या इतना काफी नहीं है कि यह मेरा दोस्त है, और मेरी बारात में शामिल है ?'' हरीश ने नाराजगी व्यक्त की।

बुजुर्ग किसी जमाने में अंग्रेज अफसर की सेवा-टहल में थे, जब भी मौका मिलता, दिखाने की कोशिश करते।

''मैंन्ने कोई इंसलेट बात कही है क्या ?...जो बुरा मान गए !'' बुजुर्ग चुप हो गया।

''ताऊ जी...आपकी बात का बुरा क्या मानना...मैं ब्राह्मण हूँ...और कुछ पूछना हो तो पूछिए...'' कमल ने विनम्रता दिखाई। बुजुर्ग ने कोई प्रत्युत्तर नहीं दिया।

''सो जाओ कमल, सुबह होने में अब ज्यादा देर नहीं है।'' हरीश ने बात बदलने की कोशिश की।

कमल सोने का प्रयास करने लगा। कुछ देर की खामोशी के बाद बोला, ''हरीश, सो गए क्या...सुबह क्या होगा ?''

हरीश की आँखों में नींद भरी हुई थी। अलसाए स्वर में बोला, ''सुबह...क्या मतलब ?''

''हरीश, सुबह जल्दी उठने की आदत है मेरी। चाहे देर रात दो बजे सोऊँ, नींद पाँच बजे ही टूट जाती है। माँ सुबह पाँच बजे से ही पूजा-पाठ में लग जाती हैं। उनकी खटर-पटर से मैं भी उठ जाता हूँ। बरसों से ऐसे ही चल रहा है। माँ सुबह-सुबह चाय बनाकर मेरे हाथ में थमा देती हैं। अब तो ऐसी आदत पड़ गई है कि यदि छह बजे तक चाय न मिले तो सिर भारी होने लगता है।'' कमल ने अपनी तकलीफ सुनाई।

''यहाँ सुबह-सुबह छह बजे चाय कहाँ मिलेगी...'' हरीश ने असमर्थता जताई।

बुजुर्ग ने बीड़ी सुलगा ली थी। जो अँधेरे में चमक पैदा कर रही थी। कमल से बोले, ''बाबू जी, गाँव के बाहर एक दुकान तो है। आप सुबह जाकर देख लेना। शायद मिल जाए।''

''आपने देखी है दुकान ? कितनी दूर है ?'' कमल ने उत्सुकता दिखाई।

''पास ही है। शाम को मैंने वहाँ से बीड़ी का बंडल खरीदा था। सामने जो गली है उससे सीधे चलते जाना। गली खत्म होते ही सड़क है। वहीं पर एक दुकान है।'' बुजुर्ग ने बताया।

सुबह उठते ही कमल चाय की तलाश में निकल पड़ा। गली लगभग सुनसान थी। इक्का-दुक्का लोग अजीब-सी बुक्कल मारे आ-जा रहे थे। रात वाली चहल-पहल कहीं दिखाई नहीं पड़ रही थी।

खड़ंजे पर फिसलन थी। नालियों में बहते पानी से बचते-बचाते वह गली के मुहाने पर एक खुली और रेतीली जगह पर आ गया। सामने ही सड़क के पार एक छप्परनुमा दुकान थी। जिसमें एक किनारे पर भट्‌टी बनी थी। भट्‌टी के साथ ही एक चबूतरा भी था। जिस पर लकड़ी के खोके में पान-बीड़ी, जर्दा, तंबाकू की थैलियाँ रखी थीं। साथ ही दो-तीन बदरंग से डिब्बे रखे थे। भट्‌टी में सुलगते कोयलों से गहरा काला धुआँ

निकल रहा था। जिसका कसैलापन उसने अपने फेफड़ों में महसूस किया। दीवार पर किसी सिने तारिका का अर्द्धनग्न बदरंग कैलेंडर टँगा था। जो धूल और धुएँ के हमलों से मटमैला हो गया था।

भट्‌टी के पास ही एल्यूमिनियम की एक बड़ी-सी केतली रखी थी। जिसका रंग स्याह काला पड़ गया था। कुछ काँच के मटमैले गिलास, कप प्लेटें और शीशे के एक जार में कुछ बिस्कुट पड़े थे। भगोना बाहर से काला और भीतर से भूरा, मटमैला दिखाई पड़ रहा था। आसपास मक्खियों के झुंड के झुंड भिनभिना रहे थे।

चबूतरे पर ही एक जर्जर-सा बूढ़ा आदमी मैले-चीकट कपड़ों में उकड़ूँ बैठा बीड़ी पी रहा था। उसके हाथों, पैरों की नसें उभरी हुई थीं। जैसे किसी ने शरीर का मांस उतारकर त्वचा हड्डियों से चिपका दी हो।

पास ही एक पुरानी-सी बेंच पड़ी थी। जिसकी हालत उस बूढ़े आदमी से भी बदतर थी। कमल ने बेंच पर बैठने की कोशिश की। बेंच चरमराई। किसी तरह अपने आपको बेंच पर टिकाकर कमल ने बूढ़े से कहा, ''चाय मिलेगी ?''

''मिलेगी...थोड़ा टेम लगेगा।'' बूढ़े ने बीड़ी का आखिरी कश खींचा।

कमल दुकान में रखी हर चीज को उत्सुकता से देख रहा था। उसके जेहन में माँ का खयाल आ गया। यदि इस समय घर में होता तो माँ गर्म-गर्म चाय लेकर आती। चाय बनाते समय भी माँ कोई-न-कोई श्लोक दोहराती रहती है।

धुएँ का झोंका कमल के मुँह और आँखों में भर गया। उसने जेब से रूमाल निकालकर नाक-मुँह पर रखा। कड़वाहट उसके भीतर समा गई थी।

''कितनी देर लग जाएगी चाय में...?'' कमल ने जिज्ञासा की।

''बस...अभी हो जागी...भट्‌टी सुलग री है। बैट्‌ठो आप...'' चायवाले ने आश्वस्त किया।

चायवाला लोहे के सरिए से भट्‌टी में कोयले सँवारने लगा।

''नए दिख रहे हो बाबू जी...कहाँ से आए हो ?'' चायवाले ने बात शुरू की।

''देहरादून से।'' कमल ने सहजता से कहा। उसका ध्यान सुलगती भट्‌टी पर टिका था।

देहरादून का नाम सुनकर चायवाला चौंका, ''देहरादून से तो कल एक बारात भी आई है।'' चायवाले ने प्रश्न की तरह कहा।

''हाँ, मैं उसी बारात में आया हूँ।''

''वह बारात तो चूहड़ों के घर आई है।'' चायवाले की जिज्ञासा गोली में बदल चुकी थी।

''तो क्या हुआ ?'' कमल ने सवाल किया।

चायवाला एकदम चुप हो गया था। उसकी चुप्पी ने कमल को संशय में डाल दिया था। चायवाले के हाव-भाव बदल गए थे।

वह भट्‌टी के पास से हटकर इधर-उधर के काम करने लगा था। कभी इस डिब्बे

को उठाकर उधर रख रहा था, कभी मटके से पानी निकालकर कनस्तर में भर रहा था। भट्टी सुलगकर लाल-लाल अंगारों में बदल गई थी। अंगारों से लपटें उठ रही थीं, लेकिन चाय बनने के आसार दिखाई नहीं पड़ रहे थे।

कमल का गला खुश्क होने लगा था। "भट्टी तो धधक गई है। एक कप चाय बना दीजिए।" कमल ने शालीनता से कहा।

चायवाला अनसुना करके अपने काम में लगा हुआ था। कमल का धैर्य टूटने लगा, "भई, चाय बना दो।"

चायवाले ने वहीं से जवाब दिया, "तुझे यहाँ चाय ना मिलने की।" चायवाले की आवाज में रूखापन था। जिसे महसूस करते हुए कमल ने तीखेपन से पूछा, "लेकिन क्यों ? अभी थोड़ी देर पहले तो आपने कहा था, चाय मिलेगी।"

"कहा था...और इब कह रा हूँ नहीं मिलेगी..." चायवाले ने कठोरता से कहा।

कमल चायवाले के व्यवहार से चकित था। फिर भी नम्रता से बोला, "लेकिन भाई साहब हुआ क्या है ?...क्या मैं पैसे नहीं दूँगा ?"

चायवाला उसके ठीक सामने तनकर खड़ा हो गया। दोनों हाथ कूल्हों पर टिकाकर सीना चौड़ा करते हुए बोला, "यो पैसे सहर में जाके दिखाणा। दो पैसे हो गए जेब में तो सारी दुनिया को सिर पे ठाये घूमो...ये सहर नहीं गाँव है...यहाँ चूहड़े-चमारों को मेरी दुकान में तो चाय ना मिलती...कहीं और जाके पियो।"

कमल की नसें फड़फड़ाने लगीं। उसने चायवाले को आग्नेय नेत्रों से घूरा। आवाज में सख्ती भरकर बोला, "चूहड़े-चमारों को नहीं मिलती है तो किसे मिलती है ?"

चायवाला उसकी बात अनसुनी करके फिर अपने काम में लग गया था। कमल को वह असभ्य वनमानुष दिखाई पड़ रहा था। उसने साहस करके पूछा, "तुम्हारी क्या जात है ?"

चायवाला भभक पड़ा, "मेरी जात से तुझे क्या लेणा-देणा। इब चूहड़े-चमार भी जात पूछने लगे...कलजुग आ गया है कलजुग।"

"हाँ, कलजुग आ गया है, सिर्फ तुम्हारे लिए, तुम अपनी जात नहीं बताना चाहते हो तो सुनो—मेरा नाम कमल उपाध्याय है। उपाध्याय का मतलब तो जानते ही होगे, या समझाऊँ...उपाध्याय यानी ब्राह्मण।" कमल ने आँखें तरेरकर कहा।

"चूहड़ों की बारात में बामन ?" चायवाला कर्कशता के साथ हँसा।

"सहर में चूतिया बणाना...मैं तो आदमी कू देखते ही पिछाण (पहचान) लूँ...कि किस जात का है ?" चायवाले ने शेखी बघारी।

उनका वार्तालाप सुनकर राह चलते लोग ठिठककर मजा लेने लगे। सुबह-सुबह का वक्त था, देखते-ही-देखते लोग जमा हो गए। लोगों को देखकर चायवाले की बूढ़ी हड्डियों में जोश आ गया था। आवाज का तेवर चढ़ने लगा।

बल्लू रांघड़ का रामपाल भी भीड़ देखकर ठिठक गया। माजरा क्या है, जानने के लिए चाय की दुकान की ओर बढ़ा। बूढ़ा चायवाला किसी शहरी को फटकार रहा था।

रामपाल ने छूटते ही पूछा, ''चाच्चा, कोण है यो ?''

रामपाल को देखते ही चायवाला और बिफर पड़ा, ''चूहड़ा है। खुद कू बामन बतारा है। जुम्मन चूहड़े का बाराती है। इब तुम लोग ही फैसला करो। जो यो बामन है तो चूहड़ों की बारात में क्या मूत पीणे आया है। जात छिपाके चाय माँग रा है। मैन्ने तो साफ कह दी। बुद्धू की दुकान पे तो मिलेगी ना चाय चूहड़ों-चमारों कू, कहीं और ढूँढ़ ले जाके।'' चायवाले ने आसपास खड़े लोगों का समर्थन जुटाने की कोशिश की।

दुबला-पतला-सा रामपाल सीकिया पहलवान था। गाल पिचके हुए, हड्डियाँ उभरी हुई। बारीक मूँछें, तेल से चीकट बाल। कुल मिलाकर ऐसा हुलिया, जिसे देखकर यह अंदाज बिलकुल नहीं हो सकता था कि इस डेढ़ हड्डी के आदमी का गाँव भर में दबदबा है।

रामपाल को देखते ही खुसर-पुसर एकदम शांत हो गई थी। कमल भी स्वयं को चक्रव्यूह में फँसा महसूस करने लगा था। उसने आसपास खड़े लोगों पर नजर डाली। उसने उनकी बात का विरोध करने के लिए मुँह खोला, ''भाइयो...!''

बात पूरी होने से पहले ही रामपाल ने उसे डाँटा, ''ओ, सहरी जनखे हम तेरे भाई हैं ?—साले जबान सिभाल के बोल, गाँड में डंडा डाल के उलट दूँगा। जाके जुम्मन चूहड़े से रिश्ता बणा। इतनी जोरदार लौंडिया लेके जा रे हैं सहर वाले, जुम्मन के तो सींग लिकड़ आए हैं। अरे, लौंडिया को किसी गाँव में ब्याह देता तो म्हारे जैसों का भी कुछ भला हो जाता...'' एक तीखी हँसी का फव्वारा छूटा। आसपास खड़े लोगों ने उसकी हँसी में अपनी हँसी मिला दी।

कमल को लगा जैसे अपमान का घना बियाबान जंगल उग आया है। उसका रोम-रोम काँपने लगा। उसने आसपास खड़े लोगों पर निगाहें डालीं। हिंसक शिकारी तेज नाखूनों से उस पर हमला करने की तैयारी कर रहे थे।

उसने पहली बार अखबारों में छपी उन खबरों को शिद्दत से महसूस किया। जिस पर विश्वास नहीं कर पाता था वह। फलाँ जगह दलित युवक को पीट-पीटकर मार डाला, फलाँ जगह आग में भून दिया। घरों में आग लगा दी। जब-जब भी हरीश इस तरह का समाचार कमल को सुनाता, वह एक ही तर्क दोहरा देता था।

''हरीश अपने मन से हीन-भावना निकालो। दुनिया कहाँ-से-कहाँ निकल गई और तुम लोग वहीं-के-वहीं हो। उगते सूरज की रोशनी को देखो। अपने आप पर विश्वास करना सीखो। पढ़-लिखकर ऊपर उठोगे तो सब कुछ अपने-आप मिट जाएगा।''

लेकिन इस वक्त कमल के सामने हरीश का एक-एक शब्द सच बनकर खड़ा था। सच साबित हो रहा था।

कमल ने फिर से साहस बटोरा और विरोध किया, ''क्या यही है गाँव का अतिथि सत्कार। आप लोग अपने ही गाँव की लड़की के लिए ऐसी बातें कर रहे हो। क्या वह इस गाँव की बेटी नहीं है ?''

कमल आगे कुछ और बोलता उससे पहले ही रामपाल ने अपने वजूद से ज्यादा

शक्ति से चीखकर बोला, "जा चुपचाप चला जा...वरना एक भी जिंदा वापस ना जा सकेगा, ना बो लौंडिया ही जा पाएगी..." कमल को धक्का देकर छप्परनुमा दुकान से बाहर कर दिया रामपाल ने।

कमल कोई बावेला खड़ा करना नहीं चाहता था। सीने में उठ रहे ज्वार को उसने शांत रखा। उसे हरीश का खयाल आ गया। वक्त की नजाकत भाँपकर चुप रह जाना ही ठीक लगा।

सड़क से उतरकर वह रेतीले रास्ते पर आ गया। उसकी रग-रग में अंगारे दहक रहे थे। लड़कों का झुंड उसके पीछे लग गया था। वे कमल को चिढ़ाने का प्रयास करने लगे।

"चूहड़ा-चूहड़ा...चूहड़ा..." वे जोर-जोर से चिल्ला रहे थे। प्रत्येक शब्द नश्तर की तरह उसके जिस्म को चीरकर लहूलुहान कर रहा था।

कमल लड़कों से बचकर गली की ओर लपका। तेज कदमों से लगभग दौड़ते हुए वह जनवासे में पहुँचा। उसकी साँस फूल गई थी। मूड बुरी तरह उखड़ा हुआ था। जिस्म पर अभी तक हजारों-चीटियाँ रेंग रही थीं। पोर-पोर गर्म दहकते लावे-सा जल रहा था।

उसे देखते ही हरीश ने पूछा, "क्या बात है ? चेहरा उतरा हुआ है ?"

"कुछ नहीं...ठीक हूँ।" कमल ने गहरी साँस ली।

"कहाँ चले गए थे ? बड़ी देर लगा दी। चाय का इंतजाम कराया है। बस तुम्हारा ही इंतजार था।" हरीश ने कहा।

कमल दीवार के सहारे टिककर बैठ गया। चुपचाप। जैसे विचारों की सुनसान पगडंडियों पर अकेला विचरण कर रहा हो, उसे इस तरह खामोश देखकर हरीश ने पूछा, "क्या बात है ? कुछ परेशान लग रहे हो ?"

"नहीं, कुछ नहीं...बस थोड़ा सिर भारी है।" कमल ने टालना चाहा।

उसके जेहन में पंद्रह वर्ष पुरानी घटना दस्तक देने लगी। जिसकी स्मृति मात्र से ही उसके शरीर में एक लहर-सी दौड़ गई।

उस रोज कमल हरीश को पहली बार स्कूल से सीधा अपने घर ले गया था। पिताजी कहीं बाहर गए हुए थे। उसने अपनी माँ से हरीश को मिलाया था। माँ ने दोनों को खाने के लिए कुछ दिया था। हरीश ने पहला कौर उठाकर मुँह में रखा ही था कि कमल की माँ ने पूछा, "बेटे, तुम्हारे पापा क्या करते हैं ?"

"जी, नगरपालिका में सफाई कर्मचारी हैं।" हरीश ने सहजता से उत्तर दिया।

हरीश का जवाब सुनते ही कमल की माँ आग-बबूला हो गई थी। कमल के गाल पर एक झन्नाटेदार थप्पड़ पड़ा था।

"पता नहीं कहाँ-कहाँ से इन कंजड़ों को पकड़कर घर ले आता है। खबरदार जो

आगे से किसी हरामी को दुबारा यहाँ लाया...'' कमल पर यह हमला अप्रत्याशित था। वह न रोया, न कोई प्रतिरोध ही कर सका था। सिर्फ फटी-फटी आँखों से माँ के गुस्से से भरे चेहरे को देखता रह गया था।

माँ ने हरीश को भी ढेर-सी गालियाँ देकर घर से भगा दिया था। माँ की दुत्कार, फटकार से हरीश बुरी तरह आहत हुआ था। उसे पहली बार लगा था कमल और वह दोनों अलग-अलग हैं। दोनों के बीच कोई फासला है। उसे अपने पड़ोसी सुगना के शब्द याद आ रहे थे, "बेट्टे, बामन से दोस्ती रास नहीं आएगी।'' लेकिन हरीश ने सुगना की बात को कभी अहमियत नहीं दी थी। कमल उसके लिए अपना था, एकदम सगा। बल्कि अपनों से कहीं ज्यादा। इस घटना ने हरीश के मन पर कई खरोंचें डाल दी थीं।

हरीश के जाने के बाद माँ लगातार बड़बड़ाती रही थी। सारा घर दुबारा धोया गया था। गंगाजल छिड़ककर जमीन पवित्र की गई थी।

कमल के बालमन में भी एक दरार पैदा हो गई थी। वह चुपचाप जाकर अपने कमरे में लेट गया था। ढेरों सवाल उसके मन को कचोट रहे थे आखिर माँ ने ऐसा क्यों किया। क्या कमी है हरीश में। दिन भर उसने कुछ नहीं खाया था। रात में भी माँ ने बहुत समझाया था। ऊँच-नीच बताई थी। फिर भी वह चुपचाप निर्विकार मुद्रा में बैठा था। माँ के सारे दाँव उसे मनाने में हार गए थे।

"बेटे, इनके संस्कार गलत हैं, ये छोटे लोग हैं। इनके साथ बैठने से बुरे विचार मन में पैदा होते हैं...'' और भी कई बातें माँ ने बताई थीं। लेकिन कमल के अनुभव इन सबसे भिन्न थे।

माँ के तर्कों से जब वह ऊबने लगा तो आखिर उसने माँ से पूछ ही लिया, "तुम कभी उनके घर गई हो ? उनसे मिली हो ? फिर कैसे जानती हो वे बुरे लोग हैं ?''

माँ अवाक् होकर कमल का चेहरा देखने लगी थी। कमल की आँखों में गुस्सा नहीं था। ऐसा कुछ था जो धीरे-धीरे बर्फ की तरह पिघल रहा था। जिसे वह पकड़ना चाहती थी, पर उसकी पकड़ में नहीं आ रहा था।

माँ ने हारकर एक समझौता कर लिया था। जिसकी जानकारी हरीश को कभी नहीं हुई। हरीश के खाने-पीने के लिए कुछ बर्तन अलग रख दिए थे। तब से आज तक कमल एक ऐसी अँधेरी गली में चल रहा था जहाँ रोशनी का कोई कतरा दिखाई नहीं देता है। उसे हमेशा लगता है जैसे वह हरीश से विश्वासघात कर रहा है।

कमल को खयालों में डूबा देखकर हरीश ने उसे टोका, "कहाँ खो गए...लो चाय पियो...!''

एक देहाती लड़का चाय के दो गिलास थामे खड़ा था। कमल ने एक गिलास उसके हाथ से ले लिया। चाय की चुस्की लेते हुए कमल का बिगड़ा हुआ मूड बदलने लगा। चाय पीने के बाद सिरदर्द से भी थोड़ी राहत महसूस की उसने।

सूरज सिर के ऊपर चढ़ गया था। शादीवाले घर में काफी चहल-पहल थी। दोपहर के खाने में विशेष इंतजाम किया गया था। पास के कस्बे से 'नान' और 'मीट' बनाने के लिए कारीगर बुलाया गया था। एक मोटा ताजा बकरा काटा गया था। पके हुए 'मीट' और गर्म मसालों की महक पूरे आँगन में फैल गई थी। कुछ लोग सुबह से ही दारू पीने बैठ गए थे। काफी हो-हल्ला होने लगा था। बच्चों की चिल्ल-पों अलग थी। बड़े-बूढ़े हुक्के की गुड़-गुड़ में अपने जमाने को याद कर रहे थे। औरतों की व्यस्तता कुछ अलग थी। हरीश की सास ने पुराने कपड़ों पर एक नई ओढ़नी डाल ली थी। दूल्हे को साथ लेकर उसे 'सलाम' पर जाना था।

हरीश के पिताजी कुछ परेशान दिखाई दे रहे थे। कमल ने परेशानी का कारण जानना चाहा तो वे टाल गए। सुबह से ही कुछ चल रहा था। जिसका थोड़ा आभास कमल को होने लगा। लेकिन कोई भी उसके सामने खुलकर बात नहीं कर रहा था।

हरीश के ससुर जुम्मन ऋषिकेश में सरकारी कर्मचारी थे। परिवार गाँव में रहता था। पारंपरिक जीवन था। गाँव के कई परिवारों में साफ-सफाई का काम हरीश की सास करती थी। जुम्मन की बड़ी लड़की बाप के साथ ऋषिकेश में ही रहती थी, सरकारी मकान में। आस-पड़ोस की देखा-देखी जुम्मन ने उसे भी स्कूल भेज दिया। देखते-देखते उसने हाईस्कूल की परीक्षा पास कर ली थी। साथ ही उसमें सुघड़ता भी आ गई थी। अच्छा परिवेश पाकर उसमें बदलाव आ गया था। गाँव-भर की लड़कियों से अलग दिखाई पड़ती थी। वैसे इस गाँव की वह पहली लड़की थी। जिसने हाईस्कूल पास किया था।

जुम्मन की घरवाली जिन परिवारों में काम करती थी, उनमें अधिकतर रांघड़ थे। गाँव-देहात के नियम-कायदे के हिसाब से हरीश को 'सलाम' के लिए विदाई से पहले रांघड़ों के दरवाजे पर जाना था। यह एक रस्म थी। जिसे न जाने कितनी सदियों से निभाया जा रहा था।

हरीश के पिताजी ने साफ इनकार कर दिया था, "हम 'सलाम' पर अपने लड़के को नहीं भेजेंगे।"

रांघड़ परिवारों से कई बार बुलावा आ चुका था। बिरादरी के बड़े-बूढ़े अपने-अपने तर्क देकर ऊँच-नीच समझा रहे थे।

"बाप-दादों की रीत है, एक दिन में तो ना छोड़ी जावे है। वे बड़े लोग हैं। 'सलाम' पे तो जाणा ही पड़ेगा। और फिर जल में रहकर मगरमच्छ से बैर रखना तो ठीक नहीं है। और इसी बहाने कपड़ा-लत्ता, बर्तन-भाँडे भी नेग-दस्तूर में आ जाते हैं।"

हरीश ने भी स्पष्ट तौर पर कह दिया था, "मुझे न ऐसे कपड़े चाहिए, न बर्तन, मैं अपरिचितों के दरवाजे 'सलाम' पर नहीं जाऊँगा।"

हरीश ने जब-जब भी किसी दूल्हे या दुल्हन को इस तरह दरवाजे-दरवाजे घूमते देखा, उसे लगता था जैसे स्वाभिमान को चिंदी-चिंदी करके बिखेरा जा रहा है। बाजे-गाजे के साथ घूमता दूल्हा निरीह जीव दिखाई पड़ता था। "दामाद हो या नई-नवेली दुल्हन 'सलाम'—के लिए घर-घर जाने का रिवाज है, जो हमने नहीं पुरखों ने बनाया था। जिसे

इस तरह छोड़ देना ठीक नहीं है। गाँव में रहना है। दस जरूरतें हैं।'' जुम्मन ने जोर देकर कहा।

हरीश ने तीखे शब्दों में कहा, ''आप चाहे जो समझें...मैं इस रिवाज को आत्मविश्वास तोड़ने की साजिश मानता हूँ। यह 'सलाम' की रस्म बंद होनी चाहिए।''

आवाज सुनकर कमल हरीश की ओर बढ़ा। कमल को अपनी ओर आते देखकर हरीश चुप हो गया। हरीश का चेहरा तनाव से कसा हुआ था। ''क्या बात है हरीश ...कुछ मुझे भी तो बताओ...!'' कमल ने जिज्ञासा प्रकट की।

प्रत्येक कार्य-कलाप में कमल हरीश के साथ था। घर से लेकर यहाँ तक। लेकिन इस वक्त वह अपने आपको अलग-थलग महसूस कर रहा था।

हरीश के पिताजी ने कमल के कंधे पर हाथ रखा, ''कुछ नहीं है बेटे...आप वहाँ बैठो। सामने आँगन में नीम के पेड़ के नीचे मैंने आपके लिए एक चारपाई डलवा दी है, आराम करो, जात-बिरादरी की कुछ समस्याएँ हैं...हम निबटा लेंगे...!''

कमल को लगा जैसे वह सचमुच बाहरी व्यक्ति है, उसने कातर दृष्टि से हरीश की ओर देखा, हरीश ने आँखों के इशारे से शांत रहने के लिए कहा, कमल जाकर चारपाई पर बैठ गया।

दोपहर होते-होते बात पूरे गाँव में फैल गई। जुम्मन के जँवाई ने 'सलाम' पर आने से मना कर दिया है। गाँव के रांघड़ बल्लू रांघड़ की चौपाल पर जुटने लगे थे। ऐसा लग रहा था जैसे जोहड़ के पानी में किसी ने कंकड़ फेंक दिए हों। गोल-गोल लहरें घूमकर किनारों तक फैल गई थीं। रांघड़ गुस्से में फनफनाए घूम रहे थे।

बल्लू रांघड़ का सीकिया पहलवान रामपाल कमल उपाध्याय को चाय की दुकान से धकियाकर चौड़ा हुआ घूम रहा था। अपनी बहादुरी का किस्सा समूचे गाँव को सुना चुका था। कैसे एक चहूड़े को उसने चाय की दुकान में जात छिपाकर चाय पीते, रँगे हाथों पकड़ लिया। बराती था इसलिए छोड़ दिया। यह हरकत किसी और ने की होती तो अभी तक अरथी सज रही होती। लोग सुनते और मजा लेते, साथ ही अपनी ओर से कुछ जोड़ देते। दोपहर तक चर्चा पूरे गाँव में फैल गई थी।

बल्लू रांघड़ हालात देखकर खुद जुम्मन के घर आया। आते ही उसने जुम्मन और उसकी घरवाली को मेहमानों के सामने ही फटकार सुनाई।

''जुम्मन तेरा जँवाई इब तक 'सलाम' पर क्यों नहीं आया। तेरी बेटी का ब्याह है तो हमारा बी कुछ हक बनता है। जो नेग-दस्तूर होता है, वो तो निभाना ही पड़ेगा। हमारी बहू-बेटियाँ घर में बैठी इंतजार कर रही हैं। उसे ले के जल्दी आ जा...''

जुम्मन ने सिर पर लिपटा कपड़ा उतारकर बल्लू रांघड़ के पाँव में धर दिया, ''चौधरी जी, जो सजा दोगे भुगत लूँगा। बेटी कू बिदा हो जाण दो। जमाई पढ़ा-लिखा लड़का है, गाँव-देहात की रीत ना जाणे है।''

"तभी तो कहूँ—जातकों (बच्चों) कू स्कूल ना भेज्जा करो। स्कूल जाके कोण-सा इन्हें बालिस्टर बणना है। ऊपर से इनके दिमाग चढ़ जांगें। यो न घर के रहेंगे न घाट के। गाँव की नाक तो तूने पहले ही कटवा दी जो लौंडिया कू दसवीं पास करवा दी। क्या जरूरत थी लड़की कू पढ़ाने की, गाँव की हवा बिगाड़ रहा है तू। इब तेरा जँवाई 'सलाम' पे जाणे से मना कर रहा है...उसे समझा दे...'सलाम' के लिए जल्दी आवे..." बल्लू ने फैसला सुनाया।

जुम्मन ने गिड़गिड़ाकर रिरियाहट भरे शब्दों में कहा, "चौधरी जी, मेरी लाज रख लो...मैं तो थारा गुलाम हूँ...मेरा तो जीना-मरना सब कुछ थारी ही गेल है। जो कहोगे करूँगा...बस करके बेटी कू विदा हो जाण दो। मैं थारे पाँव में नाक रगड़ूँ..."

बल्लू रांघड़ गुस्से में फनफनाता चल दिया। जाते-जाते चेतावनी देकर बोला, "इन सहर वालों कू कह देणा—कव्वा कबी बी हंस ना बण सके है।"

बल्लू के जाते ही कमल ने हरीश से पूछा, "कौन था यह ? इस तरह डरा-धमका क्यों रहा था ?" हरीश ने चुप रहने का इशारा किया। सभी भय से सहम गए थे। बल्लू रांघड़ के जाते ही बिदाई की तैयारी शुरू हो गई थी। जुम्मन ने जात-बिरादरी की स्त्रियों को हिदायत दे दी थी, "टीके की रस्म जल्दी निबटाएँ, बिना हो-हल्ले के रांघड़ कभी भी रौला कर सकते हैं।"

शादी की सारी चहल-पहल पल-भर में सन्नाटे में सिमटकर बदल गई थी। इस सन्नाटे का शोर कमल उपाध्याय को बेचैन कर रहा था। उसका दम घुट रहा था। उसने हरीश की ओर देखा। हरीश की आँखों में आत्मविश्वास और स्वाभिमान के उगते सूरज की चमक दिखाई पड़ रही थी। दोनों ने एक-दूसरे का हाथ गर्मजोशी से दबाया। आँखों-ही-आँखों में एक-दूसरे को आश्वस्त किया। नीम के पेड़ पर हरी नर्म पत्तियाँ हिल रही थीं, मानो हौंसला दे रही हों।

जल्दी-जल्दी बारात को खाना खिलाया गया। कमल और हरीश खाना खाकर नीम की छाँव में पड़ी चारपाई पर बैठ गए थे। सामने दीवार की ओर मुँह करके एक दस-बारह बरस का लड़का खड़ा था। उसके चेहरे पर गुस्से के भाव थे।

उसे ढूँढ़ते-ढूँढ़ते एक बूढ़ा आँगन में घुसा। उसके हाथ में 'नान' और 'मीट' था ? "दीपू...ओ...दीपू....कहाँ है...ये लौंडा भी बहुत दिक करे है। चूहड़ों के घर पैदा होके बामनों-सी बोली बोले है।" उसे दीवार के पास खड़ा देख, उसने डाँटा, "तू यहाँ छुपा खड़ा है...मैं कब से तुझे ढूँढ़ रहा हूँ। ले रोटी खा ले...ले देख कितना अच्छा मीट वणा है।" बूढ़े ने मनाने की कोशिश की।

"ना...मैं नी खात्ता...इसे खाए मेरा मूत।" लड़के ने ऐंठते हुए कहा।

"पर क्यूँ ?...क्या हुआ है इसमें ?" बूढ़े ने तल्खी से कहा।

"मुसलमान के हाथ की बणी रोट्टी मैं नी खात्ता।" लड़के ने दूर हटते हुए कहा।

"मुसलमान ?"...कोण मुसलमान ?"

"वो जो गाड़ा वहाँ बैट्ठा रोट्टी बणा रा है।" लड़के ने रोटी बनाने वाले कारीगर

की ओर इशारा किया।

"वो...वो तो हिंदू है...चलकर देख ले !" बूढ़ा उसे खींचकर ले जाने लगा। लड़का घिसटते हुए बूढ़े के पीछे-पीछे जा रहा था। चीख-चीखकर कह रहा था, "नहीं...वह मुसलमान है। मैं नी खाऊँगा उसके हाथ की बाणी रोट्टी...मैं नहीं खाऊँगा।"

"अबे, उल्लू की दुम...एक बार चलके तो देख ले। फेर कहणा।" बूढ़ा उसे घसीटकर भट्टी की ओर ले गया जहाँ 'नान' बन रहे थे। लड़के के चीखने की आवाज लगातार आ रही थी।

"नहीं...नहीं, मैं मुसलमान के हाथ की बणी रोट्टी नहीं खाऊँगा...नहीं खाऊँगा ...नहीं खाऊँगा।"

कमल और हरीश फटी-फटी आँखों से उस लड़के को देख रहे थे। कुछ देर पहले जगा आत्मविश्वास लड़के की आवाज में दबने लगा था। कमल और हरीश दोनों खामोशी के अँधेरे जंगल में भटक गए थे। उन्होंने एक-दूसरे की ओर देखा और गहरी साँस ली।

# सपना

बाँस, सागवान और महुवे का मीलों तक फैला जंगल साफ करके कारखाने का निर्माण हुआ था। आधुनिक सभ्यता के तौर-तरीकों से अछूती शस्य-श्यामला भूमि को निर्ममता से रौंद डाला गया था। बुलडोजर, मशीनें, ट्रैक्टर, मोटरें दिन-रात काम में जुट गए थे। मध्य प्रदेश, बिहार और यू.पी. के मजदूरों ने रात-दिन काम करके कारखाने की इमारतें खड़ी कर दी थीं। देखते-ही-देखते प्राकृतिक वन-प्रांत की जगह क्रंक्रीटे का जंगल उग आया था।

कारखाने के साथ ही आवासीय कॉलोनी भी बसाई गई थी। जिसमें स्कूल, अस्पताल, बाजार, डाकघर, खेल के मैदान, क्लब, सिनेमाघर आदि सभी सुविधाएँ जुटाई गई थीं।

प्रोजेक्ट अधिकारी के. के. शर्मा की निगरानी में कारखाने और कॉलोनी का तमाम निर्माण कार्य हुआ था। कॉलोनी को हरा-भरा रखने के लिए बहुत बड़ी संख्या में पेड़-पौधे लगवाए थे के. के. शर्मा ने। लेकिन उन्हें फलता-फूलता देखने से पहले ही उनका तबादला हो गया था, और उनकी जगह आ गए थे शिरोड़कर। गजानन सदाशिव शिरोड़कर एक बहुमुखी प्रतिभा के अधिकारी माने जाते थे। पूरे विभाग में उनकी धाक थी। भारी कद-काठी के नाटे से शिरोड़कर पतलून की जेबों में हाथ डालकर हमेशा तेज कदमों से चलते थे। उनके चेहरे पर हमेशा मुसकान रहती थी।

उनके आते ही जहाँ प्रशासन में चुस्ती आ गई थी, वहीं कॉलोनी में नाटक, साहित्य, खेलकूद के साथ-साथ सामाजिक, धार्मिक गतिविधियाँ भी बढ़ने लगी थीं।

शाम के वक्त, पत्नी के साथ सड़क पर दूर तक टहलना शिरोड़कर की खास आदत थी। टहलते-टहलते कॉलोनी से दूर हाइवे तक निकल जाते थे।

कॉलोनी के एक ओर कारखाने की सीमा शुरू हो जाती थी। तीन ओर से वृत्ताकार राष्ट्रीय सड़क मार्ग ने सड़क को बाँध रखा था, जिस पर पहुँचने के लिए तीन अलग-अलग दिशाओं में सड़कें बनाई गई थीं, प्रत्येक सड़क पर एक-एक चैक पोस्ट बनाया गया था। जहाँ चौबीसों घंटे सुरक्षाकर्मी आने-जाने वालों पर निगरानी रखते थे।

शहर कॉलोनी से लगभग तीस किलोमीटर दूर पड़ता था, शहर की ओर जाने वाली सड़क के चैक पोस्ट के पास ही एक ओर श्मशान के लिए भूमि आरक्षित की गई थी, दूसरी ओर एक खूबसूरत बगीचा बनाया गया था, नहरें और फव्वारे थे, फलों वाले वृक्ष थे, किसिम-किसिम के फूल थे। घास थी। चिड़ियाघर था। एक छोटा-सा संग्रहालय भी

था। बच्चों के खेलने की तमाम चीजें थीं। यानि कुल मिलाकर एक आकर्षक पिकनिक स्थल बनाया गया था।

पश्चिम की ओर पड़ने वाली चैक पोस्ट के पास एक ऐतिहासिक महत्त्व का गाँव था। जो कारखाना खुलने से विकसित होने लगा था। इसी गाँव के नाम पर एक छोटा-सा रेलवे स्टेशन भी था। जहाँ छोटी पैसेंजर गाड़ियाँ रुकती थीं। लेकिन कारखाना खुलने से मालगाड़ियाँ और एक एक्सप्रेस भी रुकने लगी थी।

इसी गाँव में एक भव्य जैन मंदिर भी था। बौद्ध गुफाएँ भी थीं। पुराने किले का खंडहर था। जिसमें पुरातत्त्व की अनेक महत्त्वपूर्ण कलात्मक मूर्तियाँ, इमारत के स्तंभ, बावड़ी के अवशेष लापरवाही से बिखरे पड़े थे।

तीसरा चैक पोस्ट दक्षिण-पश्चिम दिशा में पड़ता था। यह सड़क राष्ट्रीय सड़क मार्ग को काटती हुई सात-आठ किलोमीटर दूर नदी तक चली गई थी। जहाँ से पूरी कॉलोनी और कारखाने को पानी की आपूर्ति होती थी।

इसी सड़क पर शिरोड़कर का बँगला था। यह कॉलोनी का एक छोर था। जहाँ हर समय शांति रहती थी। आवागमन भी इस ओर कम था। शिरोड़कर शाम को इसी सड़क पर टहलते थे। राष्ट्रीय सड़क मार्ग से पहले एक बड़ी-सी पुलिया थी। जिस पर कुछ देर बैठकर वे सुस्ताया करते थे। शाम के धुँधलके में वृत्ताकार सड़क पर दौड़ती गाड़ियों की बत्तियाँ मोहक दृश्य उत्पन्न् करती थीं। पुलिया पर बैठकर यह सब शिरोड़कर को अच्छा लगता था। दिन-भर के तनाव से मुक्त होकर हलकापन महसूस करने लगता था शिरोड़कर।

राष्ट्रीय सड़क मार्ग और शिरोड़कर के बँगले के बीच लंबा-चौड़ा विस्तृत मैदान खाली पड़ा हुआ था। जिसमें इक्का-दुक्का पेड़ बचे रह गए थे।

पुलिया पर बैठकर शिरोड़कर जब भी इस मैदान को देखता उसके मस्तिष्क में कई प्रकार की कल्पनाएँ आकार लेने लगती थीं। कभी वह सोचता इस मैदान में एक बड़ा-सा कॉलेज होना चाहिए। कभी सोचता, कोई शोध संस्थान बनना चाहिए। जब भी वह पुलिया पर बैठता इसी तरह के विचार उसके मन में उमड़ते रहते थे। खुली आँखों से तरह-तरह के सपने देखने लगता था शिरोड़कर।

शिरोड़कर को खामोश देखकर, एक दिन पत्नी ने पूछ ही लिया, "आप इस पुलिया पर बैठते ही किस सपने में खो जाते हो ?"

"हाँ, सपना ही देखता हूँ, खुले दिमाग और खुली आँखों से। इतनी जगह खाली पड़ी है...बस...सोचता हूँ इस विस्तृत मैदान में कुछ बनना चाहिए।" शिरोड़कर ने दूर क्षितिज पर लाल-लाल डूबते सूरज को निहारते हुए कहा।

"तो कुछ बनवा क्यों नहीं देते ?" पत्नी ने चहकते हुए कहा।

"क्या बनवाया जाए...इसी पर तो विचार कर रहा हूँ।" शिरोड़कर ने धीरे से कहा।

"इस कॉलोनी में सब कुछ है...लेकिन कोई मंदिर नहीं है। इतने घर हैं इस कॉलोनी में लेकिन भगवान का एक भी घर नहीं है।" पत्नी ने उलाहना देते हुए कहा।

शिरोड़कर खुशी से उछल पड़ा, "ठीक कह रही हो....मंदिर तो होना ही चाहिए ...कोई एक मंदिर नहीं बल्कि चर्च, गुरुद्वारा, मस्जिद सब कुछ एक साथ होना चाहिए। साझा। साझी संस्कृति के साझे मंदिर...कितना अच्छा होगा, मंदिर में शंख ध्वनि होगी। मस्जिद में अजान, चर्च का घंटा बजेगा। गुरुद्वारे में सबद-कीर्तन होगा...सचमुच एक आदर्श जगह होगी।"

अगले रोज शिरोड़कर ने कारखाने के कुछ विशिष्ट लोगों को बुलाकर अपनी योजना बताई। और एक मंदिर परिसर समिति का गठन कर दिया। जिसमें सभी समुदाय के लोगों को शामिल किया गया था। वशीर अहमद, सरदार किरनपाल सिंह, नटराजन, मैथ्यू आदि को मिलाकर एक केंद्रीय समिति बनाई गई थी। इन सदस्यों ने अपने-अपने समुदाय के लोगों की एक-एक उपसमिति बनाकर मंदिर, मस्जिद, गुरुद्वारा के निर्माण की योजना को साकार करना शुरू कर दिया था।

इस समिति में बौद्ध छूट गए थे। जबकि कर्मचारियों में बौद्ध काफी थे। जब बौद्धों को समिति की जानकारी मिली तो वे कुछ नाराज हुए थे। उन्होंने शिरोड़कर से अपनी बात पहुँचाई और भगवान गाड़ेकर के माध्यम से काफी जद्दोजहद और चर्चा के बाद शिरोड़कर सहमत हो गया था। और भगवान गाड़ेकर को बौद्धों के प्रतिनिधि के रूप में केंद्रीय समिति में रख लिया था। गुरुद्वारे के पास वाली जमीन बौद्ध-विहार के लिए आरक्षित कर दी थी। बौद्धों ने उसी रोज उस जमीन पर बुद्ध-वंदना करके एक पौधा रोप दिया था। और प्रत्येक पूर्णिमा के दिन बुद्ध-वंदना करने लगे थे।

वैसे तो सभी समितियाँ सक्रिय हो गई थीं। लेकिन सबसे पहले नींव पड़ी थी गुरुद्वारे की। हफ्ते भर में ईंटें, पत्थर, सीमेंट, लोहा, रेत ट्रकों में भर-भरकर आने लगा था। देखते-ही-देखते गुरुद्वारे को दीवारें ऊपर उठ गई थीं। प्रांगण में झंडा फहराने लगा था।

तमाम कोशिशों के बाद भी नटराजन मंदिर समिति का विधिवत गठन नहीं कर पाया था। नटराजन की तमाम कोशिशें फेल हो गई थीं। थक-हारकर उसने शिरोड़कर से कहा, "सर, गुरुद्वारा बनना भी शुरू हो गया है और हमारी तो अभी तक उपसमिति ही नहीं बन पाई है।"

"लेकिन क्यों ?..." शिरोड़कर ने कुर्सी पर पीठ टिकाते हुए कहा।

"अब क्या बताएँ सर ! हर कोई सचिव या कोषाध्यक्ष बनना चाहता है।" नटराजन ने विषादपूर्ण शब्दों में कहा।

"ठीक है...कल तीन बजे सबको बुलाओ...मैं देखता हूँ।" शिरोड़कर ने निर्णय दे दिया।

अगले रोज बैठक शुरू होते ही शिरोड़कर ने सबको बुरी तरह लताड़ा। सब चुप्पी साधे बैठे थे। सबको जैसे साँप सूँघ गया था। शिरोड़कर का गुस्सा एक-एक शब्द में भरा हुआ था। उसके चेहरे पर छाई रहने वाली मुसकान गायब थी। उसने एक उपसमिति का गठन करके नटराजन को सचिव, एम.के. गुप्ता को कोषाध्यक्ष और सुनील कुमार सिंह को उपाध्यक्ष बनाकर, नटराजन को यह अधिकार दे दिया कि वह जिसे चाहे

कार्यकारिणी का सदस्य बना ले। काम जल्दी शुरू हो जाना चाहिए। साथ ही यह भी हिदायत दे दी कि एक हफ्ते के भीतर मंदिर का नक्शा, रूपरेखा, बजट बताने होंगे। साथ ही यह भी बताना होगा कि मंदिर कब तक पूरा हो जाएगा।

उपसमिति की पहली बैठक काफी जोर-शोर से शुरू हुई थी। सभी सदस्य और पदाधिकारी उत्साह में थे। लेकिन इस बात से सभी दुखी और चिंतित थे कि गुरुद्वारा बनना भी शुरू हो गया है और मंदिर उपसमिति की यह पहली ही बैठक हो रही है।

बैठक अनौपचारिक ढंग से शुरू हुई थी। नटराजन ने प्रस्ताव रख दिया कि बाला जी का मंदिर बनाया जाए। प्रस्ताव रखते ही सुनील कुमार सिंह कुर्सी से उचक गए।

"बाला जी ?...बाला जी का मंदिर...क्यों भई...बालाजी का मंदिर ही क्यों ?" सुनील कुमार सिंह ने आश्चर्य से पूछा।

नटराजन ने सुनील कुमार सिंह को ऐसे घूरा जैसे धर्मपरायणों के बीच कोई अधर्मी आ गया हो।

"तुम बाला जी भगवान को नहीं जानते ? हमारा सबसे बड़ा भगवान है ?" नटराजन ने उसे प्रभावित करने की कोशिश की।

"नटराजन जी, यहाँ हिंदू मंदिर बनाने की बात हो रही है। आपके भगवान का मंदिर बनाने की नहीं।" सुनील कुमार सिंह ने दृढ़ता से उसकी बात को नकार दिया।

"तो क्या बाला जी आपका भगवान नहीं है ?" नटराजन ने दुःखी स्वर में कहा। उसके माथे पर लगा चंदन सूखकर झरने लगा था।

"मैं तो इतना जानता हूँ, हमारे उत्तर प्रदेश में मंदिर का मतलब है शिवालय यानी शिव मंदिर। कहीं-कहीं पर लक्ष्मीनारायण मंदिर भी मिल जाएँगे। यह बाला जी का नाम तो मैं पहली बार सुन रहा हूँ। हाँ, ज्यादा ही है तो राम या कृष्ण या बजरंगबली का मंदिर बनाओ। ऐसे भगवान का मंदिर बनाकर क्या होगा, जिसका नाम भी ना सुना हो।" सुनील कुमार सिंह ने तर्क देते हुए कहा।

नटराजन चिढ़ गया। तमतमाकर बोला, "कभी तिरुपति गए हो ?"

"नहीं।"

"दक्षिण भारत देखा है ?"

"नहीं..."

"तो तुम्हारा भारत कितना बड़ा है। कुछ जानते हो ?...नहीं जानते...? देखो सिंह ...मंदिर तो बाला जी का ही बनेगा...यदि नहीं बना तो मैं यहाँ भूख हड़ताल करूँगा ...जरूरत पड़ी तो आत्मदाह भी करूँगा...मैं मरने से नहीं डरता....कहे देता हूँ...यह मेरा आखिरी फैसला है।" नटराजन ने जोर देकर कहा।

"ओए, तू कौन होता है फैसला देने वाला...अएँ...और हम तेरे फैसले को क्यों मानें ?" सुनील कुमार सिंह उखड़ गया।

"तू-तड़ाक की बोली मत बोलो सिंह...हम शरीफ और गॉड फियरिंग आदमी हैं। हम यह सब सुनना पसंद नहीं करते..." नटराजन ने मिमियाते हुए कहा।

दोनों व्यक्तिगत स्तर पर उतर आए थे। नतीजा यह हुआ कि बैठक की कार्यवाही धरी-की-धरी रह गई। नटराजन और सुनील कुमार सिंह अपनी-अपनी बात पर अड़ गए थे। अन्य सदस्यों ने दोनों को बहुत समझाने की कोशिश की, लेकिन दोनों ही टस-से-मस नहीं हुए।

एम.के. गुप्ता थे तो कोषाध्यक्ष, लेकिन उम्र में और कारखाने में पद के लिहाज से वरिष्ठ थे। उसने दोनों को समझा-बुझाकर बैठक स्थगित कर दी और अगली बैठक में इसी मुद्दे पर चर्चा करने का प्रस्ताव रखा।

इसके बाद कई बैठकें हुईं लेकिन यह तय न हो सका कि मंदिर किस भगवान का बने। अभी तक सिर्फ बाला जी और शिव जी ही पंक्ति में थे। अब कुछ नए नाम भी प्रस्तावित सूची में जुड़ गए थे। कई लोगों का कहना था राम मंदिर ही बने, कोई अयप्पा या विष्णु मंदिर के पक्ष में था, कोई गणेश मंदिर या हनुमान मंदिर के पक्ष में। एक सदस्य ने यह विचार भी रखा कि झगड़ा खत्म करो और संतोषी माँ का मंदिर बनवा दिया जाए।

इस तरह जब कोई हल नहीं निकला तो मंदिर का मसला धीरे-धीरे ठंडा पड़ गया था। इसी बीच शिरोड़कर का भी तबादला हो गया और उनकी जगह आ गए रामास्वामी।

एक दिन अवसर मिलते ही नटराजन ने रामास्वामी के सामने मंदिर परिसर की चर्चा छेड़ दी।

रामास्वामी ने नटराजन की पूरी बात सुनकर कहा, ''जब गुरुद्वारा बन चुका है, चर्च बनने वाला है, तो मंदिर बनने में क्या अड़चन है ? काम शुरू करो ?''

''अड़चन तो कुछ नहीं है साहब, मंदिर उपसमिति बनाई थी शिरोड़कर साहब ने। उसकी कई बैठकें भी हुई थीं। लेकिन...!'' नटराजन कहते-कहते रुक गया।

''लेकिन क्या...बात पूरी करो मि. नटराजन।'' रामास्वामी ने सख्त लहजे में कहा।

''उस समिति में एक ऐसा एलीमेंट (तत्त्व) है साहब, जो कुछ करने ही नहीं देता है। हर बात में टाँग अड़ाता है। भगवान बालाजी को भी गाली देता है...'' नटराजन को मन की बात कहने का मौका मिल गया था।

''तो उसे समिति से बाहर कर दो।''

''कैसे कर दें साहब...शिरोड़कर साहब का आदमी है। उन्होंने ही उसे समिति में रखा था।''

''ठीक है...अब शिरोड़कर नहीं हम हैं। नई समिति का गठन करो...उसे समिति से अलग कर देना...बाकी मैं देख लूँगा, वैसे भी ऐसे कामों में डिस्टगबिंग एलीमेंट नहीं चाहिए, लेकिन छह महीने के अंदर-अंदर मंदिर बनना चाहिए।'' रामास्वामी ने समय-सीमा बाँध दी थी।

नटराजन प्रसन्न मुद्रा में उपसमिति के नए गठन के साथ रामास्वामी के केबिन से बाहर आया। उपसमिति में उसने अपने पक्ष के लोगों को शामिल कर लिया था। उपसमिति की पहली ही बैठक में बालाजी मंदिर का प्रस्ताव पारित कर लिया था, बैठक में रामास्वामी

को विशेष रूप से आमंत्रित किया गया था। बालाजी मंदिर का प्रस्ताव नटराजन ने रखा था। रामास्वामी ने उस पर मोहर लगा दी थी। उसके बाद विरोध का तो प्रश्न ही नहीं उठता था।

चंदा उगाही के लिए नटराजन ने एक अलग से समिति बनाई थी। जिसमें ऋषिराज को खासतौर पर रखा गया था।

ऋषिराज को समिति में लाने की नटराजन की सोची-समझी योजना थी। ऋषिराज कारखाने में वर्कर जरूर था। लेकिन काफी जुझारू किस्म का नौजवान था। जो हर प्रकार की गतिविधियों में पूरी तरह लगन और ईमानदारी से जुटा रहता था। लोग उसकी इज्जत करते थे। काम करने के लिए उसकी अपनी टीम थी। जो सामाजिक कार्यों के साथ-साथ थिएटर तक करती थी। कई बुद्धिजीवी किस्म के कर्मचारी भी ऋषिराज के साथ थे। वह स्वयं भी काफी जागरूक और अध्ययनशील था। दिन-रात समाज-सेवा में जुटा रहता था।

जब नटराजन ने ऋषिराज से मंदिर निर्माण के कार्य में मदद माँगी तो उसने बिना तर्क-वितर्क के हामी भर दी। उसके साथियों में एक विनय नाम का नौजवान था। उसने ऋषि को टोका, ''ऋषि ये सब किसलिए ? मंदिर बनाकर ये लोग किस समस्या का समाधान करना चाहते हैं। यहाँ की सबसे बड़ी समस्या तो कॉलेज है। जिसकी जरूरत आज भले ही कोई महसूस न करता हो, लेकिन आने वाले वर्षों में यह समस्या गंभीर रूप धारण करेगी। क्यों नहीं ये लोग इतनी ही तत्परता से कॉलेज खोलने की बात उठाते हैं,'' जबकि हम लोगों ने शिरोड़कर से कितनी बार इस विषय में बात की थी। वे भी सिर्फ आश्वासन ही देते रहे। उन्होंने अपनी ओर से कभी पहल नहीं की।''

विनय की बात सुनकर ऋषिराज क्षण भर के लिए चुप हो गया। कुछ सोचते हुए बोला, ''ठीक कहते हो...लेकिन यदि मंदिर बन भी गया तो हर्ज क्या है, कॉलोनी में एक जगह बन जाएगी। आखिर कुछ लोग तो सुबह-शाम वहाँ जाकर बैठेंगे। रही कॉलेज की बात...उसके लिए हम लोग प्रयास करेंगे। मुझे उम्मीद है, कॉलेज खोलने की अनुमति मिल जाएगी।''

ऋषि पूरी लगन से मंदिर के लिए चंदा एकत्र करने में जुट गया था। घर-घर जाकर उसने चंदा इकट्ठा किया था। आसपास के ठेकेदारों, उद्योगपतियों, व्यापारियों से उसने सहयोग माँगा था। मुंबई के कलाकारों को बुलाकर चैरेटी शो किए थे।

मंदिर का निर्माण कार्य तीव्र गति से शुरू हो गया था। ऋषि और उसकी पूरी टीम काम में जुट गई थी, रात-दिन काम हो रहा था। ऋषि ने लोगों से श्रमदान की अपील की थी। लोग आने लगे थे।

ऋषि को जब भी कोई अड़चन आती थी या किसी खास जगह किसी विश्वसनीय व्यक्ति को भेजना होता था, वहाँ वह अक्सर अनिल कुमार गौतम को ही भेजता था, दोनों एक ही अनुभाग में थे। पड़ोसी भी थे। पारिवारिक स्तर पर गहरी आत्मीयता थी। मंदिर के काम में अनिल कुमार गौतम ऋषिराज का साथ हर कदम पर दे रहा था, कंधे

से कंधा मिलाकर काम में जुटा हुआ।

जैसे-जैसे मंदिर निर्माण पूर्णता की ओर बढ़ रहा था, नटराजन की धार्मिक गतिविधियाँ बढ़ने लगी थीं। माथे पर चंदन का टीका और अधिक चौड़ा और लंबा हो गया था। दफ्तर में उसने अपनी कुर्सी के पीछे दीवार पर शीशे में मढ़ा बालाजी का चित्र टाँग लिया था, दफ्तर का आरंभिक एक घंटा, नटराजन बगीचे से फूल तोड़ने, पूजा करने में लगाने लगा था।

आखिर जिस सपने को शिरोड़कर ने पुलिया पर बैठे हुए देखा था, वह पूरा हो गया था। गुरुद्वारा तो पहले ही बन गया था। मंदिर भी पूरा हो गया था। चर्च और बौद्ध बिहार का काम भी जोरों पर चल रहा था।

मंदिर की भव्यता एक-एक ईंट में दिखाई पड़ रही थी। रंग-रोगन से लेकर सागौन की नक्काशीदार लकड़ी की चौखट और किवाड़ों में यह भव्यता स्पष्ट दिखाई दे रही थी। सभी कुछ मनमोह लेने वाला था, बालाजी की भव्य प्रतिमा दक्षिण से मँगाई गई थी।

प्रतिमा की प्राण-प्रतिष्ठा का दिन तय हो गया था। मंदिर परिसर में चहल-पहल बढ़ने लगी थी। उत्तर-दक्षिण की नदियों का जल, रामेश्वरम् से समुद्र जल विशेष रूप से सरकारी खर्चे पर लाया गया था।

तिरुपति से स्वामी आदित्याचार्य प्राण-प्रतिष्ठा के लिए आए थे। आदित्याचार्य जी वेद-शास्त्रों के ज्ञाता थे। बनारस में रहकर उन्होंने शास्त्र अध्ययन किया था। स्वामी जी का गहरा काला रंग उनके लंबे कद पर जँचता था। वे कमर से ऊपर कोई वस्त्र नहीं पहनते थे। कमर से नीचे सफेद लुंगी लपेटते थे। उनका शरीर जितना भारी था, आवाज उतनी ही महीन और सुरीली थी।

प्राण-प्रतिष्ठा की तैयारियाँ लगभग पूरी हो चुकी थी। मंदिर के प्रांगण में बड़ा-सा शामियाना लगाया गया था। जिसमें चार-पाँच हजार लोग आसानी से बैठ सकते थे। चारों ओर रंग-बिरंगी झंडियाँ हवा में लहरा रही थीं। पूरे शामियाने में दरी बिछी थी। पंडाल के बाहर सड़क के किनारे गुरुद्वारा समिति ने पीने के ठंडे पानी का इंतजाम किया था।

स्वामी आदित्याचार्य मंदिर के चबूतरे पर पूजा वस्त्र पहनकर विराजमान थे। उनके सामने पूजा-सामग्री, फल-फूल, मिठाइयाँ, जल से भरे कलश, दूध से भरे बड़े-बड़े बर्तन, धूप, अगरबत्ती सजे हुए थे। केले के पेड़ों को काटकर पूजा-मंडप सजाया गया था। ध्वनि विस्तारण यंत्र पर कर्नाटक शैली में भजन गाए जा रहे थे। समूचा वातावरण मंगल ध्वनि से गूँज रहा था।

नटराजन कुछ ज्यादा ही व्यस्त था। आज वह स्वयं भी एक पतली-सी सफेद लुंगी पहनकर आया था। घर से वह नंगे पाँव चलकर मंदिर आया था। माथे पर लगा चंदन ज्यादा चौड़ा और ताजा था। कमर से ऊपर सिर्फ जनेऊ था। उसकी व्यस्तता बरबस ध्यान खींच रही थी। वह कभी इधर, कभी उधर आ जा रहा था। स्वामी आदित्याचार्य

भी पूजा की तैयारी में लगे थे।

कॉलोनी के इक्का-दुक्का लोग आने शुरू हो गए थे। सबसे पहले बच्चों की एक टोली आई थी। जिनकी उत्सुकता पूजा-अर्चना से ज्यादा पूजा के बाद मिलने वाले प्रसाद में थी। वे घूम-फिरकर स्वामी जी के आसपास ही मँडरा रहे थे। नटराजन उन्हें कई बार डाँटकर भगा चुका था। ''जाओ, जाकर दरी पर बैठो।'' बच्चे डरकर इधर-उधर हो गए थे। लेकिन नटराजन के लड़के को चबूतरे पर बैठा देखकर वे फिर वहीं पहुँच गए थे।

गौतम अपने और ऋषि के परिवार को लेकर कुछ जल्दी ही आ गया था। ऋषि थोड़ी देर पहले ही मंदिर परिसर से लौटकर घर आया था। उसे पहुँचने में देर हो सकती है इसीलिए उसने गौतम से कहा, ''तुम सबको लेकर चलो। मैं थोड़ी देर में नहा-धोकर पहुँचता हूँ।''

गौतम जब पंडाल में पहुँचा, बच्चों के अलावा आसपास के गाँव की कुछ महिलाएँ पंडाल के एक किनारे में झुंड बनाकर बैठी थीं।

पंडाल खाली देखकर गौतम ने अपनी पत्नी से कहा, ''जाओ आगे जाकर बैठ जाओ।

ऋषि की पत्नी कुछ संकोची स्वभाव की थी। सकुचाते हुए बोली, एकदम आगे ...नहीं...इधर पीछे बैठते हैं।''

गौतम ने समझाते हुए कहा, ''भीड़ बढ़ जाएगी, वहाँ से कुछ दिखाई भी नहीं देगा। आप लोग वहाँ बैठो। ऋषि भी वहीं आ जाएगा। चलो मैं भी बैठता हूँ।''

वे पंडाल में सबसे आगे बैठ गए। जहाँ से स्वामी जी का चेहरा और भगवान बालाजी की प्रतिमा स्पष्ट दिखाई पड़ रही थी।

गौतम को वहाँ बैठा देखकर नटराजन चौंका। स्वयं को थोड़ा संयत करते हुए बोला, ''गौतम भैया, आज का यह दिन हमारे तुम्हारे बैठने का नहीं है। बहुत काम पड़ा है। जाकर काम में हाथ बटाओ। ऋषि कहाँ है ?''

''ऋषि अभी आ जाएगा। बताइए मैं तो हूँ...जो भी काम हो बताइए...'' गौतम ने उठते हुए कहा।

''वहाँ गेट के पास चले जाओ। जो भी भीतर आए उनसे जूते उतारने के लिए कहो। जूते पहनकर कोई पंडाल में न आए। और जूतों पर नजर रखना, ऐसे में जूता चुराने वाले मँडराते रहते हैं।''

गौतम उठते हुए बोला, ''ठीक है...मैं वहाँ जाता हूँ...विमल, तुम लोग बैठो। मैं जरा बाहर का काम देखता हूँ।'' गौतम ने जाते-जाते अपनी पत्नी से कहा।

नटराजन का मस्तिष्क तीव्र गति से चल रहा था। गौतम को रोककर बोला, ''गौतम अपने बच्चों और पत्नी को भी पीछे ही ले जाओ...वहीं बैठा लो...जाइए भाभी जी...'' नटराजन ने आत्मीयता और बेहद नर्म लहजे में कहा।

''लेकिन क्यों ?'' गौतम ने आश्चर्य से पूछा।

''अरे, भाई, आप समझदार हैं...ले लो बच्चों को भी साथ...यहाँ अकेले बैठे-बैठे

बोर हो जाएँगे...आइए भाभी जी आप पीछे बैठिए...'' नटराजन ने जोर देकर कहा।

''नहीं...मि. नटराजन इन्हें यहीं बैठने दीजिए।'' गौतम ने विरोध किया।

''गौतम जी क्या फर्क पड़ता है। यदि पीछे ही बैठ जाएँगे। यह तो हमारा अपना फंक्शन है...आइए भाभी जी...'' नटराजन ने समझाने की कोशिश की।

''नटराजन जी यदि ये लोग यहीं बैठे रहेंगे तो क्या फर्क पड़ जाएगा...'' गौतम ने प्रश्न किया।

नटराजन के पास नागराजन खड़ा था। उसने अजीब-सी आवाज में कहा, ''यार, जब उठने के लिए कह रहे हैं तो उठते क्यों नहीं। जाओ, जाकर पीछे बैठो।''

नागराजन के रंग-ढंग से गौतम की नसें फड़फड़ाने लगीं। उसने वापस लौटते हुए कहा, ''मि. नागराजन तमीज से बात करो। आप होते कौन हैं हमें उठाने वाले...मि. नटराजन मैं यहीं बैठूँगा...जूतों की रखवाली के लिए आप इन श्रीमान को भेज दीजिए।'' गौतम ने जलती हुई नजरों से घूरते हुए कहा।

''आप तो नाराज हो गए, ये सब सामाजिक चीजें हैं। समाज के नियम कायदों को तो निभाना ही पड़ता है। यदि उन्हें पूरी तरह, पूरे नियमों से न करें तो फल अधूरा रहता है...मैं तो आपको समझाने के लिए कह रहा था।'' नटराजन ने गौतम को शांत करने के लिए कहा।

''समाज के नियम कायदे क्या हैं—जरा खुलकर बोलिए नटराजन साहब। और साथ ही इन महाशय को भी सिखाइए।'' गौतम ने तीखे स्वर में कहा, ''जिसका जो काम है उसे वही तो दिया जाएगा।'' नागराजन ने व्यंग्य भरे शब्दों में कहा।

गौतम बिगड़ उठा, ''किसका क्या काम है ? सीधे-सीधे कहो। घुमा-फिराकर बोलने की जरूरत नहीं है। मि. नटराजन इस नागराजन से कहो अपनी पतलून में रहे।''

नटराजन ने नागराजन को एक ओर हटा दिया। स्वयं भी थोड़ा हटकर खड़ा हो गया।

नटराजन के पास दो-तीन लोग और आ गए थे, जो गौतम को घूरकर देख रहे थे। आपस में फुसफुसाकर बातें कर रहे थे। बीच-बीच में गौतम की ओर भी देख लेते थे।

गौतम की पत्नी इस बातचीत से आशंकित होने लगी थी। सहमते हुए बोली, ''सुनो, चलो पीछे ही बैठ जाते हैं। क्या फर्क पड़ता है। दीदी तो पहले से ही कह रही है।''

गौतम ने उसे डाँट दिया, ''चुपचाप बैठी रहो। हम यहीं बैठेंगे।''

पंडाल में भीड़ बढ़ने लगी थी। नटराजन ने अपने विश्वसनीय लोगों को हिदायत दे दी थी, ''पंडाल में हिसाब से देखकर लोगों को बैठाओ। आलतू-फालतू लोग आगे नहीं बैठने चाहिए।''

ऋषि इत्मिनान से नहा-धोकर आया था। वह काफी ताजा लग रहा था। नटराजन को देखते ही वह 'जय बाला जी' कहता था। ऋषि के 'जय बाला जी' कहने के ढंग से नटराजन भीतर तक तिलमिला जाता था। और कोई अवसर होता तो शायद कुछ प्रत्युत्तर

में वह भी कह देता। लेकिन अवसर नाजुक था। गौतम के परिवार को भी आगे से उठाना था। इसीलिए सिर्फ मुसकराकर रह गया।

ऋषि के कंधे पर हाथ रखकर बोला, ''कहाँ थे अभी तक...तुम्हें पता है तुम्हारे बगैर यहाँ पत्ता भी नहीं हिल सकता।'' ऋषि का हाथ पकड़कर नटराजन उसे एक किनारे ले गया।

''बात क्या है ? कुछ कहो तो।'' ऋषि ने पूछा।

''ऋषि, तुम तो समझदार और पढ़े-लिखे आदमी हो...वह गौतम वहाँ बैठा है। सबसे आगे।'' नटराजन ने धीमे स्वर में कहा।

''तो ?''

''तो क्या ? उसे और उसके बच्चों को उठाकर पीछे बैठाओ...''

''लेकिन क्यों ?''

''अब तुम्हें कैसे समझाऊँ ऋषि...तुम तो जानबूझकर नासमझ बनने का नाटक कर रहे हो ?'' नटराजन ने क्षोभ व्यक्त किया।

''नटराजन जी साफ-साफ कहिए...पहेलियाँ बुझाने का यह वक्त नहीं है। आखिर बात क्या है ?'' ऋषि गंभीर हो गया था।

''तुम क्या जानते नहीं ?'' नटराजन ने ताश के पत्तों की तरह शब्दों को फेंटा।

''क्या ?'' ऋषि ने जैसे ताश की गड्डी कट की।

''ये गौतम...एस.सी. है।'' नटराजन ने आखिर चाल चल दी।

''तो इससे क्या फर्क पड़ता है...श्री नटराजन जी...'' ऋषि ने व्यंग्य से कहा।

''फर्क पड़ता है...पूजा अनुष्ठानों में उन्हें आगे नहीं बैठाया जा सकता ? यह रीत है। शास्त्रों की मान्यता है।'' नटराजन ने गहरे अवसाद में भरकर कहा।

''तो यह बात है...मिस्टर नटराजन यह ज्ञान आपको आज ही प्राप्त हुआ है कि गौतम एस. सी. है। जब वह दिन-रात अपना खून-पसीना बहा रहा था, इस मंदिर को खड़ा करने में, तब आप नहीं जानते थे...कि वह एस. सी. है। तब आपने क्यों नहीं कहा कि जो एस. सी. है वह मंदिर के काम में हाथ न बटाए। इसके चूने-गारे में अपने जिस्म का पसीना न मिलाए, क्यों नहीं आपने ऐलान किया कि जो ईंट किसी एस. सी. ने बनाई है या पकाई है, ट्रक में चढ़ाई या उतारी है, वे ईंटें इस मंदिर में नहीं लगेंगी। उस वक्त भी तो सोचना चाहिए था...'' ऋषि ने पूरी शक्ति से विरोध किया।

नटराजन अवाक् होकर ऋषि का मुँह ताक रहा था। क्षोभ में भरकर बोला, ''ऋषि, तुम ब्राह्मण होकर ऐसी बातें कर रहे हो ?...समझने की कोशिश क्यों नहीं करते।''

''हाँ, ब्राह्मण हूँ...तो क्या इसीलिए गौतम को पंडाल में सबसे पीछे बैठने के लिए बाध्य करूँ...नहीं नटराजन जी...इस मंदिर को खड़ा करने में उसका भी हाथ है...यह मंदिर उसका भी है...वह वहाँ से नहीं उठेगा, इतना समझ लीजिए नटराजन जी।'' ऋषि ने कड़े शब्दों में ऐलान किया।

नटराजन के आसपास भीड़ जमा हो गई थी। कई लोग ऋषि को समझाने की

कोशिश करने लगे थे। ऋषि ने साफ कह दिया, ''वह गौतम को उठाने के पक्ष में नहीं है। यदि किसी ने ऐसी कोई हरकत की तो बुरा होगा। अकेला गौतम नहीं और लोग भी बैठे हैं। किस-किसको उठाओगे।''

नटराजन के पीछे रामलोचन उपाध्याय खड़े थे। बड़ी देर से कुछ बोलना चाह रहे थे। लेकिन सूत्र हाथ में नहीं आ रहा था। होंठ के भीतर दबी खैनी को बाहर निकालकर फेंकते हुए बोले, ''अरे, यह मंदिर उसका कैसे हो गया। ज्यादा ही पूजापाठ का शौक है तो अपना मंदिर बना ले अलग से। किसने रोका है। यह हमारा है। हम पूजा-पाठ, अनुष्ठान अपने ढंग से करेंगे। उसमें किसी शूद्र या मलेच्छ का प्रवेश निषेध है।''

उपाध्याय की बात से ऋषि आपे से बाहर हो गया, ''अरे, ओ, थाली के बैंगन, तू आज यहाँ मंदिर का मालिक बनकर खड़ा हो गया है। उस रोज कहाँ था, जब ईंट-गारे का काम हो रहा था। तब तो रोज तेरा ब्लड प्रेशर लो हो जाता था। बुलाने से भी नहीं आता था। सौ-सौ बहाने ढूँढ़कर घर में बैठ जाता था। और आज यहाँ खड़ा होकर बकवास कर रहा है...'' ऋषि ने चीखकर कहा।

ऋषि की आवाज सुनकर पंडाल के लोग भी उठकर देखने लगे। गौतम भी उठकर वहाँ आ गया। ऋषि के तेवर देखकर वह सकते में आ गया था। मामला काफी नाज़ुक लग रहा था। उसने ऋषि को वहाँ से हटाने की कोशिश की।

''चलो भाई, हम लोग घर चलते हैं। ऐसे अनुष्ठानों में बैठकर क्या होगा, जहाँ आदमी को आदमी की तरह न समझा जाए।'' गौतम ने उसे शांत करने की कोशिश की।

''नहीं गौतम, यह तेरी या मेरी लड़ाई नहीं है...आज यह जगह छोड़कर तुम चले भी गए तो फिर इस लड़ाई को जारी रखना मुश्किल होगा। और फिर तुम क्यों जाओगे ! जाएँगे वे जो निकम्मे और जाहिल हैं। यह मंदिर इनका कैसे हो गया...आओ मेरे साथ...'' ऋषि ने गौतम का हाथ पकड़ा और पंडाल के बीचोबीच ले आया। माइक पर मंगल ध्वनि गूँज रही थी। स्वामी जी भी पूजा-स्थल छोड़कर नटराजन के साथ खड़े हो गए थे।

ऋषि ने लोगों को संबोधित करके कहना शुरू किया, ''भाइयो...'' वह आगे कुछ कहता कि नटराजन और उसके साथियों ने बालाजी का जयकारा शुरू कर दिया। बालाजी की जय-जय के शोर में ऋषि के शब्द घुटकर रह गए। वह जो कुछ कह रहा था, किसी को सुनाई नहीं पड़ रहा था। क्षण भर को लगा जैसे पूरा पंडाल बालाजीमय हो गया है। भीड़ चीख-चीखकर जय बाला जी का उद्घोष कर रही थी।

ऋषि की समूची शक्ति उसकी आँखों में उतर आई थी। नसें खिंचने लगी थीं। गौतम खड़ा समूचे दृश्य को देख रहा था। ऋषि के चेहरे पर फटते ज्वालामुखी को उसने पहचान लिया था। इससे पहले कि गौतम ऋषि को पंडाल से बाहर लाए, ऋषि ने चीखकर पंडाल के एक बाँस को जोर से खींचा। लगा जैसे समूचे पंडाल में भूचाल आ गया है। गौतम ने ऋषि को रोकने की बहुत कोशिशें कीं, लेकिन तब तक ऋषि बाँस खींच चुका

था। बाँस के खींचते ही पंडाल एक ओर लुढ़कने लगा। अब वह दूसरे बाँस को गिरा चुका था। पंडाल में भगदड़ मच गई। धक्का-मुक्की में लोग गिरने लगे। महिलाओं और बच्चों की चीख-पुकार में कुछ सुनाई नहीं पड़ रहा था।

नटराजन और उसके साथी ऋषिराज को पकड़ने दौड़े। तब तक वह चार-पाँच बाँस गिरा चुका था। लोगों में मारपीट शुरू हो गई थी। कौन किसको पीट रहा है पता ही नहीं चलता था।

शोर-शराबे के बीच सभी कुछ क्षण-भर में धराशायी हो गया था। नटराजन और स्वामी आदित्याचार्य का कहीं अता-पता नहीं था। खाली कलश लुढ़के पड़े थे। नदियों और समुद्र का जल एकाकार होकर जमीन में समा गया था। जगह-जगह जूते-चप्पल बिखरे पड़े थे।

समूचे वातावरण में दहशत और तनाव की छाया पसर गई थी। मंदिर में रखी बालाजी का पाषाण प्रतिमा समूचे परिदृश्य को जड़वत देख रही थी।

अंत वही हुआ, जो अक्सर होता है। ऋषि और गौतम को दंगा और तोड़-फोड़ करने के आरोप में पुलिस ने गिरफ्तार कर लिया। नटराजन ने अपना तबादला करा लिया।

कुछ दिन बाद बिना ताम-झाम के प्राण-प्रतिष्ठा का अनुष्ठान संपन्न करा दिया गया। शिरोड़कर का सपना किस रूप में साकार हुआ, आप स्वयं ही सोचकर देखिए। थोड़ा लिखा, ज्यादा जानिए।

# बैल की खाल

सुबह से दोपहर हो गई थी, काले और भूरे का कहीं अता-पता नहीं था। चारों ओर उनकी खोज हो रही थी। गाँव के बीचोबीच कुएँ के पास पंडित बिरिज मोहन का बैल बीच रास्ते में मर गया था। तड़के मुँह-अँधेरे पंडित बिरिज मोहन का हाली हल और बैल लेकर खेत जोतने निकला ही था कि कुएँ के पास से बैलों को उसने टिटकारी दी। कुएँ के पास खड़ंजे पर फिसलन थी। बैल का पाँव फिसला और गिर पड़ा। हाली ने बैल को खड़ा करने की बहुत कोशिश की। बैल बूढ़ा और कमजोर था। पसली में चोट लगी और मर गया।

पंडित बिरिज मोहन खबर मिलते ही दौड़ा आया था। खेतों की जुताई के वक्त बैल का मर जाना किसी हादसे से कम न था। पंडित पर जैसे गाज गिर पड़ी थी।

रास्ते में पड़े बैल को कुएँ के पास से हटाना जरूरी था। काले और भूरे की तलाश शुरू हुई। वे दो ही तो थे पूरे गाँव में जो मरे हुए बैल को खींचकर गाँव से बाहर ले जा सकते थे।

जब तक बैल जीवित था तो कोई बात नहीं थी। कल तक अन्न उगाने वाला बैल मरते ही अपवित्र हो गया था। जिसे छूना तो दूर उसके पास खड़े होना भी किसी पाप से कम न था।

सूरज सिर के ऊपर पूरी ऊँचाई पर चढ़ चुका था। कुएँ के पास पड़े बैल पर मक्खियाँ भिनभिनाने लगी थीं।

काले और भूरे पता नहीं कहाँ गए हुए थे। तीन-तीन बार पंडित बिरिज मोहन स्वयं उनके घर जा चुके थे। हर बार एक ही जवाब मिल रहा था। कहीं गए हैं। वे दोनों गाँव भर के लिए अचानक महत्त्वपूर्ण हो गए थे।

जैसे-जैसे धूप चढ़ रही थी, कुएँ के पास पड़ा मृत बैल गंधियाने लगा था। गाँव भर में मायूसी भरा तनाव फैल गया था। हर कोई काले और भूरे को कोस रहा था। गाँव की कोई जगह नहीं थी जहाँ उन्हें ढूँढ़ा न गया हो। आखिर वे गए तो कहाँ गए।

उनकी महत्ता का अहसास गाँव को हो गया था। गाँव में किसी का भी मवेशी मरता उसे उठाकर गाँव से बाहर ले जाना उनकी ही जिम्मेदारी थी। इसके बदले उन्हें

कोई पैसा या अनाज नहीं मिलता था। यह काम उनके पुरखे पिछली कई पीढ़ियों से निस्पृह भाव से करते चले आ रहे थे। मृत मवेशी की खाल उतारकर वे उसे शहर ले जाते थे। शहर में चमड़े की रँगाई, सफाई का काफी बड़ा करोबार था। जिसमें शहर के नामी-गिरामी व्यापारी लगे हुए थे। चमड़े के जो भी दाम मिलते उससे ही उनकी जीविका चल रही थी।

गाँव के बड़े-बूढ़े बैल को लेकर कुछ ज्यादा ही चिंतित थे। अगर शाम तक बैल यहीं पड़ा रहा तो क्या होगा। सुबह से लोगों ने पीने का पानी तक नहीं लिया था कुएँ से।

दोपहर का सूरज ढलने लगा था। परछाईं धीरे-धीरे लंबी होने लगी थी। बिरिज मोहन की आँखों में निराशा को तोड़ती हुई चमक दिखाई दी। सामने गली से काले और भूरे चले आ रहे थे। उनके चेहरे बुझे हुए और आँखें गड्ढों में धँसी हुई थीं। सख्त हाथों की हथेलियाँ चौड़ी और मांसविहीन थीं। जिससे हाथों की नसें और अधिक उभरी हुई दिखाई पड़ती थीं। दोनों ने घुटनों तक मटमैली सफेद धोती का टुकड़ा लपेट रखा था। कमर से ऊपर कमीज की जगह पुराने किस्म की बंडीनुमा चीकट बनियान पहन रखी थी। जिसमें जगह-जगह छेद हो गए थे। उनके पौर-पौर से विपन्नता झलक रही थी। वे सीधे आकर बैल के पास रुके। भूरे के हाथ में मोटे बाँस की एक लंबी-सी बाही थी।

"कहाँ मर गए थे भोसड़ी के...तड़के से ढूँढ़-ढूँढ़ के गोड्डे टूट गए हैं। और इब आ रहे हो महाराजा की तरियों...इस बैल को कौन उठावेगा...तुम्हारा बाप..." पंडित बिरिज मोहन उन पर बिफर पड़ा था।

बिना उत्तर दिए काले ने अपने कंधे पर रखी मोटी रस्सी उतारी और मृत बैल के आगे के दोनों पैरों को एक साथ मिलाकर बाँधने लगा। बैल के पाँव अकड़ गए थे। उन्हें एक साथ मिलाने में उसे काफी ताकत लगानी पड़ रही थी। पैरों को कसकर बाँधने के बाद रस्सी का दूसरा छोर उसने भूरे की ओर उछाला। भूरे ने पिछले दोनों पैरों को एकसाथ मिलाकर बाँधा। इशारे से काले को बाही उठाने के लिए कहा।

समूचा गाँव खड़ा उनका करतब देख रहा था। देखते-ही-देखते उन्होंने बैल के बँधे पाँव में बाही फँसाई और पालकी की तरह उठाकर ढुलकी की चाल से चल पड़े।

गाँव के लोगों ने राहत की साँस ली।

गाँव के दक्षिण-पश्चिम छोर से होकर बहता नाला बरसात को छोड़कर पूरे साल सूखा ही पड़ा रहता था। इसी नाले में उन्होंने बैल को लाकर डाल दिया। वे दोनों काफी थक

गए थे। दो घड़ी बैठकर सुस्ताने लगे। काले ने जेब से आखिरी बची बीड़ी निकाली। जिसे दोनों साझे रूप से पीने लगे। उनके पीछे-पीछे गाँव के चार-पाँच कुत्ते भी आ गए थे। जो बैल के आसपास मँडरा रहे थे। भूरे का पूरा ध्यान कुत्तों पर टिका था। कहीं कोई मुँह न मार दे। काले ने बैल के पैरों से रस्सी खोलकर अलग की।

भूरे का छुटकू छुरी-चाकू लेकर आ गया था। उसके हाथ से छुरी-चाकू लेते हुए भूरे ने कहा, "छुटकू तू घर जा...हम यहाँ से सीधे सहर (शहर) जाएँगे। आणे में देर हो जागी...सौदा-सुलफ बी वहीं से लेत्ते आवेंगे।"

काले ने भूरे के हाथ से छुरी लेकर उसकी धार पर उँगली फिराई। धार कुछ कम थी। नाले में पड़े एक पत्थर पर छुरी को घिसकर धार तेज करने लगा।

भूरे ने बैल के मुँह से शुरू करके पेट और पीठ तक एक लंबा चीरा लगाया। ये खाल उतारने में सिद्धहस्त थे। कैसा भी जानवर हो उसे केले की तरह छील देते थे। खाल इस खूबी से उतारते थे कि उसमें कहीं भी जरा-सा नुक्स नहीं आ पाता था। यदि खाल जरा भी कहीं से कट-फट जाए तो उसके दाम कम हो जाते थे। ये कला उन्होंने अपने बाप से सीखी थी।

दोनों काम में जुट गए थे। धूप की तपिश कम न हुई थी। पोर-पोर पसीने से भीग गया था। खाल अभी आधी भी नहीं उतरी थी कि आकाश से गिद्धों के झुंड उतरने लगे। देखते-ही-देखते झुंड-के-झुंड गिद्ध घेरा डालकर मँडराने लगे। वे कभी कुत्तों को खदेड़ते तो कभी गिद्धों को दूर हटाते तो दूसरी ओर से एक साथ कई गिद्ध बैल पर टूट पड़ते। कुत्ते अलग से अवसर की ताक में बैठे थे। गिद्धों को भगाने में कुत्ते भी उनका साथ दे रहे थे। कोई कुत्ता गिद्ध पर झपटता तो गिद्ध पंजों पर दौड़ते हुए अजीब-सी आवाज में चिल्लाता।

खाल उतारते-उतारते काफी समय हो गया था। साँझ होने में अभी देर थी। ताजा उतरी खाल को लेकर वे बैल से थोड़ा दूर हट गए। उनके हटते ही गिद्ध बैल पर टूट पड़े। गिद्धों के गले की आवाज भयानक वातावरण बना रही थी। आकाश से गिद्धों का उतरना अभी जारी था।

उन्होंने गीली खाल को उलटकर नाले में मिट्टी पर फैला दिया। ताकि उस पर लगा खून सूख जाए।

वे काफी थक चुके थे। उनके पास बीड़ी भी नहीं थी जिसे पी सकें। आजकल उनका हाथ काफी तंग रहने लगा था। खाल को लपेटकर उन्होंने एक फटी-पुरानी चादर में गठरी की शक्ल में बाँध लिया। काले ने गठरी उठाकर भूरे के सिर पर रख दी। बड़ी सड़क की ओर चल दिए। नाला जहाँ सड़क को काटता था, वहाँ एक बड़ी-सी पुलिया थी। वे नाले से होते हुए पुलिया तक आ गए थे। भूरे के सिर पर रखी गठरी से खाल का गीलापन रिस रहा था।

भूरे ने गठरी पुलिया की दीवार पर रख दी। दोनों बैठकर शहर जाने के लिए किसी सवारी का इंतजार करने लगे। बस में खाल लेकर कोई चढ़ने नहीं देता था। बस की सवारियाँ नाक-मुँह पर कपड़ा रखकर चिल्लाने लगती थीं। खाली ट्रक या ताँगा ही उन्हें शहर ले जाता था।

धीरे-धीरे साँझ होने लगी थी। दूर से आता हुआ एक ट्रक दिखाई पड़ा। वे पुलिया से उतरकर सड़क पर आ गए। ट्रक काफी तेज गति से आ रहा था। उन्होंने ट्रक को रुकने का इशारा किया। ट्रक ढेर-सा धुआँ उगलता हुआ आगे बढ़ गया। भूरे ने दोनों हाथों से धुएँ को मुँह के पास से हटाते हुए एक भद्दी गाली दी। जो ट्रक के शोर में घुटकर रह गई।

वे फिर पुलिया पर बैठ गए। दूर से आती गायों के गले की घंटियों की आवाज पास आने लगी थी। गायें गाँव की ओर लौट रही थीं। लल्लू गड़रिए का यह गोधन सबसे बड़ा था। गाँव के लोग लल्लू के गोधन में अपने ढोर-डंगर भेजकर निश्चिंत हो जाते थे। सड़क पार कराने में लल्लू खास खयाल रखता था। सड़क पर यातायात कुछ ज्यादा ही बढ़ गया था। हर वक्त दुर्घटना होने का डर बना रहता था।

गायों के गले की घंटियाँ और उड़ती धूल साँझ के धुँधलके को गहराने लगी थीं। पुलिया पर बैठे काले और भूरे की चिंताएँ भी साँझ की तरह गहरी हो रही थीं। वे जल्दी शहर पहुँचना चाहते थे। जिससे खाल बेचकर घर के लिए सौदा-सुलफ ला सकें। कई दिन हो गए थे, ठीक से चूल्हा भी नहीं जला था। जैसे-तैसे जिनगी घसिट रही थी। दो महीने बाद आज यह बूढ़ा बैल मरा था जिसने उनकी डूबती आशाओं को पल-भर के लिए बचा लिया था।

काले ने गोधन को जाते देखकर भूरे से कहा, "क्या टेम आ गिया है। इब तो ढोर-डंगर बी ना मरते..."

"जिबते यो जिनावरों का डॉक्टर गाँव में आया है...म्हारे तो पेट पर ही लात मार दी है सोहरे ने।"

गाँव में जानवरों का डॉक्टर आ जाने से इनका धंधा ही चौपट होने लगा था। घर में फाकों की नौबत आने लगी थी। गाँव का बनिया तो वैसे भी उन्हें उधारी नहीं देता था। अनाज के दाने माँगें भी तो किससे। गाँव भर की नजर में ये सबसे निकम्मे जीव थे, मरे जानवर की खाल खींचने वाले।

पुलिया पर बैठे-बैठे वे अपने-अपने खयालों में खो गए थे। काले की समझ में बहुत-सी बातें नहीं आती थीं। वह जितना सोचने की कोशिश करता, बातें उतनी ही उलझ जातीं।

"भूरे हमें यो काम छोड़ देणा चाहिए।"

"क्यूँ...जो हमने इस काम कू छोड़ दिया तो करेगा कौण। क्या मरे हुए ढोर-डंगर गाँव में ही पड़े सड़ते रहेंगे..."

"सड़ने दे...इस सडांध में हम गले-गले तक डूब जाते हैं। किसे परवाह है...कोई

अपने धोरे (पास) बी ना बैठावे हैं।''

कुछ देर रुककर काले फिर बोला, ''और वो सहर का लाला...सौ बातें सुणावे है। पिछली बार जब वह भैंस की खाल लेके गए थे तो क्या कह रहा था–'यह पुड़िया ले जाओ। जिस जानवर को खिलाओगे टें बोल जाएगा।' वह सरकारी डॉक्टर कुछ भी नहीं कर पाएगा। पूरा राक्छस है राक्छस वह लाला।''

दो-तीन ट्रक बिना रुके निकल गए थे। जैसे-जैसे साँझ हो रही थी। उनकी परेशानी बढ़ रही थी। शहर जाकर वापस भी लौटना था। काले कुछ ज्यादा ही उखड़ा हुआ था। लंबी सड़क पर निगाह जमाते हुए बोला, ''भूरे, चल कहीं चलते हैं...सुना है दिल्ली, गाजियाबाद में बड़े-बड़े कारखाने हैं। वहाँ कोई-न-कोई काम तो मिल ही जाएगा...मामचंद का सलेक देख्यानी पिछली बार जिब आया था। यहाँ था तो नंग-धड़ंग घूमा करे था...और इब...इब तो कमीज-पतलून पहनने लगा है...अंग्रेजी कट के बाल रखता है...हाथ में घड़ी बाँधता है...क्या कहवे था उस घड़ी को हैमटी ओटमट (एच.एम.टी. ऑटोमैटिक)...अपने आप चलती है दिन-रात...आवाज बी ना करे है।''

काले की बात भूरे को ऐसी सुनाई पड़ रही थी जैसे वह कई कोस दूर खड़ा उसे आवाज दे रहा हो। उसके खयालों में तो गाँव के वे बच्चे घूम रहे थे जो बस्ता लिये किलकारियाँ मारते स्कूल जा रहे होते हैं। न जाने कितनी बार स्कूल के पास खड़े होकर उसने छोटे-छोटे बच्चों को पहाड़े रटते देखा था। जब वे एक सुर में बोलते थे तो उसे बहुत अच्छा लगता था। वह सोचता था किसी रोज उसका छुटकू भी इसी तरह बच्चों के बीच खड़ा होकर पहाड़े रटेगा। उसने स्कूल के मास्टर से भी बात कर ली थी। बस दो पैसे हाथ में आ जाएँ तो छुटकू को इस साल स्कूल भेजना ही है। उसके पास तो स्कूल जाने लायक कपड़े भी नहीं हैं।

उन्हें पुलिया पर बैठे काफी समय हो गया था। शहर जाने वाली कोई सवारी अभी तक नहीं मिली थी। वे जिस गाड़ी को भी रुकने का इशारा करते, वह तेजी से निकल जाती थी। जैसे-जैसे अँधेरा बढ़ रहा था, उनकी ऊब भी बढ़ रही थी। इतने दिन बाद आज एक बैल मरा था। यदि वे समय पर शहर न पहुँचे तो खाल सड़ भी सकती है। जो दो पैसे हाथ में आने वाले हैं वे भी न निकल जाएँ। उनकी परेशानी अँधेरे से ज्यादा गहरी हो रही थी।

दूर खेतों के बीच कच्चे रास्ते पर एक बछड़ी के रंभाने की आवाज उन्हें सुनाई दी। शायद लल्लू के गोधन से बछड़ी पीछे छूट गई थी। चौकन्नी मुद्रा में बछड़ी दौड़ी चली आ रही थी। वह उसी रफ्तार से बिना रुके पक्की सड़क पर आ गई थी। पलक झपकते ही तेज गति से आते ट्रक की चपेट में आकर बछड़ी गिर पड़ी...अचानक ब्रेक लगने से ट्रक भी लड़खड़ा गया था। ट्रक गिरते-गिरते बचा। एक तेज आवाज से वे दोनों भी एकबारगी चीख उठे।

कुछ आगे जाकर ट्रक रुक गया था। ड्राइवर को गालियाँ देता हुआ भूरे ट्रक की

ओर दौड़ा। ड्राइवर ने खतरा भाँप लिया और एक्सीलेटर दबाकर ट्रक की गति बढ़ा दी। भूरे ने गुस्से में ढेर-सी गालियाँ ट्रक ड्राइवर को दे डाली। सड़क के किनारे पड़ा ढेला उठाकर फुर्ती से ट्रक पर दे मारा...ट्रक आगे निकल चुका था। ढेला पक्की सड़क पर गिरकर टुकड़ों में बिखर गया था।

बछड़ी सड़क के किनारे पड़ी तड़प रही थी। उसका सिर एक ओर लुढ़क गया था। काले ने बछड़ी की पीठ पर हाथ फेरा। उसकी चिकनी नर्म पीठ पर हाथ फेरते हुए काले को लगा जैसे बछड़ी नहीं कोई छोटा बच्चा है, जो दर्द से तड़प रहा है। काले ने भूरे की ओर देखा। भूरे अभी भी दूर खड़ा गालियाँ बक रहा था।

काले ने भूरे को आवाज दी, "भूरे ! कहीं थोड़ा पानी हो तो लेकर आ...जल्दी कर ...देख कैसे तड़प रही है।"

भूरे पानी की तलाश में इधर-उधर दौड़ने लगा। नाले में वह दूर तक चला गया। बैल की बची-खुची हड्डियों पर दो-तीन कुत्ते अभी तक लिपटे हुए थे। उसे पास आता देखकर वे गुर्राने लगे। वह उनसे बचकर नाले से खेत में चढ़ गया। खेत भी सूखे पड़े थे। दूर-दूर तक पानी का नामोनिशान नहीं था।

बछड़ी को दर्द से तड़पता देखकर काले की समझ में कुछ नहीं आ रहा था, क्या करे। अचानक उसके दिमाग में डॉक्टर का खयाल आया उसने भूरे को पुकारा, "भूरे जल्दी आ...डॉक्टर को लेके आना है, बछड़ी को बहुत चोट लगी है..."

भूरे खाली हाथ लौट आया। वह पसीना-पसीना हो गया था। भाग-दौड़ में उसकी साँस फूल गई थी। हाँफते हुए बोला, "पाणी तो कहीं भी ना है।"

काले बछड़ी की पीठ सहला रहा था। जैसे उसे हौसला बँधा रहा हो। बछड़ी के मुँह से खून रिसकर मिट्टी में बहने लगा था। अँधेरे में बछड़ी का खून गहरे रंग का दिखाई दे रहा था। "काले,...इब डॉक्टर आके क्या करेगा...देख लहू कितना बह गया है..."

"भूरे, तू ज्यादा अकलमंदी न दिखा...तू यहाँ ठहर...मैं जाता हूँ डॉक्टर को लाने।" काले की आवाज में उत्तेजना थी।

काले गाँव की ओर जाने के लिए उठा। गाँव वहाँ से करीब एक कोस दूर था। अँधेरा बढ़ते-बढ़ते काली घनी चादर में बदल गया था। गाँव की इक्का-दुक्का बत्ती टिमटिमा रही थी। काले ने जल्दी-जल्दी कदम बढ़ाए। अभी दस-पंद्रह कदम दूर भी नहीं गया था, भूरे की आवाज आई, "काले जल्दी आ..."

काले उलटे पाँव लौटा।

"क्या हुआ ?" काले ने आते ही कहा।

"देख लो...यह तो हिल भी नहीं रही है।" भूरे ने सहमते हुए कहा।

बछड़ी का बदन ऐंठकर शांत हो गया था। कहीं कोई हलचल नहीं थी। वे दोनों चुपचाप एक-दूसरे की ओर देखते रहे। उनके बीच खामोशी छा गई थी।

चुप्पी तोड़ी काले ने। वह उठकर खड़ा हो गया।

"भूरे, तू यहीं ठहर मैं गाँव में खबर करके आता हूँ।" उसकी आवाज में हताशा थी।

अचानक बछड़ी का इस तरह मर जाना उन्हें दुखी कर गया था।

पुलिया पर रखी बैल की खाल पर काले ने एक नजर डाली। चादर में बँधी बैल की खाल गंधियाने लगी थी। उसने एक लंबी साँस ली और गाँव की ओर चल पड़ा। बछड़ी के मरने की खबर देने।

# भय

सुबह से दोपहर हो गई थी उन्हें भटकते हुए। शहर की कई बस्तियाँ छान डाली थीं, फिर भी कहीं बात नहीं बनी थी। आखिर थककर वे सहस्त्रधारा रोड की बस्ती में पहुँचे थे। नदी के किनारे आठ-दस परिवारों की बस्ती थी। अलग-थलग। कभी यह नदी रही होगी लेकिन अब सिर्फ बरसाती नाला थी। जिसके समतल किनारे पर ईंट-पत्थर जोड़कर दीवारें खड़ी कर दी गई थीं। ऊबड़-खाबड़ दीवारों पर पुराने टिन की मटमैली चादरें घर होने का अहसास भर थीं।

कालू का घर बस्ती में घुसते ही दाईं ओर पड़ता था। औरों की तुलना में कालू ने कुछ ज्यादा ही जगह घेर रखी थी। आँगन में एक सुअर-बाड़ा भी बना लिया था। जमीन में एक कुंड बनी हुई थी। जिसमें आठ-दस सुअर एक-दूसरे को धकियाते हुए, चप्प-चप्प की आवाज़ के साथ खाने पर टूट पड़ रहे थे। एक छोटा बच्चा मोटे-तगड़े सूअर के नीचे से कुंड तक पहुँचने की कोशिश कर रहा था। मोटे सुअर ने अपनी थूथनी से उसे मारकर भगा दिया। बच्चा चीं...चीं...चीं करता हुआ कालू के इर्द-गिर्द घूमने लगा। मोटे सुअर की हरकत पर कालू को गुस्सा आ गया। उसने बाँस का डंडा तड़ से मोटे सुअर की पीठ पर जड़ दिया और एक भद्दी-सी गाली दी।

वे दोनों कालू के आँगन के सामने आकर रुक गए थे। स्कूटर उन्होंने बाहर ही खड़ा कर दिया था। सुअरों के बीच घूमते गोल-मटोल छोटे-छोटे बच्चों को देखकर उनकी आँखों में चमक आ गई थी। आँगन में घुसते ही दिनेश ने कालू से कहा, ''हमें एक बच्चा चाहिए।''

उन्हें ऊपर से नीचे तक घूरते हुए कालू ने कहा, ''ले जाओ जो पसंद हो।''

''क्या लोगे ?'' दिनेश ने दाम पूछे।

''पूजा में चढ़ाना है क्या ?'' कालू ने जानना चाहा।

''हाँ, माई मदारन की पूजा के लिए चाहिए।'' दिनेश के साथ आए किशोर ने जवाब दिया।

''ठीक है...चार सौ रुपए, एक दाम,'' कालू ने सीधे सपाट लहजे में कहा।

चार सौ रुपए सुनते ही दिनेश के होश उड़ गए, ''ये तो बहुत ज्यादा हैं...'' दिनेश के शब्दों को अनसुना करके कालू सुअरों को कुंड से हटाने लगा, बचे-खुचे खाने पर बच्चे टूट पड़े थे।

दिनेश और किशोर दोनों के चेहरे उतर गए थे। वे एक-दूसरे का मुँह ताकने लगे थे।

दिन-भर भटकने के बाद वे इस नतीजे पर पहुँचे थे कि उनके रंग-ढंग और बोल-चाल का लहजा देखकर रेट बढ़ जाते हैं। बस्ती-दर-बस्ती घूमकर वे स्कूटर का काफी तेल फूँक चुके थे। फिर भी कहीं बात नहीं बनी थी। डी.एल. रोड पर किसी ने बताया था कि कालू के पास चार-पाँच बच्चे हैं।

''दाम ठीक लगाओ...इसमें तो पाँच किलो मीट भी नहीं है।'' दिनेश ने मोलभाव करने की कोशिश की।

''पाँच किलो मीट ही चाहिए तो बाजार में बहुत दुकानें हैं। जाके खरीद लो। सस्ता पड़ जाएगा।'' कालू ने आँखें तरेरकर कहा।

उन्हें मोलभाव करते देखकर कालू की घरवाली भी आकर खड़ी हो गई थी। कालू के बोलने के अंदाज से किशोर कुछ चिढ़ गया था, ''दुकान से ही खरीदना होता तो यहाँ क्यों आते।''

''भाई जी, ठीक से बताओ क्या लोगे ?'' दिनेश ने एक बार फिर कोशिश की।

''रुपए तो मैं लूँगा चार सौ ही। चाहे एक बार पूछो या दस बार...'' कालू ने जोर देकर कहा।

दिनेश किशोर की ओर देखने लगा। 'अब क्या करें' का सवाल उसके चेहरे पर चिपका हुआ था। किशोर को भी चार सौ रुपए बहुत ज्यादा लग रहे थे।

किशोर ने फुसफुसाकर कहा, ''मेरा तो खयाल है, ले ही लो!'' दिनेश ने एक आखिरी कोशिश की, ''कुछ तो कम करो...इतनी दूर से आए हैं। जात-बिरादरी के नाते भी कुछ कम होने चाहिए।''

बात अनसुनी करके कालू ने घरवाली से कहा, ''जा, मेरी साइकिल निकाल दे बाहर ये ना लेंगे। इन्हें तो मैं देखके ही समझ गिया था। अपना भी टेम खराब कर रहे हैं और मेरा बी। ये तो पैंट-कमीज वाले बाबू हैं। अपनी फटी कू चक्कर काट रहे हैं। वरना ये तो मूतने बी ना आवें इन बस्तियों में। पढ़-लिख के बामन बनने की कोसिस में लगे हैं। पर बामन बी तो ना बणा जावे है इन सुसरों से। चार सौ देने हों तो बात करो...नहीं तो और कहीं जाके ढूँढ़ लो।''

उसका एक-एक शब्द कड़वी गोली की तरह दिनेश की हलक में अटक गया था। और कोई वक्त होता तो शायद वह कुछ जवाब भी देता। खुद को संयत रखते हुए उसने कहा, ''ठीक है...यह लो चार सौ रुपए...बच्चा पकड़ दो...''

दिनेश ने रुपए कालू के हाथ में थमा दिए। सौ-सौ के चार नोट कालू ने कई बार गिने। सूरज की ओर ऊपर करके एक-एक नोट ठीक से जाँचा-परखा। उलट-पुलटकर देखा। रुपए जेब में रखते हुए बोला, ''पकड़ लो...ये जो पूँछ उठाए घूम रहा है।''

दिनेश ने हिचकिचाते हुए नम्रता से कहा, ''भाई जी, यह बच्चा हमें माई मदारन की पूजा में चढ़ाना है...हम लोग तो कॉलोनी में रहते हैं...वहाँ इसे मारना, दूणना, काटना-फाँटना नहीं कर सकते हैं...आप यह काम यहीं कर दो।''

कालू के रूखे-सख्त चेहरे पर आँखें गोल-गोल होकर बाहर की ओर निकल आई थीं, ''मोल भाव जिन्दे (जीवित) का हुआ था। मार के देने का नहीं। फेर बी आप लोगों की मजबूरी है तो जान लेने के पचास रुपए लूँगा।''

दिनेश ने आश्चर्य से पूछा, ''पचास और ?''

''तो ले जाके अपने घर कर लेना...मेरे पास ना है इतना टेम किसी जीव की जान लेना आसान काम नी होत्ता। पचास तो बहुत कम हैं। आप तो अपनी बिरादरी के हो ...कोई बनिया-बामन आता तो मेरे रेट अलग होते।'' कालू ने सख्त लहजे में कहा।

किशोर काफी देर से चुप खड़ा था। उसे कालू का तरीका बहुत चिढ़ानेवाला लग रहा था। उसने पूछ ही लिया, ''तो क्या बनिए-बामन भी खरीदने आते हैं...'' कालू ने कोई उत्तर नहीं दिया। तिरछी नजरों से किशोर को घूरा।

''ठीक है...पचास और दे देंगे...इसे पकड़कर जल्दी तैयार कर दो...'' दिनेश ने मजबूरी से कहा।

''तुम लोग बैट्ठो...मैं ईबी दस मिनट में आया। बस यहीं रिंस्पना के पुल तक जाना है...जरूरी काम है। एक आदमी कू टेम दे रखा है।'' कालू ने साइकिल उठाई और आँगन से बाहर हो गया। वे उसे देखते ही रह गए। कुछ बोलने का मौका दिए बगैर वह चला गया।

कालू को गए आधा-पौन घंटा बीत गया था। अभी तक उसका कोई अता-पता नहीं था। वे लोग बैठे-बैठे उकता गए थे। कालू की घरवाली को आवाज देकर दिनेश ने पूछा, ''कहाँ चले गए ? हमें देर हो रही है।''

''ईब मैं क्या बताऊँ...थोड़ी देर और बाट देख लो।'' उसने अंदर से ही जवाब दिया। एक-आध बार वह बाहर आई भी। बिना कुछ कहे फिर भीतर चली गई।

उन्हें एक-एक क्षण भारी पड़ रहा था। घर जाकर भी बहुत से काम करने थे। पूजा की तैयारी भी करनी थी। घर पहुँचते-पहुँचते शाम तो वैसे ही हो जाएगी।

उन्हें वहाँ बैठा देखकर बस्ती के बच्चे और बूढ़े आँगन में जमा हो गए थे। सभी उन्हें अजीब-सी नजरों से देख रहे थे। एक संदिग्ध-सा वातावरण बनने लगा था। किशोर से ज्यादा दिनेश बेचैन हो रहा था। वह इस माहौल में असहज हो उठा था।

इंतजार करते-करते उन्हें एक घंटे से ऊपर समय बीत गया था। दिनेश का मूड उखड़ने लगा था। उसने आवाज में तल्खी भरकर कालू की घरवाली को सुनाया, ''कहाँ चला गया। हम यहाँ कब तक बैठे रहेंगे। हमने तो रुपए भी उनके हाथ में थमा दिए थे।''

''ईब मैन्ने तो पता नी...कहाँ चला गिया। इनका तो बस यो ही हाल है। पता नी कद लौट्टेंगे...तम इस बच्चे कू पकड़ के ले जाओ...'' कालू की घरवाली ने सहज भाव से जवाब दिया।

दिनेश और किशोर एक-दूसरे का मुँह ताकने लगे। उनकी समझ में नहीं आ रहा

था, क्या करें, क्या न करें। कॉलोनी में ले जाकर बच्चे को मार नहीं सकते थे। क्योंकि फिर दूणना भी था, जो कॉलोनी के फ्लैट्स में किसी भी तरह से संभव नहीं था। लोग देखेंगे तो तमाशा बन जाएगा। अब तक जो नहीं जानता था उसे भी पता चल जाएगा। जात के नाम पर लोगों के मन में एक-दूसरे के प्रति घृणा को दिनेश कई बार देख चुका था। यदि उसके साथ भी लोग वैसा ही व्यवहार करने लगे, इस कल्पना से ही दिनेश सिहर उठा था।

उसने कालू की घरवाली से पूछा, ''और कोई नहीं है जो इसे तैयार कर दे ?''

''ना जी। यहाँ तो कोई ना है...बस ये ही करो जां...और तो कोई बी ना जाणे है।'' कालू की घरवाली ने टके-सा जवाब दे दिया।

दिनेश की कनपटियाँ गर्म होने लगी थीं। उसे रह-रहकर माँ पर गुस्सा आ रहा था। कहाँ फँसा दिया। बहुत समझाया। माँ, पूजा ही करना है तो फल-फूल, हलवा-पूरी से कर लो...लेकिन नहीं मानी। एक ही रट लगाए रही। 'जीते-जी तेरे पिता जी ने माई मदारन को पूजने ना दिया, शादी के वक्त मेरे बाप ने साफ-साफ कह दिया था कि हमारे घर में माई मदारन की पूजा होवे है। जो लड़की के गेल जावेगी। वहाँ भी तुम्हें माई मदारन को पूजना पड़ेगा। उस रोज तो कुछ ना बोल्ले। बाद में बदल गए। बेट्टे दीनू कोई अपने देवी-देवताओं को छोड़ सकता है भला ! अपनी जड़ों को छोड़कर पेड़ की भी कोई गत है। और फिर पूजा-पाठ तो हमें अपने ही ढंग से करनी है। इसमें सरम की क्या बात है !'

जब से मामा ने माँ के कान फूँके हैं, वह इसी तरह की बात करती है। दिनेश कभी इस तरह की पूजा में शामिल नहीं हुआ था। एक-आध बार ननिहाल में जरूर देखा था। पिता जी का मेल-जोल वैसे भी फैक्टरी के लोगों तक ही था। रिश्तेदारों के नाम पर केवल ननिहाल ही थी। दिनेश के मन में भी वही संस्कार आ गए थे, जो पिता जी में थे।

उसने दबे स्वर में मामा से कहा भी था, ''मामा, यहाँ कॉलोनी में यह सब नहीं हो सकता। सभी के साथ रहना है। कोई देखेगा तो क्या कहेगा। मोहल्ले-बस्ती की बात अलग है। वहाँ सब एक ही बिरादरी के लोग रहते हैं।''

मामा ने गुस्से से उफनते हुए कहा था, ''तुम लोग पढ़-लिखकर भी मूरख ही रहे, भला यह भी कोई बात है कि हम अपनी पूजा-पाठ का ढंग इसलिए बदल लें कि दूसरों को यह पसंद नहीं...'' मामा ने माई मदारन के गुस्से की कहानियाँ सुनाकर दहशत पैदा कर दी थी, माँ डर गई थी। कहीं कुछ ऐसा-वैसा न हो जाए।

घर से निकलते समय मामा ने दिनेश और किशोर को खास हिदायतें दी थी। बच्चा देखकर खरीदना। खस्सी न हो, कान-पूँछ कटे-फटे नहीं होने चाहिए।

दिनेश को गुमसुम देखकर किशोर ने टोका, ''कहाँ खो गए...चलो। हम खुद ही पकड़कर बच्चे को मार लेते हैं। यहीं दूणकर, चीर-फाड़ कर लेंगे।''

''मैंने तो कभी यह सब किया नहीं,'' दिनेश ने असमर्थता जताई।

''मारने में क्या है। मेरे पिता जी एक ही झटके में मार देते हैं। छुरी ही तो घुसा

देनी है सीने में।'' किशोर ने सहजता से कहा।

''लेकिन मैंने तो कभी यह सब किया ही नहीं है,'' दिनेश ने हिचकिचाते हुए कहा।

''किया तो मैंने भी नहीं है...पिता जी को करते हुए देखा जरूर है।'' यह काम तो तुम्हें ही करना है। क्योंकि पूजा तुम्हारे ही हाथ से होनी है।'' किशोर ने तर्क दिया।

काफी जद्दोजहद के बाद दिनेश ऊपरी तौर पर तैयार तो हो गया लेकिन अंतर्मन तैयार नहीं था। उसे लग रहा था जैसे वह कोई अपराध करने जा रहा है।

कालू की घरवाली की मदद से उन्होंने उस बच्चे को सुअरों के झुंड से अलग करने की कोशिश की। बच्चा काबू में नहीं आ रहा था। बार-बार झिटककर सुअरों के झुंड में चला जाता था। मादा सुअर दिनेश और किशोर को देखकर गुर्रा रही थी। उसकी गुर्राहट से वे दोनों डर जाते थे। भीड़ के लिए वे तमाशा बन गए थे। बच्चे और बूढ़े उनकी हरकतों पर हँसने लगे थे।

एक-आध बार दिनेश ने बच्चे को पकड़ने की कोशिश की। बच्चा छूटकर भाग गया था। मादा सुअर दिनेश की ओर झपटी थी। वह गिरते-गिरते बचा था। उसे देखकर कालू की घरवाली को भी हँसी आ गई थी। हँसी दबाते हुए बोली, ''अजी, थारे बस का ना है यो काम...तम तो दफ्तर में बैठ के कलम घिसणा ही जाणो हो, बताओ एक छोटा-सा बच्चा नी पकड़ा जा रहा है...''

उसकी बात सुनकर दिनेश झुँझला गया था। दिनेश और किशोर दोनों ही पसीना-पसीना हो गए थे। कालू की घरवाली ने सुझाव दिया, ''बच्चे को कमर से नहीं पैरों से पकड़ो। उठाकर सामने के दरवज्जे में घुस जाओ। मैं बाहर से दरवज्जा बंद करके कुंडी लगा दूँगी।''

दिनेश ने किसी तरह उस बच्चे को सुअरों से अलग किया। जैसे ही वह अलग हुआ किशोर ने उसके दोनों पिछले पाँव पकड़े और ऊपर उठाकर घर में घुस गया। पीछे-पीछे दिनेश भी भागा। कालू की घरवाली ने फटाफट कुंडी बंद कर दी, यह सारा काम पलक झपकते ही हो गया था।

बच्चे की चिंचियाहट पर मादा सुअर विकराल रूप धरकर झपटी थी। लगातार दरवाजे पर टक्करें मार रही थी। लगता था जैसे दरवाजा टूटकर गिर जाएगा। बाकी सुअर भी एक साथ चिंचियाने लगे थे। भयभीत कर देनेवाला माहौल बन गया था। दिनेश की तो रूह काँप गई थी।

कालू की घरवाली ने डंडे से पीट-पीटकर सारे सुअर बाड़े में बंद कर दिए थे। सुअर अभी भी चिंचिया रहे थे। घर के भीतर से बच्चे के गले की घुटी-घुटी-सी आवाज आ रही थी। किशोर उसे घुटने से दबाकर बैठा था। कालू की घरवाली कुंडी खोलकर उनके पास आ गई थी। उसे देखते ही किशोर ने छुरी माँगी थी। वह एक लंबे फलवाली छुरी ले आई। छुरी हाथ में लेते ही दिनेश का दिल बैठने लगा। वह एक मानसिक यंत्रणा से गुजर रहा था।

''मारने से पहले इसके कान पर हल्दी लगाओ और माई मदारन का नाम लेकर

पानी के छींटे मारो।" किशोर ने बच्चे को ठीक से दबाते हुए कहा।

कालू की घरवाली हल्दी ले आई। दिनेश ने हल्दी बच्चे के कान पर लगाकर माई मदारन का स्मरण किया।

आँखें बंद करके पूरी ताकत से छुरी बच्चे के सीने में भोंक दी। उस समय दिनेश क़े चेहरे और आँखों में वहशीयत उतर आई थी। आँखों का रंग सुर्ख हो गया था। छुरी लगते ही बच्चे की चीख से घर-आँगन दहल गया था। धुएँ की कालिख से पुती दीवारें भी काँप गई थीं। दिनेश ने छुरी इतने जोर से मारी थी कि बच्चे के आर-पार निकल गई थी। गर्म खून की धार फूट पड़ी थी। खून एक बर्तन में इकट्ठा कर लिया गया था।

बच्चा तड़पकर शांत हो गया था। दिनेश अभी तक सहज नहीं हो पाया था। उसकी स्थिर नजरें बच्चे की निर्जीव पड़ी देह पर टिकी थीं।

किशोर ने खून से भरे बर्तन को एक ओर हटाकर रख दिया था। अब समस्या थी बच्चे को दूणने की। बिना आग में दूणे उसकी चीर-फाड़ नहीं हो सकती थी। उन्होंने कालू की घरवाली की ओर सवालिया निगाहों से देखा। उसने सहज भाव से कहा, "सामने लीची का बगीचा है। सूखे पत्ते इकट्ठे कर लाओ।"

किशोर ने इर्द-गिर्द खड़े मैले-कुचैले बच्चों से कहा, "सूखे पत्ते ले आओ। पाँच रुपए दूँगा।" पाँच रुपए सुनते ही, वानर सेना ने देखते-ही-देखते पत्तों का ढेर लगा दिया।

पत्ते जलाकर वे बच्चे को दूणने लगे। खाल जलने की चिरायंध फैल गई थी, ऊँची उठती लपटों में वे बच्चे को उलट-पलटकर दूण रहे थे। अच्छी तरह दूणकर वे उसे बाहर नल पर धोने के लिए ले गए, रगड़-रगड़कर धोने के बाद, आँगन में बैठकर ही उसकी चीर-फाड़ करने लगे। दिनेश के लिए यह एक नया अनुभव था। अनगढ़ तरीके से किशोर चीर-फाड़ में लगा था। कालू की घरवाली तत्परता से उनकी मदद कर रही थी।

जल्दी-जल्दी चीर-फाड़ करके उन्होंने सारा सामान एक बोरे में भर लिया था। बोरे को स्कूटर में रखकर कॉलोनी के लिए चल पड़े। सारी प्रक्रिया में वे बेहद थक गए थे। हाथ-पैरों पर राख-मिट्टी के साथ-साथ खून के छींटे भी लग गए थे।

शाम का धुँधलका घिरने में ज्यादा देर नहीं थी। क्षितिज पर सूरज की लाली फैलने लगी थी।

फ्लैट के सामने स्कूटर रोकने से पहले दिनेश ने काफी सावधानी बरती थी। वह बेहद चौकन्ना था। स्कूटर रोकते ही जल्दी से, किशोर बोरा उठाकर भीतर ले गया था। उस समय फ्लैट के सामने कोई नहीं था। सड़क पर कुछ बच्चे खेल में मग्न थे। फिर भी दिनेश घबराया हुआ था। जैसे वह कुछ चुराकर लाया है।

दिनेश ने अंदर जाते ही दरवाजा बंद कर लिया था। उसे डर था कि इस वक्त कोई घर में न आ जाए। यदि कोई आ गया तो बहुत मुश्किल हो जाएगी। इस सारे ताम-झाम को छिपाना कठिन होगा।

माँ ने पूजा की तैयारी शुरू कर दी थी। किशोर और मामा मीट के छोटे-छोटे टुकड़े करने में लग गए थे।

दिनेश का पूरा ध्यान बाहर के दरवाजे पर लगा था। जरा भी आहट होती तो वह चौंक पड़ता था। उसने सभी को हिदायत दे दी थी कि कोई भी आए, दरवाजा मत खोलना। उसके लिए सबसे बड़ी चिंता का कारण था रामप्रसाद तिवारी। रोज का आना-जाना था उसका। कभी-कभी उनके साथ ही खाना भी खा लेता था। जिस रोज वह उनके घर खाना खाने के लिए रुकता था। उस रोज माँ सब्जी में लहसुन तक नहीं डालती थी। मांस तो यदा-कदा ही बनता था। वह भी तब, जब यह पता होता था कि तिवारी नहीं आएगा या कहीं बाहर गया हुआ है। इतने वर्षों में रामप्रसाद तिवारी भी नहीं जान पाया था कि वे लोग एस. सी. हैं। कई बार आरक्षण-विरोध में रामप्रसाद तिवारी ने गाली-गलौज की भाषा इस्तेमाल की थी। साथ ही भद्दी जबान में बाबा साहेब और बापू के लिए अपशब्द कहे थे। दिनेश ऐसे क्षणों में चुप्पी साध लेता था या बात बदलने की कोशिश करता था। वैसे भी दिनेश ऐसे सवालों से बचता था।

इन सबके बावजूद दोनों में गहरी आत्मीयता थी। दिनेश यह भी जानता था, जिस रोज दोनों के बीच 'जाति' आ जाएगी, यह आत्मीयता पानी का बुलबुला साबित होगी।

उसे सबसे ज्यादा चिंता भी रामप्रसाद तिवारी की ही थी। आ गया तो उसे टाला कैसे जाएगा। वह तो दरवाजा खुलने का भी इंतजार नहीं करता। सीधा अंदर ही चला आता है। जब तक पूरे घर के हर एक कोने न छान डाले उसे चैन नहीं पड़ता। इसीलिए दिनेश की उलझनें बढ़ रही थीं, उसे लग रहा था जैसे वह अपने ही जाल में फँस गया है।

पड़ोसियों के बच्चों को उसने बहाना करके टाल दिया था। लेकिन रामप्रसाद तिवारी को टालना इतना आसान नहीं था।

एक-एक पल दिनेश के लिए किसी यातना से कम नहीं था। उसकी मानसिक बेचैनी खिन्नता में बदल रही थी।

पूजा की जैसे-जैसे तैयारी हो रही थी, उसके हृदय की धड़कनें भी बढ़ रही थीं। माँ ने पूजा का दीया जलाकर एक कमरे में जमीन पर, दीवार के पास रख दिया था। पूजा का सारा सामान भी वहीं सजा दिया था। गोबर के उपलों से तैयार किए गए अंगारे दीये के सामने सजा दिए थे। मामा के निर्देश से दिनेश ने उन अंगारों पर घी की आहुति दी। थोड़ी ही देर में अंगारों पर 'जोत' भभक उठी। माँ ने सिर पर आँचल ढककर माथा नवाया। माई का आशीर्वाद लिया। बताशे, पका हुआ मीट, भुनी हुई कलेजी और रोटी के छोटे-छोटे टुकड़े जोत पर चढ़ाकर भोग लगाया। घी के धुएँ की एक अजीब-सी गंध पूरे घर में फैल गई थी।

पूजा खत्म होने ही वाली थी, दरवाजे की घंटी बजी। घंटी की आवाज के साथ ही दिनेश का दिल धड़क उठा। उसे लगा जैसे भूचाल आ गया है। उसने डर और हैरानी से माँ की ओर देखा।

माँ ने कहा, "जा देख कौन है ?"

"होगा कौन...वही तिवारी," दिनेश ने बुझे-बुझे स्वर में कहा, "उसे बाहर से

बाहर ही टाल दो...कह देना मैं घर में नहीं हूँ। अंदर आ गया तो मुसीबत खड़ी हो जाएगी..." उसने एक-एक शब्द का पर जोर देकर कहा। उसे लग रहा था जैसे उसका दिल बैठा जा रहा है।

माँ ने दरवाजा थोड़ा-सा खोला। सामने रामप्रसाद तिवारी ही खड़ा था। पान की पीक उसके दाहिने होंठ से बह रही थी। अधखुले दरवाजे से माँ ने यांत्रिकी ढंग से कहा, "दिनेश तो कहीं गया है...देर से लौटेगा।"

"कहाँ गया है...?" तिवारी ने पूछा।

"बताकर तो नहीं गया..." माँ ने टालने की कोशिश की।

"आज सुबह से वह है कहाँ ?...दिन में मैंने उसे सहस्त्रधारा रोड की मलिन बस्ती से निकलते देखा था। उसके स्कूटर में एक बोरा भी था। मैंने आवाज दी थी। फिर भी वह रुका ही नहीं।" तिवारी ने हैरत से कहा।

माँ खामोश रही। उसने बात बढ़ाने की बजाय तिवारी को टालने का प्रयास किया। माँ को चुप देखकर बोला, "अच्छा, एक गिलास पानी पिला दो, फिर चलता हूँ..."

"रुको...लाती हूँ।" माँ तेजी से रसोई की ओर मुड़ी।

दिनेश पूजा के कमरे से उनका वार्तालाप ध्यान से सुन रहा था। तिवारी का एक-एक शब्द तीर की तरह उसके भीतर उतर रहा था।

पानी पीकर गिलास माँ को लौटाते हुए तिवारी बोला, "कुछ अजीब-सी गंध आ रही है..."

माँ चुप रही। "अच्छा चलता हूँ..." वह तेजी से बाहर निकल गया। माँ ने दरवाजा बंद करके गहरी साँस ली। तिवारी चला गया लेकिन अपने पीछे एक गहरा सन्नाटा छोड़ गया।

दिनेश को लग रहा था जैसे किसी ने उसके जिस्म से तमाम रक्त खींच लिया है। वह बेचैन हो उठा था। तिवारी ने उसे सहस्त्रधारा रोड की बस्ती से निकलते हुए देख लिया था। इस अहसास ने उसे बुरी तरह विचलित कर दिया था।

सभी लोग खा-पीकर सो गए थे। लेकिन वह अनमने ढंग से जाग रहा था। तिवारी के चले जाने के बाद से उसका मन बुरी तरह उदासी से भर गया था। उसकी घबराहट बढ़ गई थी। पल-पल जैसे कोई उसे नुकीले काँटों से बींध रहा था।

नींद और थकान से उसकी पलकें बोझिल थीं। फिर भी वह सो नहीं पा रहा था। उसके भीतर एक खलबली मची हुई थी। कल जब तिवारी से सामना होगा तो क्या होगा।

वह सोने की चेष्टा करने लगा। अभी ठीक से झपकी भी नहीं आई थी कि वह हड़बड़ाकर उठ बैठा। उसे लगा मादा सुअर लाल-लाल आँखें और लंबे-लंबे दाँत निकाले सामने खड़ी है। उसके पीछे तिवारी हाथ में लंबा छुरा लिये दिनेश की ओर बढ़ रहा है। तिवारी की आँखों में तिरस्कृत कर देनेवाली घृणा भरी हुई थी। उसने भयभीत होकर बत्ती जला दी। उसके कानों में बच्चे के चिंचियाने की आवाज सुनाई पड़ रही थी।

पास के बिस्तर पर मामा और किशोर गहरी नींद में सोए थे। वह कुछ संयत होने की कोशिश करने लगा।

वह पसीने-पसीने हो गया था। गला सूखने लगा था। उसने रसोई में जाकर पानी पीना चाहा। उसे लगा पूरी रसोई बच्चे के दूणने की चिरायंध से भरी हुई है। वह पानी बिना पीए ही लौट आया। बिस्तर पर लेटकर सोने की कोशिश करने लगा।

जैसे ही आँखें बंद की मादा सुअर और तिवारी का चेहरा फिर आँखों के सामने आ गया। वह फिर उठकर बैठ गया। दूसरे कमरे में माँ सोई थी। बत्ती जलने से वह भी जाग गई थी। उसने आवाज देकर पूछा, ''दीनू, अभी तक सोया नहीं...सुबह ड्यूटी भी जाना है।''

माँ की आवाज दिनेश को ऐसे सुनाई पड़ रही थी, जैसे माँ कोसों दूर से उसे पुकार रही है।

दिनेश की आँखों में धुँधलापन छा गया था। उसे लगा, मादा सुअर उस पर झपटने वाली है और तिवारी हाथ में छुरा लिये क्रूरता से दिनेश की ओर बढ़ रहा है। उसने भयातुर होकर माँ को पुकारा।

उसकी पुकार चीख में बदल गई थी, जिसे सुनकर सभी जाग गए थे। माँ भी घबराकर उठ बैठी। दौड़कर उसके पास आई, ''क्या हुआ दीनू ?''

दिनेश की आँखें लाल-लाल अंगारे-सी दहक रही थीं। शरीर तप रहा था। चेहरे पर दहशत की भयावह छाया दिखाई पड़ रही थी। माँ ने उसके माथे को छूना चाहा। दिनेश ने हाथ झटक दिया।

चिल्लाकर बोला, ''वह देखो...सामने खड़ी है...वह देखो...तिवारी भी खड़ा है...उसे मालूम हो गया है...वह सबको बता देगा...सबको...'' वह चीख रहा था।

उसकी हालत देखकर माँ भी चीख पड़ी। दिनेश उठकर दरवाजे की ओर भागा। किशोर और मामा ने उसे पकड़कर सँभालना चाहा। लेकिन वह इतनी तेजी से बाहर की ओर भागा, वे उसे रोक नहीं पाए।

दरवाजा खोलकर वह सड़क पर आ गया था। तेज गति से सड़क पर दौड़ने लगा। पीछे-पीछे मामा और किशोर भी दौड़ रहे थे। आसपास के फ्लैट्स की बत्तियाँ जल गई थीं।

दिनेश बदहवासी में दौड़ रहा था। मादा-सुअर की घर्र-घर्र आवाज के साथ तिवारी का क्रूर अट्टहास उसका पीछा कर रहा था। एक अनजाना भय उसकी रग-रग में समा गया था। वह भाग रहा था। उसकी चीख रात की खामोशी में खो गई थी।

मामा और किशोर बहुत पीछे छूट गए थे। सड़क की पीली, निढाल बत्तियाँ उदास होकर अँधेरे से लड़ने का प्रयास कर रही थीं।

# कहाँ जाए सतीश ?

दिसंबर के ठिठुरन भरे दिन थे। धूप जैसे नाजुक मिजाज होकर लुकाछिपी खेल रही थी। सर्द हवा कपड़ों की कई-कई तह पार करके जिस्म में काँटे चुभो रही थी।

मिसेज पंत घर के छोटे-मोटे काम निबटाकर रजाई में अधलेटी बिटिया का स्वेटर बुन रही थी। अकेलापन ठंड को और गहरा देता है। बिटिया के आने का समय हो रहा था। सोनू आते ही खाना माँगती है। क्षण-भर का भी इंतजार नहीं करती। इसीलिए उसके लिए रोटी-सब्जी बनाकर रसोई में रख दी है।

दरवाजे पर किसी ने जोर की दस्तक दी। लगा जैसे किवाड़ टूटकर ही गिर जाएँगे। किवाड़ों की भड़भड़ाहट लगातार बढ़ रही थी। मिसेज पंत झुँझलाकर उठीं। सोनू इस तरह कभी दरवाजा नहीं खटखटाती है। सोनू के पापा और किराएदार सतीश भी इस तरह दरवाजा नहीं पीटते। वैसे भी सोनू के पापा छह बजे से पहले नहीं आते और सतीश चार-साढ़े चार तक आता है। फिर कौन हो सकता है ? इसी उधेड़बुन में मिसेज पंत ने दरवाजा खोला।

बाहर दो अपरिचित स्त्री-पुरुष खड़े थे। दोनों बूढ़े, थके हुए, मैले-कुचैले। स्त्री का चेहरा समय की मार से पिटकर सूखा और निस्तेज था। पुरुष की आकृति से पता चल रहा था जैसे एक लंबे समय की बीमारी से उठकर यहाँ आए हैं।

मिसेज पंत ने गुस्से में तमतमाकर पूछा—'क्या बात है ?' मिसेज पंत की मुद्रा देखकर वे दोनों सकपका गए, जैसे कोई अपराध करते रँगे हाथों पकड़ लिये गए हों। उनके चेहरे पर परेशानी के भाव स्पष्ट दिखाई पड़ रहे थे।

उन्हें इस तरह चुप खड़े देखकर मिसेज पंत का क्रोध और बढ़ गया।

"कौन हो तुम लोग ? क्या चाहिए...?"

पुरुष ने हिम्मत जुटाने का असफल प्रयास किया, "नमस्ते जी...!"

उसके दोनों अशक्त हाथ स्वचालित से जुड़ गए। नमस्ते का उत्तर दिए बगैर मिसेज पंत दहाड़ीं।

"बात क्या है ? इस तरह जंगलियों की तरह दरवाजा क्यों पीट रहे थे ?" नए सिरे से हौसला जुटाने के प्रयास में पुरुष ने ढेर-सा थूक निगला, "आपके यहाँ कोई सतीश नाम का लड़का रहता है ?" उसने हाथ के इशारे से उसकी ऊँचाई का अहसास भी दिलाया।

सतीश का नाम सुनते ही मिसेज पंत चौंकीं, ये लोग सतीश को क्यों ढूँढ़ रहे हैं ? उसने मन-ही-मन सोचा।

"हाँ,...रहता है। लेकिन तुम लोगों को क्या काम है ?" मिसेज पंत ने जिज्ञासा की।

"जी...जी...वह..." पुरुष हकलाकर रह गया। पास खड़ी स्त्री ने आँखें मिचमिचाते हुए बात का सूत्र अपने हाथ में ले लिया। "काम क्या है भैन जी...छह महीने हो गए उसकी सूरत देखे। (जरा) उसे बुला दो।" स्त्री की आँखों में कातरता के लक्षण स्पष्ट दिखाई पड़ रहे थे।

"अभी तो वह है नहीं। स्कूल गया है। शाम तक आएगा...पर तुम लोग हो कौन ?" उनकी वेशभूषा और रंग-ढंग देखकर मिसेज पंत के अंतर्मन में खलबली मच रही थी।

पुरुष ने बोलने की चेष्टा की, "जी...वह..." स्त्री ने पुरुष को कोहनी से छूकर खामोश रहने का संकेत दिया, "भैन जी, ईब क्या बतावें, जिब किस्मत ही खोट्टी होवे तो आदमी कहाँ-कहाँ नी भटकता। म्हारी तो जून ही खराब हो गई है। पिछले छह महीने से ढूँढ़ रे हैं और यो यहाँ बैट्ठा है। उसे आ जाण दो। हम यहाँ बाहर बैट्ठे हैं..." उसने अपने मैले आँचल से आँख का कोना पोंछा।

"अरे, यहाँ मेरे दरवाजे पर बैठे रहोगे भिखमंगों की तरह...यह तो बताओ...तुम हो कौन ? उसे छह महीने से ढूँढ़ क्यों रहे हो ?" मिसेज पंत ने अपने भीतर उठने वाले प्रश्नों को खँगाला।

पुरुष की हिचकिचाहट अब दयनीयता में बदल चुकी थी। "मैं उसका बाप हूँ ...ये माँ है उसकी।" उसके गले से शब्द घुट-घुटकर बाहर आ रहे थे।

मिसेज पंत चौंकीं, जैसे अचानक आसमान टूट पड़ा हो। सतीश इनका लड़का ...यह कैसे हो सकता है...उसे विश्वास ही नहीं हो रहा था। उसने सहज होने की कोशिश की। 'घर से अलग होकर यहाँ क्यों आया ? कोई झगड़ा हुआ था...' मिसेज पंत ने जिज्ञासा की।

स्त्री ने आँखें पोंछते हुए कहा, "पता नहीं भैन जी, उसके मन में क्या था ? दो अच्छर क्या पढ़ लिये वो न घर का रह्या न घाट का। हमने तो यो ही कहया था, पढ़ने-लिखने में क्या धरा है, कुछ काम-धंधा कर ले, कोई नौकरी मिल जागी तो तावले (जल्दी) ही साद्दी (शादी) बी कर देंगे। पर वो तो बिना कुछ कहे घर से चला गिया। भतेरा ढूँढ़ा...ईब पता चला कि वो यहाँ रह रा।"

मिसेज पंत की स्मृति में वह दिन साकार हो उठा जब सोनू ने सतीश की कलाई में राखी बाँधी थी और उस वक्त सतीश की आँखें छलछला उठी थीं। उस दिन से सतीश किराएदार नहीं परिवार के सदस्य के रूप में रहता आया है। उसने सोनू ही नहीं सबका मन जीत लिया था।

स्त्री की बातों ने मिसेज पंत के तमाम विश्वासों को झनझना दिया था। जैसे सारी मान्यताएँ धराशायी हो रही थीं। वह स्वयं को अजीब-से चक्रवात में फँसा अनुभव कर

रही थीं। उन दोनों के प्रति उपेक्षा भाव दिखाते हुए बोली, ''इस समय वह घर में नहीं है। जब आएगा, मैं कह दूँगी। रहते कहाँ हैं ?''

''जी...इसी शहर में। काँवली रोड के पास इंद्रेश नगर में।''

''इसी शहर में...?'' मिसेज पंत ने आश्चर्य व्यक्त किया।

''जी, भैन जी...!'' स्त्री ने उसकी ओर देखते हुए कहा।

''तो फिर...तुम जाओ...मैं उसे आते ही भेज दूँगी। मिसेज पंत ने उन्हें टालते हुए कहा। उसे डर था पड़ोस की मिसेज गुप्ता उन्हें यहाँ खड़े हुए न देख ले। कुरेद-कुरेदकर पूछेगी। कौन हैं ये ? क्यों आए हैं ? वह नहीं चाहती कि मिसेज गुप्ता को पता चले कि ये सतीश के माँ-बाप हैं। बड़ी तिकड़मी है मिसेज गुप्ता। दूसरे के घर में ताकझाँक करने में उन्हें बड़ा मजा आता है। जब सोनू ने सतीश को राखी बाँधी थी तो कैसे नाक चढ़ाकर बोली थी। गैर तो गैर होते हैं, चाहे कितना ही कच्चे धागों से बाँधो। मैं तो विश्वास नहीं करती ऐसे रिश्तों पर। मिसेज गुप्ता का डर भूत की तरह मिसेज पंत के सिर पर मँडरा रहा था।

''तुम लोग जाओ...मैं उसे भेज दूँगी...'' उसने दरवाजा बंद करना चाहा।

''बहन जी, हम आपको कोई तकलीफ देने नहीं आए हैं...छह महीने से बच्चा घर से गायब है...कहाँ-कहाँ नहीं ढूँढ़ा उसे। आपकी गली में बलेसर सफाई करने आता है। हमारे पड़ोस में ही रहता है। उसी ने बताया कि सतीश यहाँ इस लंबर के मकान में रहवे है।'' पुरुष ने मिसेज पंत की सहानुभूति पाने की असफल चेष्टा की।

''भैन जी, आप तो औरत हैं एक माँ की पीर का अंदाज लगा सको हो...उसके आणे तक हमें यहाँ बैठने दो...उसे साथ लेके हम चले जाँगे।'' स्त्री ने विनीत भाव से कहा।

मिसेज पंत की कनपटी गर्म होने लगी थी। सतीश एक भंगी होकर मेरे घर रहा। उसे लगा जैसे चेतना लुप्त हो रही है।

बाहर से सोनू की पदचाप और 'मम्मी जल्दी खाना दो, भूख लगी है' ने उसकी तंद्रा तोड़ी। दरवाजे के पास दो अजनबी देखकर क्षण-भर को ठिठकी। फिर दौड़ते हुए भीतर चली गई।

मिसेज पंत उन लोगों से कुछ कहे बगैर सोनू के पीछे-पीछे चल दीं। दरवाजा उसी तरह खुला था। आँगन में बँधे तार पर सतीश की पैंट-कमीज सूख रही थी। अंदर जाते समय मिसेज पंत कपड़ों से छू गई। मिसेज पंत के शरीर में बिजली-सी दौड़ गई। जैसे कोई गलीज चीज शरीर को छू गई हो। वह गुस्से में भीतर गईं। बरामदे में रखे लंबे बाँस को उठाया और तार से पैंट-कमीज को नीचे गिरा दिया। बाँस से धकेलकर कपड़ों को आँगन के एक कोने में कूड़े-करकट की तरह फेंक दिया। मिसेज पंत गुस्से में थर-थर काँप रही थीं।

दोपहर से शाम होने को आ गई। सतीश अभी तक नहीं लौटा था। उन्होंने चार घंटे कई बरस जैसे काटे थे। बिना एक-दूसरे से कुछ बोले, शून्य में ताकते हुए या

जमीन कुरेदते हुए, अपनी-अपनी स्मृतियों के जालों में उलझे वे चुपचाप गली मुहाने की ओर नजरें गड़ाए हुए थे। गली से गुजरने वाले उन पर सरसरी दृष्टि डालते और आगे बढ़ जाते।

मिसेज पंत का पूरा खयाल दरवाजे पर था। मिसेज गुप्ता किसी भी क्षण आ सकती थी। उसे डर था कि मिसेज गुप्ता कोई बावेला न खड़ा कर दे। उसकी समझ में नहीं आ रहा था कि वह क्या करे। रह-रहकर रवि शर्मा पर गुस्सा आ रहा था। वही तो लेकर आया था सतीश को। क्या उसे पता नहीं था कि सतीश कौन है ? यदि पता था तो उसने हमें बताया क्यों नहीं ? हमसे धोखा क्यों किया ?

सोनू होमवर्क पूरा करने में लगी थी। गली में स्कूटर की आवाज सुनकर भागी, "मम्मी जी पापा आ गए।"

सुदर्शन पंत ने आँगन में स्कूटर खड़ा करते हुए पूछा, "गौरा, ये बाहर दरवाजे के पास कौन बैठे हैं ?"

"सतीश के मम्मी-पापा..."

"यह तो कोई छोटी जात के लग रहे हैं ? सतीश कहाँ है ?" सुदर्शन पंत ने आश्चर्य से कहा।

"अभी तक लौटा नहीं है।"

"कब से बाहर बैठे हैं ?"

"दोपहर से।"

"इस तरह...गली में। अंदर आँगन में तो बैठा सकती थी !" सुदर्शन पंत ने क्रूर आश्चर्यमिश्रित तल्खी से कहा।

"हाँ...अब यही तो बचा है, बाप-दादों की परंपरा खत्म कर दी। एक डोम को घर में रख लिया। सोनू तो उसका जूठा तक खा गई...मेरी तो समझ में नहीं आ रहा है, प्रायश्चित कैसे होगा...मिसेज गुप्ता के कान में भनक भी लग गई तो वह पूरे शहर में ढिंढोरा पीट देगी...मिसेज पंत ने एक डोम को घर में रखा, किराएदार बनाकर। अगर मुझे पता होता तो घर में घुसने भी न देती उसे। जैसे वह वापस आएगा उसका सामान उठाकर बाहर फेंको। मुझे तो उसके कपड़ों से भी बदबू आने लगी है।" मिसेज पंत का गुलाबी चेहरा ताँबई हो गया था। आँखों में अंगारे दहक रहे थे।

सुदर्शन पंत बाहर आया। "तुम लोग कहाँ से आए हो ?" सुदर्शन पंत ने सीधे प्रश्न दागा।

"इंद्रेश नगर से...काँवली रोड के पास," पुरुष ने मिचमिची आँखों से पंत की ओर देखते हुए उत्तर दिया।

"ठीक है...इस वक्त तुम जाओ...जैसे ही सतीश आएगा मैं उसे वापस भेज दूँगा।" सुदर्शन पंत ने दो टूक बात की। भीतर जाने के लिए मुड़ा। रुककर बोला, "देखो, यहाँ आने की जरूरत नहीं है। यहाँ इज्जतदार लोग रहते हैं।"

स्त्री की आँखों में पानी भर आया। "साहब, आपकी बहुत-बहुत मेहरबानी होगी।

बच्चे ने नाराज होके घर छोड़ा। उसे समझा-बुझाकर भेज दीजिए...उससे कहना घर में सब परेशान हैं।"

वे दोनों टूटे कदमों से वापस चल दिए। बार-बार पीछे मुड़कर देख रहे थे। शायद सतीश अचानक आ जाए। उनके जीर्ण-शीर्ण जिस्म गली के अँधेरे में गुम हो गए।

सतीश देर से घर लौटा। वह सीधा फैक्टरी चला गया था। फैक्टरी-मालिक ऐजाज साहब भले और नेक इनसान थे। सतीश को जूझते देखकर अच्छा लगा था। वे खुद विपन्नता से ऊपर उठे थे। जब सतीश पहली बार काम माँगने गया था तो उन्होंने उसकी पीठ थपथपाई थी। "बरखुरदार, हौसला रखो...जिस मुकाम पर तुम पहुँचना चाहते हो जरूर पहुँचोगे। पढ़ाई-लिखाई तो खुदा की नियामत है। इसे हासिल करो और आगे बढ़ो।"

पिछले छह महीने से सतीश सुबह स्कूल जाता और दोपहर बाद से रात नौ-दस बजे तक ऐजाज साहब की बल्ब फैक्टरी में काम करता था। हर रोज उसे बीस-पच्चीस रुपए मिल जाते थे। जिससे उसका स्कूल खर्च और खाना-पीना-रहना चल रहा था। पंत के घर वह पाँच बाई छह के एक छोटे से स्टोर में रहता था। जिसमें एक छोटी चारपाई डालने के बाद चलने-फिरने की जगह भी नहीं बचती थी। वैसे भी उसके पास नाममात्र का ही सामान था। एक थैला भर किताबें, दो जोड़ी कपड़े, एक चटाई और एक चादर तथा रजाई। रजाई भी उसने अभी-अभी बनवाई थी।

आज वह स्कूल से सीधा फैक्टरी चला गया था। फैक्टरी में काम ज्यादा था। जब वह घर लौटा आँगन का दरवाजा बंद था। रसोई में बर्तनों की खटर-पटर सुनाई पड़ रही थी। उसने दरवाजे पर हलकी-सी दस्तक दी। मिसेज पंत रसोई से ही चिल्लाई, "देखो जी, शायद वही होगा...उससे कहो...अपना सामान उठाए और इसी वक्त कमरा खाली कर दे।"

सुदर्शन पंत मिमियाए, "अब रात में कहाँ जाएगा, बच्चा ही तो है...सुबह चला जाएगा...अरे ! तेरी बेटी को इतना प्यार दिया है उसने...भाई है उसका...उसे इस तरह निकालोगी।"

"तो क्या बैंड-बाजे के साथ विदा करूँ...मेरी बेटी का भाई बनने के लिए एक डोम ही रह गया है...बहुत हो गया...मैं उसे एक मिनट भी इस घर में नहीं रहने दूँगी..." मिसेज पंत की तीखी आवाज बाहर स्पष्ट सुनाई पड़ रही थी।

सतीश को लगा जैसे किसी ने गर्म सलाखों से उसके जिस्म का पोर-पोर बाँध दिया है। उसकी नसें तनने लगीं।

"कल सुबह मैं रवि शर्मा को बुलाकर ले आऊँगा। उसके सामने ही बात कर लेंगे..." सुदर्शन पंत ने टालना चाहा।

"रवि शर्मा से बात क्या करना है...उसे भी अब मैं घर में घुसने नहीं दूँगी...पता

नहीं शर्मा है भी या नहीं...कहीं वह भी चुहड़ा-चमार ही न हो...इन लोगों को जितना सिर पर चढ़ाओगे उतना ही दबाएँगे...'' मिसेज पंत का क्रोध चरम सीमा पर था।

''लेकिन सतीश तो ऐसा नहीं है...उसका कोई गलत व्यवहार देखा तुमने। सुबह जब सोनू पूछेगी तो क्या जवाब दोगी। अभी तो वह सोई है। सोने से पहले कितनी बार उसने सतीश को याद किया था। उस पर क्या बीतेगी तुम्हें कुछ अंदाज है ?''

''मैं कुछ नहीं जानती। उससे कहो वह इसी वक्त चला जाए...इतने दिन अपनी जात छुपाकर रहा...यही क्या कम है।'' मिसेज पंत ने अपना आखिरी निर्णय सुना दिया।

सर्दी के मौसम में भी सतीश पसीने-पसीने हो गया था। उसके मन में अजीब-सी कसमसाहट हो रही थी। वह चिल्लाना चाहता था। उसके मन में आया कि दरवाजे पर एक जोर की लात जमाए, लात मारने के लिए वह थोड़ा पीछे हटा। लेकिन रुक गया। एक गहरी साँस ली और उल्टे पाँव लौट गया। उसका रोम-रोम वितृष्णा से भरा हुआ था।

वह पैदल ही बल्ब फैक्टरी की ओर चल पड़ा। गली से निकलकर वह मुख्य सड़क पर आ गया था। सड़कें सुनसान थीं। इक्का-दुक्का कार या स्कूटर सर्र से निकल जाते तो सर्द हवा का तेज झोंका जिस्म में और अधिक सिहरन भर देता। सड़क पर टिमटिमाती प्रकाश बत्तियाँ भी उसके अंतस में पसरे अँधेरे को मिटा नहीं पा रही थीं। वह दिन भर का थका-हारा और भूखा था। सुबह मिसेज पंत ने उसे एक पराँठा दिया था। वैसे तो वह खाना अपने हाथ से ही उस छोटे-से कमरे में बना लेता था, लेकिन आज जल्दबाजी में वह कुछ बना नहीं पाया था। स्कूल से सीधा बल्ब फैक्टरी चले जाने से भी, वह कुछ खा नहीं पाया था। हाँ, बल्ब फैक्टरी के पास चाय के खोके से उसने एक गिलास चाय जरूर पी थी। काम पूरा होने पर ऐजाज साहब ने उसे पचास रुपए दिए थे। जो उसने पैंट की अंडर पॉकेट से सहेजकर रखे थे। उसे एक किताब खरीदनी थी, जिसकी कीमत पैंतीस रुपए थी। उसके मन में तरह-तरह के विचार हिचकोले खा रहे थे। उसने मफलर को अच्छी तरह कानों पर लपेटकर नाक तक खींच लिया था। मौसम काफी सर्द हो चला था।

सुदर्शन पंत के घर से बल्ब फैक्टरी लगभग छह किलोमीटर दूर कोलागढ़ मार्ग पर थी। रात दस बजे किसी ऐसे वाहन के मिलने की संभावनाएँ नहीं थीं, जिसका किराया देकर वह बल्ब फैक्टरी तक पहुँच सके। तिपहिया स्कूटर पंद्रह-बीस रुपए से कम में नहीं जाएगा। वह पैदल ही चल पड़ा। बिंदाल नदी के पुल पर और दिन से ज्यादा अँधेरा था। माल रोड की चढ़ाई अँधेरे में डूबी हुई थी। चकराता रोड और माल रोड की तिकोनी जगह पर गाड़िया लुहार अलाव के पास घेरा बनाकर बैठे बतिया रहे थे। उसने एक नजर उन पर डाली और आगे बढ़ गया।

उसके पाँव सुन्न हो गए थे। फिर भी वह तेज चलने की कोशिश कर रहा था। उम्मीद थी ऐजाज साहब अभी फैक्टरी में ही होंगे। रात बारह बजे के आसपास वे फैक्टरी से घर जाते थे।

जिस समय सतीश फैक्टरी के पास पहुँचा, चारों ओर सन्नाटा फैला हुआ था। अँधेरे में झिंगुरों की आवाज काफी तेज सुनाई पड़ रही थी। आसपास के मकानों की बत्तियाँ बंद हो गई थीं। बल्ब फैक्टरी का टिन का तुड़ा-मुड़ा गेट हमेशा की तरह आधा खुला हुआ था। जगह-जगह बिखरे काँच के टुकड़ों के ढेर, टूटे बल्बों की कैप, फिलामेंट के तार पड़े हुए थे। जिनसे बचता-बचाता वह अंदर घुसा। फैक्टरी शेड में काफी गर्मी थी। बाहर की ठंड का प्रभाव यहाँ नहीं के बराबर था। ऐजाज साहब के कमरे का पीला-सा बल्ब अभी जल रहा था।

गुफा जैसे कमरों पर टिन की छतों से लटकते जाले रात के वातावरण को और गहरा रहे थे। भट्टी के पास सामान का बिखराव कूड़े-घर या कबाड़ी की दुकान का आभास दे रहा था। अहमद और सन्ता अभी भी काम में जुटे हुए थे। उन्होंने उसे कनखियों से देखा और काम में लगे रहे।

भट्टी की तेज आँच में अहमद का चेहरा किसी वनमानुष की तरह दिखाई पड़ रहा था। पिछले तीन महीने में उसकी सेहत काफी गिर गई थी। चेहरे की हड्डियाँ उभर आई थीं। आँखों में दर्द रहने लगा था। बल्ब फैक्टरी का वातावरण ही ऐसा था कि कोई भी कारीगर दो-तीन साल से ज्यादा काम नहीं कर पाता था। बीमार पड़ जाता या छोड़कर चला जाता था।

फैक्टरी का रख-रखाव निम्नस्तर का था। ऐजाज साहब आदमी तो भले थे, लेकिन रख-रखाव पर बिलकुल ध्यान नहीं देते थे। स्वयं उनका अपना कमरा किसी गोदाम से कम न था।

सतीश को फैक्टरी में देखकर ऐजाज साहब चौंके, किताबों का बस्ता उसके कंधे पर उसी तरह टँगा था जैसे वह दोपहर को स्कूल से आया था फैक्टरी में।

"कहो, बरखुरदार, अभी तक घर नहीं गए..." ऐजाज साहब ने उत्सुकतावश पूछा।

वह चुपचाप खड़ा था। उसकी समझ में नहीं आ रहा था, बात कहाँ से शुरू करे।

"साहब..." उसने कुछ कहना चाहा। शब्द अटककर रह गए।

"हाँ...हाँ...कहो...क्या बात है ? कुछ परेशान लग रहे हो।" ऐजाज साहब गौर से उसके चेहरे को देख रहे थे। सतीश पीली और धुँधली रोशनी में बेहद असहाय और थका हुआ दिख रहा था।

"साहब...आज रात मैं यहाँ फैक्टरी में रह सकता हूँ ?" सतीश ने धीमी आवाज में कहा। ऐजाज साहब को लगा जैसे सतीश दूर कहीं अँधेरे में खड़ा है। उसकी आवाज में कँपकँपाहट थी, जिसे ऐजाज साहब ने पहचान लिया था।

"क्या ? फैक्टरी में रहोगे रात भर ? लेकिन क्यों ? आज घर नहीं जाओगे ?"

ऐजाज साहब ने एक साथ कई सवाल किए।

"कौन से घर जाऊँ साहब...बाप का घर इसलिए छोड़ा कि वे मुझे नगरपालिका में सफाई कर्मचारी की नौकरी दिलवाना चाहते थे। वे रिटायर होने वाले हैं। वे अपने स्थान पर मुझे रखवा देने के लिए भागदौड़ कर रहे थे। उन्होंने नगरपालिका के साहब से बात

भी कर ली थी। दो हजार की बात थी। जिसका इंतजाम मेरे पिता जी अपने फंड से करने की योजना बना चुके हैं। दो हजार रुपए देकर जिंदगी भर के लिए मेरे हाथ में झाड़ू आ जाएगी। वे चाहते हैं कि मैं पढ़ाई-लिखाई छोड़कर इस नौकरी को कर लूँ। साहब, मैं सफाई कर्मचारी बनना नहीं चाहता...मैं पढ़ना चाहता हूँ...जिस मुहल्ले में हम रहते हैं, वहाँ मेरा दम घुटता है। इसलिए नहीं कि वे सब गरीब लोग या छोटे लोग हैं। बल्कि इसलिए कि जिस तरह का जीवन वे जीते हैं—मैं उससे छुटकारा पाना चाहता हूँ। वे अपनी तकलीफों के इतने आदी हो गए हैं कि उसे अपनी नियति मान बैठे हैं। उनके भीतर हीनता बोध जड़ें जमा चुका है। जिससे बाहर निकलकर ही दुनिया को देखा जा सकता है। हजारों साल से मिट्टी में दबे लोहे के टुकड़े की मानिंद उनकी सोच पर भी जंग लग गया है।

"रवि शर्मा मेरे मास्साहब हैं। गणित पढ़ाते हैं। उन्होंने ही मुझे पंत जी के घर रहने की जगह दिलवाई थी। पंत-परिवार से मुझे बहुत कुछ मिला है। उनकी एक बेटी है, छोटी-सी। सातवीं में पढ़ती है। जब स्कूल यूनिफार्म पहनकर सुबह निकलती है तो परी जैसी लगती है। उसने मुझे राखी बाँधी थी साहब...पर आज...उन्हें पता चल गया कि मेरी जाति क्या है। साहब, भंगी होने से रिश्ते टूट जाते हैं ?...मैं इस भंगीपन से छुटकारा पाना चाहता हूँ साहब। मैंने उन्हें धोखा नहीं दिया साहब...रवि शर्मा मास्साब को मैंने सब कुछ बता दिया था। पंत जी ने कभी पूछा नहीं तो क्या बताता ?...मेरी परीक्षाएँ पास हैं...मुझे रहने की जगह चाहिए। साहब क्या मैं सिर्फ सफाई कर्मचारी ही बनने के लिए पैदा हुआ हूँ। मैं कुछ और कहना चाहता हूँ..." उसके रुँधे गले से शब्द ऐसे फूटकर बाहर आ रहे थे मानों कहीं बहुत अधिक दबाव पड़ रहा हो।

ऐजाज साहब उसकी बातों को गौर से सुन रहे थे। सतीश की आँखों में आँसुओं का सैलाब उमड़ रहा था।

"देखो, बरखुरदार, तुम मेहनती लड़के हो, ईमानदार हो। काम करते हो तो मैं पैसा देता हूँ। न तुम मुझ पर एहसान करते हो, न मैं तुम पर। उससे आगे मुझे तुमसे कोई मतलब नहीं है। काम करो, पैसा लो। यदि मिसेज पंत ने तुम्हें निकाल दिया है या तुम अपने माँ-बाप का घर छोड़ आए हो तो मैं इसमें क्या कर सकता हूँ और फिर मैं तो धंधे वाला आदमी हूँ। मेरा और तुम्हारा संबंध सिर्फ धंधे का है। इसके अलावा तुम्हारा और मेरा कोई संबंध नहीं है। यह तुम्हारी समस्या है, तुम निबटो, मैं क्या कर सकता हूँ। मैंने कोई आश्रम तो खोल नहीं रखा है कि जो चाहे चला आए। और फिर यहाँ फैक्टरी में जगह कहाँ है। कहीं और कोशिश करो। मुझे तुमसे पूरी सहानुभूति है...पर मैं तुम्हें फैक्टरी में रहने की जगह नहीं दे सकता।" ऐजाज साहब ने बिना किसी लाग-लपेट के साफ इनकार कर दिया।

ऐजाज साहब के शब्दों ने सतीश के विश्वास को काँच की तरह चटका दिया। वह इतनी दूर इसी भरोसे पर चलकर आया था, कि ऐजाज का खोखलापन इतनी जल्दी उजागर हो जाएगा। यह सतीश ने नहीं सोचा था।

उसे लगा जैसे चारों ओर से वह अँधेरे की बाढ़ में फँस गया है। उसने अहमद की ओर देखा। वह अभी भी भट्टी के पास बैठा बल्ब के सेल बना रहा था। उसे लगा जैसे अहमद की जगह कोई छाया है जो सिर्फ हिल रही है।

वह थके-हारे कदमों से फैक्टरी से बाहर निकला। अँधेरा और गहरा हो गया था। सुनसान सड़क पर उसके कदम सुस्त और निढाल पड़ रहे थे। वह सिर्फ चल रहा था यह जाने बगैर कि उसे जाना कहाँ है। दूर कहीं चौकीदार की सीटी चीख रही थी, सन्नाटों को तोड़ती हुई। जैसे कह रही हो कहाँ जाए सतीश...!

# गोहत्या

गाय के मरने की खबर पूरे गाँव में आग की तरह फैल गई। जो भी सुनता, आश्चर्य और दुःख से मुँह ताकता रह जाता। जिस दिन से मुखिया जी गाय खरीदकर लाए थे, उसी रोज से गाँव भर में चर्चा का विषय बनी हुई थी। छोटे-छोटे सींग वाली गाय थी भी खूबसूरत। कदकाठी की मजबूत, दुधारू। और इन सबसे विशिष्ट बात थी, मुखिया जी स्वयं खरीदकर लाए थे। इतने बड़े, इज्जतदार खानदानी आदमी की पसंद कभी छोटी हो ही नहीं सकती। ऐसी गाय का अचानक मर जाना गाँव की ठहरी हुई जिंदगी में एक हलचल के समान था।

पंडित रामसरन ने जैसे ही गाय की खबर सुनी, वह हवेली की ओर दौड़ा। हाँफते-हाँफते हवेली पहुँचा। हवेली में औरतों की रो-रहाट मची हुई थी। मुखिया जी क्रोध की मुद्रा में इधर से उधर चक्कर लगा रहे थे। उनके जिस्म के रेशे-रेशे में अवसाद भरा हुआ था। चेहरे पर लाल रेखाएँ गहरी हो गई थीं।

पंडित रामसरन ने अवसर की नब्ज को पहचानकर आँखों में आँसू भर लिये। आवाज को रुआँसी बनाकर बोले, ''मुखिया जी, अचानक यह सब हुआ कैसे ?''

मुखिया जी ने पंडित रामसरन की ओर देखा। लगभग चीखते हुए बोले, ''एक-एक को जेल में चक्की ना पिसवा दी, तो मेरा नाम बलदेव सिंह नहीं। गोहत्या हुई है पंडत, गोहत्या...!''

''गोहत्या...!'' पंडित रामसरन का मुँह आश्चर्य से खुला रह गया। उसने एक लंबी साँस ली। संयत स्वर में बोले, ''गोहत्या से बढ़कर कोई पाप नहीं होता मुखिया। गोहत्या करने वाले को तो नर्क में भी जगह नहीं मिलती। कौन है वह कमीना, जिसने साक्षात् नन्दनी की हत्या कर दी।''

पंडित रामसरन की बात सुनकर औरतों का रोना और तेज हो गया। आस-पड़ोस की और कई महिलाएँ वहाँ आकर बैठ गई थीं।

''पंडत, ये साले नीच लोग नीच ही रहेंगे। उनकी ही करामात है यह। इस गाँव में दीन-ईमान तो अब रह ही नहीं गया है। आज गोहत्या हुई है, कल किसी बच्चे की हत्या होगी। मैं भी ठाकुर की औलाद हूँ...हाथ ना काट दिए तो...''

''क्रोध ना करें मुखिया जी...शांत हो जाइए...हुआ क्या है ? यह तो बताइए।'' पंडित रामसरन ने मुखिया जी को शांत करने की कोशिश की।

"नदी किनारे जंगल में गाय को चराने ले गया था कल्लू। उस जंगल में जंगली सुअर बहुत हैं। आटे में बारूद लपेटकर डाल रखा था किसी ने, जंगली सुअर मारने के लिए। जिसे गाय ने धोखे में उठा लिया। जैसे ही मुँह में दबाया, गोला धमाके के साथ फट गया, और गाय वहीं ढेर हो गई..." मुखिया जी का गला भर्रा गया।

"मुखिया जी, देर मत कीजिए, पुलिस में रपट लिखवाइए। दरोगा जी से तो आपकी उठ-बैठ है। कमीनों को खोज ही लेंगे।" पंडित रामसरन ने मुखिया जी को सलाह दी।

"पुलिस में तो मैं बाद में जाऊँगा पंडत। पहले तो मैं ही उन हरामियों को सजा दूँगा...पूरे गाँव के सामने।" उनकी कनपटी की नसें तन गईं। कुछ देर रुककर बोले, "यह उसी का काम लगता है...मेरी गाय तो गई पंडत, उसे भी कहीं का नहीं छोड़ूँगा..." मुखिया के जेहन में सुक्का का मरियल चेहरा घूम गया। अभी आठ-दस दिन पहले ही की तो बात है।

पिछले कई सालों से मुखिया का नौकर था सुक्का। तब से जब उसके होंठों पर रोंए भी नहीं फूटे थे। खेत-खलिहान से लेकर घर-बाहर के सभी काम सुक्का पूरी तन्मयता से करता था। मुखिया जी की किसी भी बात का उसने कभी विरोध नहीं किया। वह बोलता बहुत कम था। लेकिन दो महीने पहले जबसे उसका ब्याह हुआ, तबसे उसमें बदलाव आ गया था। उसके चेहरे पर छाई खामोशी, कोहरे-सी छँट गई थी। दुल्हन को ऐसे सहेजकर रखता था, जैसे कोई बेशकीमती हीरा अचानक उसकी झोली में आ गिरा हो। उसकी दुल्हन थी भी वैसी ही। उसने आते ही सुक्का के सोए आत्मविश्वास को जगा दिया था। अनपढ़ होते हुए भी अच्छे-बुरे की पहचान करा दी थी। और यही वजह थी कि अचानक मुखिया उसे क्रूर और घृणित दिखाई देने लगा था।

सुक्का की दुल्हन के रूप-रंग और स्वाभिमानी स्वभाव की चर्चा मुखिया जी के कानों तक पहुँच चुकी थी। वे उसे देख लेने को आतुर हो उठे थे।

उस दिन दोपहर के समय सुक्का खेत से चारा लेकर आया था। गाय-भैंसों को चारा खिलाने की तैयारी में व्यस्त था। मुखिया जी ने उसे टोका, "सुक्का तेरी लुगाई को आए दो महीने हो गए हैं और वह अभी तक हवेली में नहीं आई।"

सुक्का ने कनखियों से मुखिया जी की ओर देखा। शायद मुखिया जी के मनोभाव ताड़ना चाहता था। वह कुछ नहीं बोला।

उसे चुप देखकर मुखिया जी की त्यौरियाँ चढ़ गईं, "अबे कान में तेल डालकर बैठा है क्या ? या भाँग पी रखी है। मैंने कुछ पूछा है तुझसे ?"

सुक्का चुपचाप काम में लगा रहा। मुखिया जी का धैर्य छूटने लगा। सुक्का को डाँटते हुए बोले, "क्यों बे, गूँगा हो गया है ? या तेरी लुगाई ने कुछ जादू कर दिया है। कल उसे हवेली भेज देना...!" मुखिया जी ने आदेश दिया।

मुखिया के बदलते तेवर देखकर सुक्का काम रोककर खड़ा हो गया। शब्दों को मुँह में चबाते हुए बोला, "वह हवेली नहीं आएगी।"

"हवेली नहीं आएगी...तू जानता है क्या कह रहा है।" मुखिया जी को लगा जैसे

उसके सामने सुक्का नहीं कोई अजनबी खड़ा है जो उसके वजूद को नकार रहा है। मुखिया जी की आँखों से चिनगारी झरने लगी। भृकुटी की वक्र रेखा गहरा गई।

"औकात में रह सुक्का। उड़ने की कोशिश ना कर, बाप-दादों से चली आई रीत है।"

सुक्का के भीतर बैठा कमजोर आदमी करवट बदल रहा था। उसने कमजोर पड़ते साहस को समेटा और बोला, "मुखिया जी काम करता हूँ तो दो मुट्ठी चावल देते हो ...वह हवेली नहीं आएगी।" कहकर वह हवेली से बाहर हो गया।

सुक्का का इस तरह चले जाना मुखिया जी के अहम को आहत कर दिया । जैसे यह चुनौती हो। मुखिया ने इसे अपमान समझा। उसके भीतर प्रतिशोध की भावना घर कर गई।

उस दिन का घाव आज अचानक ताजा हो उठा। उन्होंने पंडित रामसरन से कहा, "पंडत, सरपंच को बुलाकर लाओ। इन हरामजादों के सिर कुचलने हैं। गोहत्या का मामला है।

अगले दिन पंचायत बैठी, मंदिर के चबूतरे पर। मुखिया, सरपंच, पंचायत के दूसरे सदस्य। मामला गोहत्या का था, इसीलिए समूचा गाँव इकट्ठा हो गया। प्रत्येक परिवार से एक-एक व्यक्ति आया था। बामन-राजपूत चबूतरे पर बैठे थे। चमार, मेहतर, नाई, धोबी, कहार सब चबूतरे से नीचे। पंडित रामसरन, मुखिया जी के बराबर में बैठा हुआ था। वह धुला हुआ रामनामी ओढ़कर आया था। माथे पर लंबा-सा टीका दूर से ही दिखाई पड़ रहा था। सरपंच उम्र में सबसे बड़ा था। झुर्रियों वाले चेहरे पर सफेद मूँछें आज कुछ ज्यादा ही नुकीली बनाई गई थीं।

मुखिया ने खड़े होकर नम्रता से कहा, "भाइयो, पंचपरमेश्वर, पंचायत के सदस्यो ! कल जो कुछ भी हुआ, वह इस गाँव के माथे पर कलंक है। ऐसा घृणित काम करने वाले राक्षस को सजा देना पंचायत का काम है। गऊ हत्या हमारे शास्त्रों में निसिद (निषेध) है। मैं इस पंचायत का मुखिया हूँ। आप लोगों ने ही मुझे मुखिया बनाया था। लेकिन आज इस पंचायत में, अपनी जगह सरपंच जी को बैठाता हूँ। क्योंकि आज का केस मेरा है। मुझे न्याय चाहिए...मुझे सरपंच जी पर पूरा भरोसा है।

पंडित रामसरन ने मुखिया जी की बात का समर्थन किया। भाइयो, मुखिया जी सच्चे और ईमानदार आदमी हैं। इसीलिए अपना केस सरपंच जी को सौंप दिया। गऊ हत्या महापाप है। पूरे गाँव को प्रायश्चित करना पड़ेगा। इसीलिए जरूरी है कि उसे सजा दें, जिसने यह पाप किया है। शास्त्रों की बात कभी झूठ नहीं होती। शास्त्रों में माँ कहा गया है गाय को, माँ के हत्यारे को कड़ी-से-कड़ी सजा मिलनी चाहिए। पंचों में परमेश्वर का वास होता है। पंच जो निर्णय देंगे। वह सबको मान्य होगा।

पंडित रामसरन की बात का असर होना लाजिमी था। लाला शिवदयाल परचून की

दुकान पर अपनी पत्नी को बैठाकर आए थे। उन्हें दुकान पर लौटने की जल्दी थी। इसीलिए उतावलेपन से पूछने लगे, "यह तो पता चले वह हत्यारा है कौन ?"

भीड़ ने लाला की हाँ में हाँ मिलाई। सरपंच ने भीड़ को शांत रहने का इशारा किया। मुखिया जी की ओर मुखातिब होकर बोले, "मुखिया जी, आपका शक किस पर है ?"

मुखिया जी ने दृढ़तापूर्वक कहा, "उन लोगों पर, जो नदी के किनारे घने जंगल में जंगली सुअर मारने जाते हैं, आटे में बारूद लपेटकर रख देते हैं। जंगली सुअर का शिकार करने वाले ही मेरी गाय के हत्यारे हैं।"

"उनका नाम बताइए मुखिया जी," सरपंच ने बात आगे बढ़ाई। भीड़ में सन्नाटा छा गया। नाम जानने के लिए सभी उत्सुक थे।

"अब मैं क्या बताऊँ सरपंच जी...उन्हें तो सारा गाँव जानता है।" मुखिया जी ने लंबी साँस छोड़ते हुए कहा।

"फिर भी नाम तो बताना ही होगा।" सरपंच ने फिर से अपनी बात दोहराई।

"सरपंच जी, अच्छा तो यह होगा वे खुद उठकर खड़े हो जाएँ और अपना पाप कबूल कर लें।" मुखिया ने सरपंच की ओर देखते हुए जोर से कहा, ताकि भीड़ का प्रत्येक व्यक्ति सुन ले।

भीड़ में खुसुर-पुसुर होने लगी। सभी के मन में एक ही सवाल बार-बार दस्तक दे रहा था, "किसका है यह काम ?"

काफी देर तक भी जब कोई खड़ा नहीं हुआ तो मुखिया ने चीखते हुए कहा, "ये लोग धरम-ईमान क्या जानें। साले नोच पैदा हुए हैं तो नीच ही रहेंगे। इनकी तो चमड़ी उधेड़कर भूसा भर देना चाहिए...बलेसर, जोखू, रग्घू, चिमड़ा और ये सुक्का। इन पाँचों में से ही किसी एक का हाथ है..."

उन पाँचों के चेहरे पर हवाइयाँ उड़ने लगीं। अचानक अपना नाम सुनकर वे घबराए। भीड़ में शोर मच गया। हर किसी की आँखों में पाँचों के लिए अपमान और घृणा भर गई। गो हत्या की है इन लोगों ने। अक्षम्य अपराध।

सुक्का की मानसिक स्थिति तो और भी दयनीय हो गई थी। उसकी भवें तन गई थीं। होंठ कसकर बंद हो गए थे। जबड़े तो ऐसे भिंच गए थे कि उसका चेहरा बुरी तरह ऐंठने लगा। उसने महसूस किया, जैसे रस्सी का फंदा उसकी गर्दन पर लिपटने ही वाला है। उसे मुखिया की आँखों में शैतानियत दिखाई दी। आठ-दस दिन पहले का पूरा घटना चक्र उसकी आँखों में ताजा होकर भाप की तरह उड़ गया। उसके भीतर गहन पीड़ा उठी। चमकते सूरज की रोशनी में, उसने आँखें खोलकर आस-पास बैठे लोगों को देखना चाहा। किंतु किसी का चेहरा साफ दिखाई नहीं पड़ा। धुँधले चेहरों की भीड़ में उसने पंचायत से फरियाद की, "माई-बाप मैंने तो आज तक कभी जंगली सुअर का शिकार नहीं किया। ना ही मुझे बारूद का पता है, कैसा होता है...मैंने गोहत्या नहीं की है।" उसके भीतर का रोष प्रबल आघात की तरह बाहर आने से पहले ही भयातुर हो

गया था।

बारी-बारी से पाँचों ने इसी तरह की सफाई दी। गिड़गिड़ाए, रोए। लेकिन मुखिया की डाँट के सामने उनकी आवाज दब गई। सरपंच ने पाँचों से कहा, "सच-सच बताओ, जंगल में बारूद किसने रखा था ?"

पाँचों ने एक साथ कहा, "हमें नहीं मालूम हुजूर। हम निरदोस हैं।"

"जिसने भी यह काम किया है वह अपना जुर्म स्वीकार कर लेगा तो सजा कम हो सकती है।" सरपंच ने फिर एक बार अपील की।

इस अपील के बाद भी जब किसी ने हामी नहीं भरी तो सरपंच ने अपना फैसला सुनाया।

"तो ठीक है। ये पाँच परचियाँ हैं। इन पर पंडित रामसरन ने पाँचों के नाम लिख दिए हैं। इन्हें मैं इस ताँबे के लोटे में डाल रहा हूँ। जिसके नाम की परची निकलेगी वह गऊमाता का हत्यारा होगा...।"

सरपंच की बात से चारों ओर फिर एक बार खामोशी छा गई। कहीं से कोई विरोध नहीं हुआ। कोई सवाल नहीं पूछा गया। जैसे समूचे वातावरण को साँप सूँघ गया हो।

लोटा हाथ में लेकर सरपंच जी खड़े हो गए। पंडित रामसरन से एक परची निकालने के लिए कहा गया। पंडित जी उठे। खड़े होकर जोर-जोर से गायत्री मंत्र का जाप किया। फिर चारों दिशाओं को प्रणाम करके लोटे से एक परची निकाली।

परची पर लिखे नाम को जानने के लिए सभी उचक-उचककर देखने लगे। जैसे दूर बैठे लोग परची पर लिखे नाम को पढ़ लेंगे। पंडित रामसरन ने परची पर लिखे नाम को जोर से पढ़ा, "सुक्का।"

भीड़ ने सुक्का की ओर देखा। अपना नाम सुनते ही सुक्का काँप उठा। उसका आत्मविश्वास बिखरने लगा।

उसने गिड़गिड़ाकर सरपंच से न्याय की गुहार की, "सरपंच जी आप में भगवान बसते हैं, नियाय करो महाराज, मैं निरदोष हूँ...मैंने गऊ हत्या नहीं की है...मैं भगवान की कसम खाता हूँ...मैंने गऊ हत्या नहीं की है...मैं निरदोष हूँ। मैं कभी सुअर मारने उस जंगल में नहीं गया...मुझ पर गोहत्या का इल्जाम मत लगाओ सरपंच जी..." उसके शब्द टूटने लगे। आवाज धीमी पड़ने लगी।

उसके गिड़गिड़ाने का कोई असर नहीं हुआ। भीड़ में सन्नाटा छाया हुआ था। बलेसर, जोखू, रग्घू और चिमड़ा इल्जाम से बरी हो जाने से खुश जरूर थे। लेकिन सुक्का के फँस जाने से गमगीन भी थे। सुक्का ने कभी किसी का बुरा नहीं किया। फिर भला वह गऊहत्या क्यों करेगा। इस बात को वे अच्छी तरह जानते थे। लेकिन पंचायत का विरोध करने का सामर्थ्य उनमें नहीं था। वे चुपचाप घुटनों पर सिर टिकाए जमीन को घूर रहे थे।

पंचायत में सजा के लिए सलाह-मशविरा होने लगा। बहस-मुबाहसे के बाद सरपंच ने फैसला सुनाया, "गऊहत्या का मामला है। और आँखों-देखा कोई गवाह भी नहीं है।

इसलिए ऐसी सजा दी जाएगी जिससे सुक्का बच भी सकता है। हल में काम आने वाली लोहे की फाल को आग में तपाया जाएगा। जिसे दोनों हाथों में थामकर सुक्का 'गऊमाता, गऊमाता'...कहता हुआ, दस कदम चलेगा। यदि सुक्का ने गोहत्या नहीं की है तो गर्म लोहे की फाल उसका कुछ नहीं बिगाड़ सकेगी। ठीक वैसे ही जैसे अग्निपरीक्षा में सीता माता का कुछ नहीं बिगड़ा था। क्योंकि सीता माता पवित्र थी। ईमानदार थी। यदि सुक्का निर्दोष है, तो आग में तपा लोहा भी सुक्का को नहीं जला सकता। यह पंचों का फैसला है।''

पंडित रामसरन ने सरपंच की बात का समर्थन किया और फैसले को धर्मसम्मत कहा।

सुक्का का चेहरा निर्जीव होने लगा था। उसने मुखिया की ओर देखा। उसके कानों में सरपंच के शब्दों से ज्यादा मुखिया के होंठों में छिपी हँसी की अनुगूँज सुनाई पड़ी। जो कह रही थी, ''देख लिया बच्चू, हमसे उलझने का अंजाम।''

मुखिया उसे भयानक चेहरे वाला राक्षस दिखाई दे रहा था। जिसके लंबे-लंबे नाखून उसकी गर्दन में घुस रहे थे।

सुक्का ने विरोध करना चाहा। लेकिन शब्द घुटकर रह गए आँखों के आगे अँधेरा छा गया। होंठ खुश्क होकर सिर्फ फड़फड़ाए।

देखते-ही-देखते उपलों, लकड़ी और सूखे घास-फूस का ढेर लग गया। सूखी घास में माचिस की तीली लगते ही आग सुलग उठी। बड़े-बूढ़े, बच्चे-जवान आग के पास सिमट आए। हर कोई इस बात का भरसक प्रयत्न कर रहा था कि वह सबसे आगे खड़ा हो।

ढेर से आग की लपटें ऊपर उठने लगीं। मुखिया के हल की फाल आग में डाल दी गई।

आग की हँसती-खेलती लपटें आसपास खड़ी आकृतियों को पीछे हटाने लगीं। भीड़ की आवाज, हो-हल्ला, लपटों की सरसराहट और लकड़ियों के चटखने में विलीन होने लगी। हल की फाल का रंग धीरे-धीरे लाल रंग में बदलने लगा। रंग जिसे आग ने लोहे के भीतर उतार दिया था। ऊपर उठती लपटों में सुक्का की एक-एक साँस डूब रही थी। लाल-पीली लपटों का रंग सुक्का के भीतर दहशत भर रहा था।

उपलों की आँच धीमी न पड़ जाए इसलिए आग में सूखी लकड़ी डाली जा रही थी। फाल को तपाने के लिए जुम्मन लुहार को बुलाया गया था। जुम्मन लुहार जैसा कारीगर आसपास के इलाके में नहीं था। लोहे को आँच में तपाकर मन चाहा आकार दे देना उसके बाएँ हाथ का काम था। लेकिन आज लोहे को तपाकर आकार नहीं देना था। सिर्फ लोहे की फाल को दहकाकर सुक्का के हाथों में रखना था।

जुम्मन ने फाल को उलट-पुलटकर अच्छी तरह देखा। फाल का रंग बदल चुका था। अंगारों का रंग पूरी तरह फाल में समाहित हो चुका था। जुम्मन ने फाल को आग

से बाहर निकाला, जमीन पर पड़ी फाल मौत की शहतीर-सी दिखाई पड़ रही. थी, जिसे उठाकर सुक्का को दस कदम चलना था।

सुक्का अपनी जगह बैठा मुखिया की साजिश पर सोचना चाहता था। किंतु बदहवासी की हालत में सोच सही दिशा ग्रहण करने से पहले ही टूटकर बिखर रही थी। उसे अपनी दुल्हन का ख्याल आया जिसने उसकी रगों में विश्वास जमाया था। किंतु इस क्षण वह विश्वास भी डगमगा गया था। उसने उठने की कोशिश की। उठा नहीं गया। तभी मुखिया के लठैत ने आकर उसे लाठी के एक सिरे से धकेला।

''चल उठ !''

वह एक ओर लुढ़क गया। लठैत ने उसकी बाँह कसकर पकड़ी और खींचते हुए आग तक ले गया। भीड़ में हलचल होने लगी। लोग एक-दूसरे को धकियाकर सबसे आगे खड़ा होना चाहते थे। ताकि गो हत्यारे को करीब से मरता देख सकें।

लाल दहकती फाल जबरन उसके हाथों पर रख दी गई। सुक्का की चीख बेबसी की सारी सीमाएँ तोड़कर धूल-धूसरित गलियों, कच्चे-पक्के मकानों से टकराकर वातावरण को दहला गई। ऐसी चीख जिसे सुनकर मरी गाय भी उठकर भाग जाए। भीड़ में एक खामोशी भर गई, मरघट के सन्नाटे सी।

पंडित रामसरन ने संतोष की साँस ली। जैसे समूचा गाँव गोहत्या के पाप से मुक्त हो गया।

# ग्रहण

चौधरी ने बहुत ही लाड़-चाव से अपने इकलौते बेटे बिरमपाल का ब्याह रचाया था। दुल्हन भी गरीब परिवार की परंतु रूप सौंदर्य में लक्ष्मी-पार्वती से कम न थी। बिरमपाल भी दिन-रात दुल्हन के पल्लू से चिपका रहता था। चौधराइन भी खुश थी। बस उसके मन में एक ही लालसा थी कि बहू दन से एक प्यारा-सा पोता उसकी गोद में डाल दे, और हवेली बच्चे की किलकारियों से गूँज उठे।

जब शादी के दो साल बाद तक भी बहू के पाँव भारी न हुए तो चौधराइन की चिंता बढ़ने लगी। देवी-देवताओं की मन्नतें माँगी गईं। पंडे-पुजारियों को दान-दक्षिणा दी गई। मुल्ला-मौलवियों के गंडे-तावीज बाँधे गए। टोने-टोटके, उपवास, नेम-व्रत जो भी किसी ने बताया, सब कुछ किया। फिर भी बिरम की बहू बंजर धरती की तरह ज्यों की त्यों सूनी ही बनी रही। बहू का रूप-रंग देखकर जिस चौधराइन का जी जुड़ाता था अब वही रूप-रंग आँखों में शूल-सा गड़ने लगा था।

"अरे ! नासपीट्टे ऐसे रूप-रंग का क्या अचार गेरना है, जो एक चुहिया का बच्चा भी न जन सके।"

चौधरी के खाते-पीते घर में एक तनाव पसर गया था, चुपके-चुपके। आस-पड़ोस की औरतों को भी बातचीत के लिए विषय मिल गया था। "अरे बिचारी की किस्मत खराब है। इतना रूप-रंग दिया...पर कोख खाली ही दी।"

औरतों की चर्चा में बिरम की बहू के साथ सहानुभूति तो सिर्फ दिखावे की थी। दरअसल उसके सौंदर्य को लेकर एक ईर्ष्या भी थी जो उनके अहम को तुष्ट करती थी।

"सोहणी है तो क्या हुआ...एक बच्चा तो जन के दिखावे...मन्ने तो साद्दी के नवें महन्ने में ही सास की गोद में बेट्टा दे दिया था। लेरी लाल सिंभाल। फेर ना कहियो कि पोता नी दिया..." इन जुमलों के साथ सिर मिलाकर बैठी औरतों के कहकहे घर-आँगनों में गूँजने लगे थे।

चौधरी ने हवेली में आना कम कर दिया था। वे अब खाना भी बैठक में मँगाने लगे थे। उनका ज्यादा से ज्यादा वक्त खेतों में ही बीतने लगा था। घर आते तो घर सूना-सूना-सा लगता था।

चौधराइन के मुँह से बहू के लिए आशीषें नहीं गालियाँ फूटने लगी थीं। बिरम भी ऊब गया था। सोने-सी देह अब लिजलिजी लगने लगी थी। उसे भी लगता था बहू में

कुछ खोट है। खेती-बाड़ी से थका-हारा आता, चुपचाप सो जाता। बहू जब तक सोने के कमरे में पहुँचती वह गहरी नींद में होता।

बिरम की बहू इस पूरे तनाव को चुपचाप पी रही थी। वह एकदम अकेली पड़ गई थी। जैसे पूरे परिवार ने गोलबंद होकर उसके खिलाफ एक मोर्चा बाँध लिया था। उसके मन में बहुत कुछ था, जो बादलों की तरह उमड़-घुमड़ करता। बिना बरसे सूख जाता। अकेले में बैठकर रोने को जी करता।

एक दिन जी कड़ा करके उसने बिरम से कहा भी था, "आप भी मुझे ही दोषी मान रहे हैं...एक बार शहर के किसी बड़े डॉक्टर के पास तो चलो—सुना है डॉक्टर लोग बता देते हैं खोट किसमें है...।"

उसकी बात पूरी भी नहीं हुई थी कि बिरम का एक झन्नाटेदार थप्पड़ बहू के गाल पर पड़ा। बहू की आँखों में तारे नाच गए। वह न रोई, न चिल्लाई चुपचाप फटी-फटी आँखों से बिरम के इस रूप को देखती रही। उसे वे क्षण याद आने लगे जब शादी के शुरू के दिनों में वह उसके सीने में सिर गड़ाए छोटे बच्चे की तरह घंटों पड़ा रहा था। उन दिनों की यादें क्या कोई इतनी जल्दी भूल जाता है और सिर्फ इसलिए कि मैं उन्हें एक बच्चा न दे सकी...!

बहू की तंद्रा को एक झटका लगा, जब बिरम चिल्लाया, "साली,...मुझमें खोट निकाल रही है...टुकड़े-टुकड़े करके जमीन में गाड़ दूँगा...जा दफा हो जा मेरे सामने से..."

बिरम की बहू अपने कमरे में चुपचाप जाकर लेट गई। न उसने कुछ खाया, न पिया। न ही कोई उसे पूछने, मनाने आया। उसे कई रोज लग गए, इस हादसे से उबरने में।

एक दिन पोते का मुँह देखे बगैर चौधराइन अचानक चल बसी। चौधराइन की मौत की जिम्मेदारी भी उसी के सिर मढ़ी गई। हवेली में कुल तीन प्राणी, वे भी अपने-अपने खोल में लिपटे हुए थे। एक-दूसरे से अलग, कोसों दूर, जैसे खामोशी के बियाबान में भटक गए हों।

इतनी बड़ी हवेली में बिरम की बहू खामोश उदासी को ओढ़े जी रही थी। उसे दूर-दूर तक कोई दिखाई नहीं दे रहा था, जिसके सामने मन की गुत्थियाँ खोल सके; जिसके कंधे पर सिर रखकर रो सके। मायके से नाता काफी पहले टूट चुका था। पास-पड़ोस में जाने का मन नहीं होता था। कभी गलती से या मजबूरीवश जाना भी पड़ जाए तो एक सवाल हमेशा उसका पीछा करता था :

"हाय ! इतनी सुंदर और बाँझ..."

ये शब्द जहर बुझे तीर की तरह उसे बींध देते थे।

भादों मास की पूर्णिमा थी। आसमान एकदम साफ दूर-दूर तक भी बादल का कोई टुकड़ा नहीं था। पंडित सियाराम सुबह से ही लोगों को बताते घूम रहा था कि आज रात पूर्ण चंद्र ग्रहण है।

हवेली में वह तड़के ही आ गया था। बिरम खेतों की ओर जाने की तैयारी में था। पंडित ने बिरम की बहू को समझाते हुए कहा, "बहू जी, चौधराइन बड़े खुले मन और नेक-नीयत वाली थी। तीज-त्योहार शास्त्रों के अनुसार करके दान-दक्षिणा देती थी। अब तो आपको ही सब कुछ करना है। इस बार ग्रहण बहुत भारी है। राक्षसी प्रवृत्तियाँ बढ़ रही हैं। सात अनाज मिलाकर अनाज-नमक दान करना है, ताकि राक्षसी आपदाओं का नाश हो सके। बाकी तो ईश्वर के हाथ में है..."

बिरम की बहू ने मायके में भी कई बार माँ को सूर्यग्रहण के समय छोटी कही जाने वाली जात के लोगों को अनाज बाँटते देखा था। तब वह ठीक से कुछ समझ नहीं पाती थी। समझ तो अब भी नहीं पाती, फिर भी हवेली की परंपराओं का निर्वाह करने के लिए, उसने एक बड़े से टोकरे में गेहूँ, चना, जौ, मक्का, दालें और नमक मिलाकर रख दिया था।

चंद्र ग्रहण की खबर ने भंगी-बस्ती को हर्षोल्लास से भर दिया था। पूरी बस्ती में शायद ही कोई ऐसा हो जहाँ भादों मास में दोनों टेम चूल्हा जला हो। अगली फसल आने तक हालात इसी तरह के रहेंगे।

रमेसर का बापू जब से बिस्तर पर पड़ा था, उनका भी यही हाल था। बूढ़ी माँ आखिर कितना करती। रमेसर की पढ़ाई भी इसी बीच छूट गई थी। बापू की दवा-दारू तो दूर की बात फिलहाल तो दो वक्त की रोटी के लाले पड़े हुए थे। रमेसर का बापू चौधरी के खेत में काम करता था। बीमारी के कारण जब उसका आना-जाना बंद हो गया तो रमेसर स्कूल छोड़कर चौधरी के खेतों में काम करने लगा।

थोड़े दिन तो ठीक-ठाक चला। लेकिन चौधरी ने रमेसर को हटाकर दूसरा आदमी रख लिया। चौधरी को अनुभवी आदमी की जरूरत थी। रमेसर एकदम बेकार हो गया—छिटपुट काम मिलता तो कर लेता। आमदनी इतनी कम कि गुजर-बसर मुश्किल हो गई थी।

ग्रहण लगने पर घर-घर जाकर अनाज माँगना रमेसर को अच्छा नहीं लगता था। करे तो क्या करे वाली स्थिति थी। नमक मिला अनाज ही सही कुछ तो मिलेगा पेट की आग बुझाने के लिए। ग्रहण पूरा होते-होते जितने अधिक घरों तक जाया जा सकता है, उतना अधिक अनाज इकट्ठा हो जाएगा।

साँझ होते-हाते बस्ती के लोग एक जगह इकट्ठे होने लगे। बच्चे, बूढ़े यहाँ तक कि जवान लड़कियाँ, बहुएँ भी निकल आई थीं। फाकों ने सभी को लाचार बना दिया था।

बस्ती के सभी लोग बार-बार आसमान के उस छोर की ओर देख रहे थे, जहाँ से चाँद निकलने वाला था। ग्रहण में खंडित होकर भी उनके लिए अनाज के दाने मुहैया कराने वाला था।

जुम्मन के पिछवाड़े नीम की ओट से चाँद का गोला दिखाई पड़ा। जो धीरे-धीरे ऊपर उठ रहा था। सबके चेहरे पर खुशी के चिह्न झलक उठे थे। घीसू की बहू ने घूँघट की ओट से देखते हुए अजीब-सी आवाज में कहा, "यो तो पूरा-का-पूरा थाल जैसा

लिकडरा है...कहाँ कटा है...कहीं वो डिकोत (पंडित) झूठ तो नी बोल्ले ता। कदी सबकू झूठ भका (बहका) दिया होवे...!"

घीसू ने घुड़की दी, "अबे, ज्यादा अकिल ना दिखावे...गिरेहण कोई महाजन थोड़े ही है जो टेम-बे-टेम आके खड़ा हो जागा दरवज्जे पे...पंडत यूँ बी तो कह रिया ताकि गिरेहण का टेम होवे है...टेम पे ही तो राहु-केतु आवेंगे चाँद कू मारणे..."

बिरजू जो कनखियों से घीसू की बहू को बड़ी देर से घूर रहा था, बोला, "भाब्बी अभी तो राहु-केतु अपने-अपने हथियार पत्थर से रगड़ के तेज कर रहे होंगे...इबके वो पूरी तय्यारी से आवेंगे...बस्स, एक ही झटके में चाँद कू आध्धा कर देंगे, खरबूजे की फाँक-सा।"

बिरजू की बात पर सब हँस पड़े। घीसू की बहू घूँघट में ही होले से मुसकुरा दी। जुम्मन की हँसी खाँसी में बदल गई थी।

रमेसर भी टोली में आ बैठा था। पूरी बस्ती में एक वही था जो थोड़ा-बहुत पढ़ना-लिखना सीख पाया था। उसे याद आ रहा था, स्कूल में मास्टर साहब ने चंद्र ग्रहण के कारण बताए थे। उसने वे कारण रट रखे थे। समय और हालात के बीच झूलते रमेसर ने दिमाग में बैठाए वे सभी कारण कब के निकाल फेंके थे। इस समय तो सिर्फ एक ही सवाल था दिमाग में कि कुछ अनाज के दाने घर में आ जाएँ। जिससे गुजारा चल जाए कुछ दिन।

रात के डेढ़-दो बजे मंदिर में शंख बजा। चाँद सिर के ठीक ऊपर चढ़ चुका था आकाश में, और एक किनारे से कुछ दब-सा गया था। शंख ध्वनि ग्रहण शुरू होने की सूचना दे रही थी।

गाँव-भर की औरतें, बच्चे, जवान घरों में बंद हो चुके थे। सिर्फ वे बुजुर्ग महिलाएँ ही दरवाजे पर बैठी थीं जिन्हें दान का अनाज बाँटना था। अपने परिवारों को आपदाओं से बचाना था। चारों ओर शांति थी। सिवाय भंगी-बस्ती के।

भंगी बस्ती के लोग कर्कश आवाजों में चिल्लाते हुए, झुंड-के-झुंड, शंख की आवाज के साथ गाँव की गलियों में घुस गए। दो-तीन घरों के बाद ही वे लोग चार-पाँच टोलियों में बँट गए थे। रमेसर भी एक टोली के साथ था। उसने एक फटी-पुरानी, मैली-कुचैली चादर को झोले की शक्ल देकर कंधे पर बाँध लिया था। हर एक दरवाजे पर धक्का-मुक्की होने लगी थी। हर कोई अधिक-से-अधिक अनाज पा जाने के लिए संघर्ष कर रहा था। गली में कुत्तों का भौंकना वातावरण को भारी कर रहा था। अँधेरी, पतली गलियों में भरे कीचड़ की परवाह किए बगैर वे सभी एक-दूसरे से आगे निकल जाने की होड़ में लगे थे। एक घर से दूसरे घर का फासला मिनट दर मिनट घट रहा था।

हवेली में दालान पार करके दाहिनी ओर कमरे में बिरम सो चुका था। चौधरी बैठक में ही सोते थे। दालान के दाईं ओर एक छोटा दरवाजा गली में खुलता था। उसी दरवाजे पर बिरम की बहू टोकरे में अनाज रखे हुए बैठी थी। एक छोटी-सी लालटेन देहरी पर रखी हुई थी। पीतल के कटोरे में अनाज भर-भरकर सभी की झोलियों में डाल

रही थी। उसे अच्छा लग रहा था इस तरह अनाज बाँटना। नीरसता में एक बदलाव आ गया था। भीड़ में सबसे पीछे रमेसर दिखाई दिया उसे। जो सकुचाया-सा खड़ा था।

बिरम की बहू उसे पहचानती थी। वह कई बार खलिहान से अनाज लेकर हवेली में आया था। बिरम की बहू ने उसे कितनी ही बार खाने के लिए रोटी-गुड़ दिया था। उसे चुपचाप खड़ा देखकर उसके होंठों पर मुसकान फैल गई।

उसने रमेसर को आवाज दी, "चुपचाप पीछे क्यों खड़ा है...आगे आ जाओ..." रमेसर आगे बढ़ा। लालटेन की रोशनी में बिरम की बहू का चेहरा दमक रहा था। नाक की लौंग जगमगा रही थी।

जब तक रमेसर देहरी तक पहुँचा टोकरे में अनाज खत्म हो चुका था। रमेसर खाली हाथ जाने लगा। बहू ने उसे रुकने का इशारा किया। बाकी लोग जा चुके थे।

"सुनो, कोठरी से अनाज उठवा दो। अभी तो और लोग भी आवेंगे।"

रमेसर को जल्दी थी। लेकिन बहू के आग्रह में अपनापन था। उसे वह टाल न सका।

सिर झुकाए बोला, "कहाँ से उठाना है ?"

"भीतर कोठरी से...!"

वह भीतर जाने लगा। बिरम की बहू लालटेन लेकर पीछे-पीछे चल पड़ी। दो-तीन दरवाजे पार करके वे एक अँधेरी कोठरी में आ गए। जिसमें जगह-जगह गेहूँ के बोरे रखे हुए थे। कोठरी में सन्नाटा था। सीलन की अजीब-सी गंध थी।

लालटेन की रोशनी में रमेसर की अधनंगी बाँहें और कंधे चमक रहे थे। अचानक बिरम की बहू के मस्तिष्क में पुरुष-गंध बिजली-सी कौंध गई। उसकी साँसें तेज-तेज चलने लगीं। उसके दिल-दिमाग पर रमेसर छाने लगा। उसे लगा सामने रमेसर नहीं कोई जिन खड़ा है जिसके सामने उसका वजूद ढह गया है। उसकी देह में अंगारे फूटने लगे।

"रमेसर, मेरा एक काम करोगे..." वह हकलाने लगी।

"जी...!"

"देखो, किसी से कहना मत..." वह काँप रही थी।

जब तक रमेसर कुछ कह पाता बहू ने उसे पीछे से अपनी बाँहों में जकड़ लिया। रमेसर हड़बड़ा गया। उसके शरीर में झन-झन कुछ बजने लगा था। बिरम की बहू उसके लिए ठीक वैसे ही थी जैसे आकाश-गंगा के तारे। जिसे छू लेना या तोड़ लेना रमेसर के वश में नहीं था।

बिरम की बहू की नर्म मांसल देह की गर्मी से रमेसर का जिस्म पिघलने लगा था। उसने स्वयं को सँभाला। गिरफ्त से अलग करते हुए कहा, "बहू जी, ये क्या करती हो ?..."

बहू ने रमेसर की कलाई पकड़ी और उससे लिपट गई। बहू के सौंदर्य की आग ने रमेसर की रक्त शिराओं और धमनियों में लहू तेज कर दिया था। उसके माथे पर पसीना छलकने लगा।

“बहू जी, मुझे अनाज माँगने जाना है...घर में अनाज का एक भी दाना नहीं है ...बापू बीमार है...” रमेसर की आवाज का कंपन अँधेरी कोठरी में नदी की लहरों-सा साँय-साँय बज रहा था। बहू ने अपना सिर रमेसर की छाती से सटाते हुए फुसफुसाकर कहा, “अनाज की चिंता न करो...बस, एक बार...मुझे एक बेटा चाहिए...उसके बदले जो कहोगे...दूँगी...”

“लेकिन...बहू जी...” रमेसर का गला सूखने लगा।

“कुछ मत कहो...कोई भी जान नहीं पाएगा...मुझ पर दया करो...”

बहू गिड़गिड़ा रही थी। उसकी आँखों में बाढ़ का गँदला पानी भरा हुआ था। रमेसर ने बहू की ओर देखा। चेहरे पर आकाश गंगा फैली हुई थी। सफेद, दूधिया चाँदनी जिसे ग्रहण लग गया था।

बहू ने उसे खींचकर फर्श पर लिटा दिया। अँधेरी कोठरी में लालटेन की मद्धिम लौ काँपने लगी। और दो जिस्म समय की माँग में सिंदूर भरने लगे।

लोगों की भागमभाग सन्नाटों को बेध रही थी। जिनकी पदचाप अँधेरी कोठरी तक पहुँचना मुश्किल था। वहाँ सिर्फ दो साँसों के आरोह-अवरोह का शोर था।

और जब ये शोर थमा, बहू अस्त-व्यस्त कपड़ों में कच्चे फर्श पर पड़ी थी। रमेसर ने अपने फटे-पुराने कपड़े सँभाले और बहू की ओर देखा। बिरम की बहू तृप्त भाव से फर्श पर लेटी कृतज्ञ भाव से उसे निहार रही थी उसने लेटे-लेटे ही कहा, “दरवाजे के पास गेहूँ का एक कट्टा रखा है। ले जाओ...”

रमेसर को लगा सामने साक्षात् लक्ष्मी लेटी है। सुंदर, कोमल, दयावान, अन्नपूर्णा। उसने झुककर बहू के चेहरे पर छितराए बालों को उँगली से सँवारा। गुलाबी गालों का चुंबन लिया और गेहूँ का कट्टा उठाकर बस्ती की ओर चल दिया।

गलियाँ सुनसान थीं। ग्रहण माँगने वालों का शोर गाँव के दूसरे छोर से छनकर आ रहा था। कुत्ते अभी भौंक रहे थे। जुम्मन के मुर्गे ने बाँग दे दी थी।

चंद्रमा, ग्रहण से उबरकर पूर्णता की ओर बढ़ रहा था।

# बिरम की बहू

कट्टा भर गेहूँ, कुछ दिन के फाकों से निजात दिलाने में सफल तो रहा लेकिन रमेसर के लिए यह काफी महँगा पड़ा था। उसने बहुत कुछ गँवाकर इसे हासिल किया था। एक-दो दिन तो सम्मोहन-सी मनोदशा में निकल गए। किंतु जब इस सम्मोहन के बादल धीरे-धीरे स्मृति से छँटने लगे तो यथार्थ की सख्त, खुरदरी अजानी पीड़ा का अनुभव होने लगा। रमेसर यथार्थ के इस अनुभव से ठगा-सा रह गया था। उसे सब कुछ अविश्वसनीय लग रहा था। उसने कभी कल्पना भी नहीं की थी कि उसके साथ इस तरह का कोई हादसा भी हो सकता है।

बाप की बीमारी के कारण पढ़ाई तो छूट ही गई थी ऊपर से घर की जिम्मेदारी सिर पर आन पड़ी थी। दिन-भर की हाड़-तोड़ मेहनत के बाद जो कुछ भी मिलता वह इतना कम था कि तीन प्राणियों का गुजारा भी मुश्किल था। ऊपर से बेगार करनी पड़ती थी सो अलग। जो मूलधन के सूद की तरह जरूरी थी। कोई तर्क, कोई कानून, कोई भावना, इसे रोक नहीं पा रही थी। रमेसर ने बहुत बार सोचा कि इस बेगार प्रथा को तोड़ देगा। जब भी कोई बुलाने आएगा नहीं जाएगा। उसका यह सोचना गुब्बारे की हवा की तरह फुस्स हो जाता था। उसका ही क्या भंगी-बस्ती में सबकी यही हालत थी। बेगार के बदले मिलती भी प्रताड़ना, लांछन, गाली और अपशब्द। जैसे ये लोग आदमी नहीं, मात्र इस्तेमाल की वस्तु हों। जब चाहा इस्तेमाल किया। टूट-फूट गई तो उठाकर फेंक दिया। कहीं कोई सहानुभूति नहीं, कोई संवेदना नहीं।

रमेसर को भी लगने लगा था कि उसका भी इस्तेमाल किया गया है। धीरे-धीरे उसकी समझ में सब कुछ आ रहा था। फिर भी ग्रहण की उस रात को वह भूल नहीं पा रहा था। चंद्र ग्रहण की उस रात में जब भंगी-बस्ती के लोग ग्रहण का अनाज माँगने गाँव की गलियों में भटक रहे थे, उसे बिरम की बहू ने रोक लिया था, अनाज का बोरा उठाने के बहाने। अँधेरी कोठरी में जो कुछ हुआ वह अप्रत्याशित था। रमेसर के लिए भी और बहू जी के लिए भी। क्षण-भर में विपन्नता-संपन्नता, ऊँच-नीच, जात-पात साँसों के लय-ताल में गुम हो गई थी। जब होश आया तो रमेसर के रेशे-रेशे में बिरम की बहू इस तरह समा गई थी जैसे आषाढ़ की सूखी धरती में पहली बौछार उतर जाती है और फिर सोंधी-सोंधी गंध चारों ओर फैल जाती है। बदले में मिला था एक कट्टा गेहूँ। जिससे पेट की आग से थोड़ी-सी राहत अवश्य मिली थी। पर मन की भूख बढ़ गई।

समूची घटना को रमेसर कई-कई बार दोहराकर मन की गहरी खाई में बैठा चुका था। उस खाई में उतरते वक्त उसे हमेशा अपने भीतर कुछ गलता हुआ-सा महसूस होता था। जैसे वह भीतर-ही-भीतर पिघल रहा है। शरीर ऐंठने लगता और वह गुमसुम विचार-तंद्रा में खो जाता। उसे लगता जैसे वह बहूजी के निकट पहुँच गया है, विचार-तंद्रा इतनी गहन होती कि आसपास क्या घट रहा है, उसे पता भी नहीं चलता था। बहू जी की देह-गंध रमेसर के तन और मन में बस गई थी। जिसे पाकर वह कस्तूरी मृग की तरह व्याकुल हो उठा था।

वह सोचता था, भंगी-बस्ती की लड़कियाँ बहू जी जैसी क्यों नहीं हैं—कितनी चमक है बहू जी के चेहरे पर। बहू जी के होंठ, आँखें, लंबे केश, देह से फूटने वाली मोंगरे सी गंध, सभी कुछ तो ऐसा था जो हर वक्त रमेसर को सराबोर रखे हुए था। वह चाहकर भी उस स्मृति से बाहर नहीं आ पा रहा था।

उसे गुमसुम देखकर माँ का हृदय डूबने लगता। उसे चिंता होने लगी थी। आखिर रमेसर को हुआ क्या है। एक दिन माँ ने पूछ ही लिया, "बेटे ! क्या बात है ? जी तो ठीक है तेरा ?...ऐसे क्यूँ बैठा रहवे है चुपचाप..." बालों को सहलाते हुए माँ ने उसे अपने सीने से लगा लिया। माँ का ममता-भरा स्पर्श पाकर वह भावुक होने लगा था। माँ के गले में बाँहें डालकर छोटे बच्चे की तरह पुलक उठा। बस चुपचाप माँ के स्नेह को महसूस करता रहा।

माँ को उसका यह लाड़-प्यार सुखद लगा था। अभावों के बीच भी अभी तक संबंधों के कोमल तंतु सुरक्षित थे।

ग्रहण के लगभग तीन महीने बाद खबर पूरे गाँव में फैल गई। बिरम की बहू के पाँव भारी हैं। जो भी सुनता आश्चर्य से पूछता, "सच ?" जैसे यह सच सिर्फ चौधरी परिवार का सच नहीं समूचे गाँव का सच था। शादी के इतने वर्ष बाद चौधरी के बेटे बिरम की बहू माँ बनने वाली है। चौधराइन तो इंतजार में पोते का मुँह देखे बगैर चल बसी थी।

चौधरी ने गाँव की सबसे अनुभवी दाई भागवंती को बुलाया था, "चाच्ची ! इस हवेली के अँधेरे में उम्मीद बनी है ठीक से देखियो। चौधराइन आज जिंदा होती तो मुझे किसी भी तरह की फिकिर न थी। ईब तो बस्स तुझे ही सँभालना है।"

"बिरम के बापू तम (आप) फिकिर ना करो। मैं करेक (जरा) देख तो लूँ बहू कूँ। दाई से बी (भी) कोई पेट छिप सके है भला।"

भागवंती की 'हाँ' की मोहर ने चौधरी ही नहीं पूरे गाँव में हलचल पैदा कर दी थी। जैसे किसी शांत जोहड़ में किसी ने ढेला फेंक दिया हो। लहरें गोलाकर होकर किनारों तक फैल गई थीं।

खबर उड़ते-उड़ते रमेसर तक भी पहुँच गई थी। खेत में काम करती औरतें चर्चा कर रही थीं। रमेसर भी पास ही काम कर रहा था। बिरम की बहू का जिक्र आते ही वह चौकन्ना हो गया था।

जब उसे यह मालूम हुआ कि बिरम की बहू के पाँव भारी हैं तो वह उछल पड़ा था जैसे दुनिया की सबसे बड़ी नियामत उसे मिल गई हो।

उसने जल्दी-जल्दी हाथ चलाए और अपना काम खत्म करके गाँव की ओर दौड़ पड़ा। कदम ऐसे उठ रहे थे मानो पंख उग आए हों।

घर पहुँचते ही उसने माँ के सामने सवाल गोली की तरह दागा। "माँ, सुना है बिरम की बहू के..." वाक्य बीच ही में छूट गया। उसे लगा वह पूछ नहीं पाएगा।

माँ उसका चेहरा देख रही थी। जिस पर पूरा सूरज चमक रहा था। माँ को इस तरह ताकता देखकर वह सकपका गया। जैसे रँगे हाथों पकड़ लिया गया हो। वह कछुवे की तरह खुद में सिमटने लगा।

"माँ वह घिस्सू की बहू और कुएँ वाली बिरमा बात कर रही थीं...कि बिरम की बहू..." वह फिर अटक गया।

माँ के होंठों पर मुसकान फैल गई। उसे लगा रमेसर अब बड़ा हो गया है। उसका ब्याह कर देना चाहिए। माँ को खयालों में खोया देखकर रमेसर बोला, "माँ, बापू कहाँ हैं ?..." कछुवा पूरी तरह खोल में सिमट गया था।

माँ ने पल्लू से चेहरा पोंछते हुए कहा, "वैद जी से दवा लेने गए हैं।...बस आते ही होंगे। तू जा, नहा-धो ले। देख हाथों-पैरों पे कैसे माट्टी चढ़ी हुई है...बेट्टा, बड़े लोगों की बातें बड़े लोग ही जाणें...चलो ठीक है चौधरी का वंश तो आगे बढ़ेगा...!"

रमेसर के मन में जहाँ बिरम की बहू की खबर ने खुशी भर दी थी, वहीं वह कुछ बेचैनी भी महसूस कर रहा था। पिछले ढाई-तीन महीनों में वह सारी कोशिशें करके हार गया था। एक बार भी बहू जी को देख नहीं पाया था। गाँव-देहात के चाल-चलन की सीमाएँ और चौधरियों का दबदबा रमेसर का रास्ता रोके खड़ा था। चौधरी और रमेसर के बीच बहुत बड़ा फासला था। समाज के दो विपरीत छोर।

उसकी बेचैनी दिन-प्रतिदिन बढ़ रही थी। जिसे वह अकेला जी रहा था। जिसे वह बाँट नहीं सकता था। एक रहस्य की तरह अपने हृदय की सबसे गहरी कोठरी में छिपाकर रख लिया था। राख में दबी चिनगारी की तरह धीरे-धीरे सुलग रही थी।

हवेली के चक्कर वह कितनी ही बार लगा चुका था। बहू जी की एक झलक पा जाने की ललक कम होने की बजाय बढ़ रही थी। लेकिन हर बार उसे असफलता ही मिली। गली में खुलने वाले सभी दरवाजे-खिड़कियाँ मजबूती से बंद थे। यहाँ तक कि कोई झिर्री भी दिखाई नहीं दे रही थी।

बिरम की बहू ने गेहूँ का कट्टा ले जाते रमेसर की आँखों में उठते बवंडर को पढ़ लिया था, उस रोज। क्षण-भर को तो उसे अच्छा लगा था। लेकिन काफी सोच-विचार के बाद यह जरूरी हो गया। रमेसर की ओर खुलने वाले सभी कपाट हमेशा-हमेशा के लिए बंद कर लिये थे। जो कुछ हुआ था, वह इतना अचानक हुआ था कि बहू जी स्वयं हैरान थी। उसने कल्पना भी नहीं की थी कि मर्यादा की सारी सीढ़ियाँ इस तरह अचानक टूट जाएँगी। सब कुछ इतनी जल्दी से घटित हुआ था कि सोचने-समझने का वक्त ही

नहीं मिला। किसी अदृश्य आकर्षण में बँधी वह खिंचती चली गई थी रमेसर की ओर। जो कुछ भी हुआ था, सुखद था। जिसे जीवन-भर अपनी अमूल्य थाती के रूप में उसने संजो लिया था।

उसके जिस्म में एक जीव करवट लेने लगा था। जब-जब वह करवट लेता तो रमेसर की याद आ जाती। जैसे दरवाजे पर खड़ा गेहूँ का एक कट्टा माँग रहा है। उसकी इस छवि की कल्पना भर से मुसकुरा उठती खयालों-ही-खयालों में उस पर न्यौछावर होने लगी। उस क्षण जात-पात, ऊँच-नीच के तमाम भेद मिट जाते थे। वह मन-ही-मन रमेसर के प्रति कृतज्ञ हो जाती।

"रमेसर जो कुछ तुमने मुझे दे दिया है, उसके बदले समूची हवेली उठा ले जाओ। मेरे जीवन में एक ग्रहण लगा हुआ था। तुमने मुझे मुक्त करा दिया है। तुम मेरे उद्धारक हो।"

उसके हृदय में रमेसर के लिए ढेरों शुभेच्छाएँ पलने लगतीं। जिन्हें व्यक्त करने का अर्थ था, एक भयानक चक्रवात में स्वयं भी फँस जाना और रमेसर को भी फँसा देना। समय और समाज की सुदृढ़ दीवारों को तोड़ना उसके वश से बाहर था। वह रमेसर से मिलना चाहती थी। लेकिन सामाजिक बंधनों के आगे लाचार होकर चुप हो गई थी। इतना साहस उसमें नहीं था। वह चौधरी परिवार को वारिस देना चाहती थी। ताकि बाँझ की पीड़ा से छुटकारा पा सके।

वह जानती थी, यदि भेद खुल गया तो चौधरियों का अहम उसे हवेली से उठाकर कूड़ेदान में फेंक देगा या हवेली के किसी अँधेरे हिस्से में सदा-सदा के लिए दफन कर देगा। अपने लिए वह सब कुछ बर्दाश्त कर सकती थी। पर रमेसर तो निर्दोष था। चौधरियों के कहर का परिणाम वह क्यों भुगते। सिर्फ वही नहीं पूरी भंगी-बस्ती को इसकी सजा दी जा सकती थी। बात-बे-बात बहुत कुछ सहना पड़ता था इस बस्ती को जिसे धैर्यपूर्वक बर्दाश्त करके ये लोग भूल जाते थे और फिर से गाँव की धारा में जुड़ जाते थे। वह आज तक नहीं समझ पाई थी कि ऐसा कौन सा बंधन है। जिसे ये लोग तोड़ नहीं पाते।

उस बार भी तो ऐसा ही कुछ हुआ था, जब भंगी-बस्ती के दस-पंद्रह मर्दों को चौधरी की चौपाल के चबूतरे पर पुलिस ने डंडों से पीटा था। भंगी-बस्ती की तमाम औरतें गली में खड़ी ऊँची आवाज में चीख-पुकार मचा रही थीं। स्वयं उसने खिड़की से देखा था। कितनी बेदर्दी से पीटा जा रहा था। चौधरी मोढ़े पर बैठे हुक्का गुड़गुड़ा रहे थे, सहज भाव से।

उसने अपनी सास से इस कांड की वजह जानना चाही तो चौधरानी टाल गई थी। "बहू ! ई तो रोज का है...ईब मैं क्या बताऊँ !"

रात में जब बिरम हवेली में आया तो बहू जी ने बिरम से भी जानना चाहा। बिरम ने सहजता के साथ कहा था, "इन कमीनों का यही इलाज है। हरामजादों के दिमाग चढ़ गए हैं।"

बिरम ने बहू की ओर तरेरकर कहा था, "तुम्हें क्या पड़ी है जो इन पर इतना लाड़ आ रहा है। ढोल, गँवार, शूद्र और नारी ये सब तो पीटने से ही काबू में रहते हैं...बाहर की बातों को दखल मत दो। अपने काम से काम रखो..."

बिरम की आँखों में शैतानियत के लाल सुर्ख डोरे खिंचने लगे थे। बहू जी सहमकर चुप हो गई थी।

इस घटना की स्मृति मात्र से ही वह काँप गई थी। वह रमेसर को किसी झंझट में और जंजाल में फँसाना नहीं चाहती थी। काफी सोच-विचार के बाद ही यह निश्चय किया कि रमसेर का प्रवेश हवेली में निषेध करना ही होगा। ताकि कहीं कोई शक की गुंजाइश ही न रह जाए।

बहू जी के पाँव भारी होने से बिरम की नीरस जिंदगी में भी रसता लौट आई थी। बहू में वही पहले वाला लावण्य दिखाई देने लगा था उसे भविष्य की उम्मीदों ने उसके भीतर एक बार फिर पहले-सा लाड़-प्यार पैदा कर दिया था। खेती-बाड़ी से लौटते ही वह बहू के इर्द-गिर्द मँडराने लगता था। कभी भागवंती चाची से पूछताछ करता तो कभी अपनी बुआ से। बहू चुपचाप सब सुनती थी और बदलते भावों को पकड़ने की कोशिश करती थी।

जब बिरम की बहू ने पहली बार गर्भस्थ शिशु का हिलना महसूस किया तो आत्मगौरव से भरकर उसकी आँखें चमकने लगी थीं। खुशी से आँखें छलक उठीं। उसकी देह का एक-एक पोर सौंदर्य की समूची आंतरिक संभावनाओं को समेटकर किसी अदृश्य इच्छा से खिल उठा। अतीत की सारी पीड़ा को भूलकर अपने भीतर कुनमुनाते सुख का अनुभव करने लगी।

बिरम इन सारे बदलावों को विस्फारित नेत्रों से देख रहा था। एक बार फिर वह बहू के सीने में गड़ाकर किलोलें करने लगा था। लेकिन जब भी बिरम उससे अठखेलियाँ करता उसके भीतर-बाहर रमेसर का अहसास जागृत होने लगता।

बहू की देखभाल के लिए चाची भागवंती दिन-भर हवेली में रहने लगी थी। चौधरी की बहन भी कुछ दिन के लिए आ गई थी। बहू के पास हर समय कोई-न-कोई मौजूद रहता था। हर प्रकार की सुख-सुविधा का ध्यान रखा जा रहा था। कल तक बाँझ, उपेक्षित बहू अचानक सबकी नजरों में महत्त्वपूर्ण बन गई थी, कुलवंती बहू।

चौधरी ने पंडित सियाराम को बुलाकर दान-दक्षिणा दी थी। पंडित ने मंदिर में बड़ा-सा अनुष्ठान कराया था। हवेली से पंडित सियाराम की आमदनी का रास्ता फिर खुल गया था। चारों ओर चर्चे थे कि पंडित सियाराम के पूजा अनुष्ठान का ही फल है जो सूखी-बंजर धरती में अंकुर फूट आया था। गाँव-देहात में भी उनकी माँग बढ़ गई थी।

रमेसर के मन में चक्रवात उमड़ रहा था। वह सिर्फ एक बार बहू जी को देखना भर चाहता था। इसी भरोसे वह चौधरी के पास काम माँगने गया था ताकि किसी-न-किसी बहाने हवेली में जाने का अवसर मिल जाए।

चौधरी ने सीधे-सपाट शब्दों में न कर दी थी। चौधरी की न ने रमेसर को हताशा और नैराश्य से भर दिया था। एक अंतिम दाँव था जिसे हारकर वह थके बैल की तरह लौट आया था।

उस रोज देर रात तक वह सोचता रहा, उसे अपने ऊपर क्रोध आ रहा था। वह क्यों बहू जी के बारे में इतना भावुक हो रहा है। उसे लग रहा था, जैसे बहू जी ने उसका इस्तेमाल किया है। और उसे अपने जाल में फँसाकर, सुख-चैन छीन लिया है। उसने कई बार यह निश्चय किया कि अब वह बहू जी के बारे में बिलकुल नहीं सोचेगा। और सब कुछ भूल जाएगा। लेकिन इस निश्चय पर वह ज्यादा देर ठहर नहीं पाता था। किसी-न-किसी बहाने बहू जी का खयाल उस पर हावी हो जाता था। किसी भी सुंदर स्त्री को देखता तो उसे बहू जी का रूप दिखाई देने लगता था।

उस रोज की बात है। बलेसर की बहू को मायके चिट्ठी भेजनी थी। लिखने वाला पूरी भंगी-बस्ती में सिर्फ रमेसर था। बलेसर की बहू सामने बैठकर बोल रही थी और वह लिख रहा था। बस्ती और उम्र के नाते लिहाज का रिश्ता था। बलेसर की बहू उम्र में तो रमेसर से बड़ी थी। कद-काठी से देखने में भी ठीक-ठाक थी। खत लिखते-लिखते रमेसर की निगाह ऊपर उठी तो बलेसर की बहू के चेहरे पर गड़ गई। उसे लगा जैसे बहू जी सामने बैठी हैं। वह खत लिखना भूलकर उसे ताकने लगा एकटक। बलेसर की बहू उसे इस तरह ताकते देखकर सकपका गई। उसकी आँखों में उमड़ते भावों को स्त्रियोचित दृष्टि ने पकड़ लिया। सहज होते हुए बोली, ''लाल्ला जी, ऐसे क्या देखते हो...?'' रमेसर हड़बड़ा गया। जैसे चोरी पकड़ी गई हो। हकलाते हुए बोला, ''कुछ नहीं ...आगे बोलो...!'' ''अरे ! देवर जी, आगे क्या बोल्लूँ...तुम तो बड़े छुपे रुस्तम हो...क्या बात है ?...इब तो दिक्खे चाच्ची से कहके पारे गले में जेवड़ी (रस्सी) घलवानी ही पड़ेगी। यो लच्छन (लक्षण) ठीक न है।'' वह खिलखिलाकर हँस पड़ी।

रमेसर गंभीर हो गया। चुपचाप पोस्टकार्ड पर लिखी अधूरी इबारत को पढ़ने की कोशिश करने लगा। जब कुछ न सूझा तो एक ही अक्षर को बार-बार गाढ़ा करने लगा।

किसी तरह खत पूरा करके वह उठ लिया। बलेसर की बहू ने कहा, ''लाल्ला जी, बुरा मान गए क्या...मैं तो हँसी कर रही थी। कुछ तो खाते जाओ...ये देक्खो मैन्ने क्या बणा के धरा है। तम आणे वाले हो पहले ही बणा के धर लिया था। थोड़ा-सा खाके तो जाओ।''

रमेसर का मन उचट गया था। वह नहीं रुका। उसके भीतर की जलन आँखों में नागफनी की तरह उग आई थी। वह गाँव से बाहर नहर की ओर चला गया। नहर के ठंडे पानी के छींटे मुँह पर मारने से थोड़ी राहत और सुकून मिला। वह नहर के किनारे-किनारे काफी दूर तक निकल गया था। चारों ओर हरे-भरे खेतों में फसलें लहलहा रही थीं। जहाँ तक नजर जाती खेत ही खेत। बीच में इक्का-दुक्का पेड़। जिन पर बया के घोंसले लटके हुए थे। बया के घोंसलों को देखकर उसे बहुत अच्छा लगता था। उसे आश्चर्य होता था। छोटा-सा पक्षी और इतनी लगन और योजनाबद्ध तरीके से अपना घर कैसे

बना लेता है। वह नहर की पटरी पर बैठकर बया के घोंसलों को देखने लगा।

साँझ घिरने को आई थी। वह अपनी बेचैनी साथ लिये घर लौट आया था।

आज फिर बापू की साँस उखड़ी हुई थी। वह बापू के पास बैठकर उनकी पीठ सहलाने लगा। पीठ की हड्डियाँ और अधिक उभर आई थीं। शरीर की त्वचा हड्डियों पर चिपक गई थी। मांस का कहीं अता-पता नहीं था। उसने बापू की पीठ पर हाथ फेरते हुए एक गहरी साँस ली।

आँगन में मिट्टी के तेल की एक छोटी-सी ढिबरी टिमटिमा रही थी। जिसकी रोशनी में सब कुछ अस्पष्ट था। धुँधला-धुँधला-सा। उसने माँ की ओर देखा। वह एक मटमैली गठरी की तरह चूल्हे के पास बैठी रोटी सेंक रही थी। चूल्हे की आँच में माँ का झुर्रियों से भरा चेहरा और अधिक पीला दिखाई पड़ रहा था। उसे लगा वह अँधेरे के बीच अपना अस्तित्व खो रहा था। अँधेरे की साजिश में जकड़ा गया है। और रास्ता भूल गया है। उसको लगा अँधेरे के एक कोने में खड़ी बहू जी मुसकुरा रही है। उसके भीतर एक टीस उठी जैसे ठंडी लहर पूरे जिस्म को बेधकर निकल गई हो। बापू की पीठ पर उसकी हथेली का स्पर्श हवा की तरह हलका होने लगा।

"जा बेटे, हाँथ-मुँह धोकर कुछ खा ले...तड़के से कहाँ था...बलेसर की बहू आई थी। उसकी चिट्ठी लिख दी ?"

रमेसर ने उठते-उठते धीमी आवाज में कहा, "लिख दी है," और माँ के पास जाकर बैठ गया।

माँ की आँखों में तरलता भरी हुई थी। रमेसर के उदास चेहरे को देखकर वह सिहर उठी। उसकी समझ में नहीं आ रहा था, आखिर हुआ क्या है ? कुछ बताता भी तो नहीं है।

माँ ने एल्यूमिनियम की मुड़ी-तुड़ी-सी एक प्लेट में दो रोटियाँ और लाल मिर्च की चटनी रखकर रमेसर की ओर सरका दी, "जा अपने बापू को दे आ।" रमेसर ने प्लेट उठाई और चल दिया।

माघ की ठिठुरन से भरा महीना था। दिन में भी पोर-पोर जमा देने वाली शीत लहर चल रही थी, जो कपड़ों को नकारकर जिस्म में काँटे की तरह चुभ रही थी। सूरज सिर के ठीक ऊपर चमक रहा था। फिर भी धूप की ताकत क्षीण हो चली थी।

रमेसर खेस की बुक्कल मारे लतीफ के कोल्हू से लौट रहा था, लतीफ का कोल्हू शिवालय के ठीक पीछे था। समूचे वातावरण में ताजे गुड़ की महक बसी हुई थी। कच्ची सड़क से थोड़ा हटकर रमेसर बस्ती की ओर मुड़ने ही वाला था। सामने से स्त्रियों का एक समूह शिवालय की ओर आता दिखाई पड़ा। रमेसर ठिठककर रास्ते से थोड़ा हटकर खड़ा हो गया। जैसे-जैसे वे पास आ रही थी, उनके चेहरे स्पष्ट दिखाई पड़ने लगे थे। पंद्रह-बीस गज से ही उसने बहू जी को पहचान लिया था। बहू जी को देखते ही उसका हृदय बल्लियों उछलने लगा। हलके आसमानी रंग की साड़ी और हलके हरे रंग के दुशाले में बहू जी आकर्षक लग रही थी। वह धीरे-धीरे चल रही थी। साथ की स्त्रियाँ

उससे सटकर ऐसे चल रही थीं जैसे नई नवेली दुल्हन को सहेजकर मंदिर ले जा रही हों।

रमेसर की लंबी प्रतीक्षा अचानक खत्म हो गई थी। यही एक पल था जिसके लिए वह पिछले छः महीनों से पगलाया घूम रहा था।

पास आती बहू जी को भव्य और शालीन रूप रंग पर उसकी दृष्टि अटक गई थी। बहू जी के चेहरे पर ममता और आत्मतुष्टि की उज्ज्वल आभा दमक रही थी। रमेसर को लगा जैसे साक्षात् पार्वती चली आ रही है। वह श्रद्धा से भर उठा। सुध-बुध खोकर अपलक निहारने लगा।

होश तब आया, जब बहू जी उसकी ओर देखे बगैर आगे निकल गई। इस बात का उसे विश्वास तक नहीं था। बहू जी उसे अनदेखा करके उपेक्षाभाव से आगे निकल जाएँगी। उसके भीतर खलबली मच गई। उसके जेहन में ग्रहण की उस रात का दृश्य और अँधेरी कोठरी में लालटेन की मद्धिम रोशनी में बहू जी का गिड़गिड़ाता चेहरा घूम गया, ''रमेसर, मुझे एक बच्चा चाहिए...बाँझपन की पीड़ा से मुक्ति चाहिए...!'' रमेसर अवाक् खड़ा बहू जी को मंदिर में जाते देख रहा था।

सीने में उठने वाले चक्रवात को दबाए वह बहू जी के मंदिर से बाहर आने की बाट जोहने लगा। उसे विश्वास नहीं हो रहा था कि बहू जी इस तरह उसे बिना पहचाने आगे निकल जाएँगी।

काफी देर बाद स्त्रियाँ शिवालय से बाहर आईं। बहू जी उसी तरह उनसे घिरी हुई बाहर निकली और बिना देखे उसके सामने से धीमे-धीमे आगे निकल गई। बहू जी के चेहरे पर कहीं कोई परिचय की लकीर नहीं थी। रमेसर ठगा-सा खड़ा रह गया। उसे लगा जैसे आसमान धीरे-धीरे नीचे आ रहा है। पाँव तले जमीन का टुकड़ा हिल रहा है।

शिवालय के गुंबज पर बैठे काले कबूतर फड़फड़ाकर उड़ गए। धूप में सिहरन और गहरा गई।

आँखों से ओझल होती बहू जी की पीठ पर उसकी आँखें टिकी थीं। उसे अभी भी लग रहा था, जैसे बहू जी मुड़कर एक बार जरूर देखेंगी। हलके आसमानी रंग की साड़ी धीरे-धीरे एक धब्बे में बदलकर कच्चे-पक्के मकानों की ओट में गुम हो गई।

रमेसर की आँखें भरी दुपहर में साँझ के गहरे धुँधलके से भर गई थीं। वह रास्ते पर नजर गड़ाए चुपचाप खड़ा हुआ था। कच्चे रास्ते पर बहू जी के पाँव के निशान उसके तन-मन को छलनी कर रहे थे।

क्षण-भर में सब कुछ समाप्त हो गया था। जैसे खुली सड़क पर किसी ने उसके समूचे वजूद को छीन लिया हो। उसने गहरी साँस ली। थका-हारा, हताश, भारी कदमों से बस्ती की ओर चल पड़ा।

# पच्चीस चौका डेढ़ सौ

पहली तनख्वाह के रुपए हाथ में थामे सुदीप अभावों के गहरे अंधकार में रोशनी की उम्मीद से भर गया था। एक ऐसी खुशी उसके जिस्म में दिखाई पड़ रही थी जिसे पाने के लिए उसने असंख्य कँटीले झाड़-झंखाड़ों के बीच अपनी राह बनाई थी। हथेली में भींचे रुपयों की गर्मी उसकी रग-रग में उतर गई थी। पहली बार उसने इतने रुपए एक साथ देखे थे।

वह वर्तमान में जीना चाहता था। लेकिन भूतकाल उसका पीछा नहीं छोड़ रहा था। हर पल उसके भीतर वर्तमान और भूत की रस्साकसी चलती रहती थी। अभावों ने कदम-कदम पर उसे छला था। फिर भी उसने स्वयं को किसी तरह बचाकर रखा था। इसीलिए यह मामूली नौकरी भी उसके लिए बड़ी अहमियत रखती थी।

नई-नई नौकरी में छुट्टियाँ मिलना कठिन होता है। उसे भी आसानी से छुट्टी नहीं मिली थी। उसने रविवार की छुट्टियों में अतिरिक्त काम किया था, जिसके बदले उसे दो दिन का अवकाश मिल गया था। वह पहली तनख्वाह मिलने की खुशी अपने माँ-बाप के साथ बाँटना चाहता था।

स्कूल की पढ़ाई और नौकरी के बीच समय और हालात की गहरी खाई को वह पाट नहीं सकता था। फिर भी खाई के बीच जो कुछ भी था, उसे सांत्वना देकर उसकी पीड़ा को तो वह कम कर ही सकता था। सुख-दुःख के चंद लम्हे आपस में बाँटकर पीड़ा कम हो जाती है। उसने इस पल के इंतजार में एक लंबा सफर तय किया था। ऐसा सफर जिसमें दिन-रात और मान-अपमान के बीच अंतर ही नहीं था।

शहर से गाँव तक पहुँचने में दो-ढाई घंटे से ज्यादा लग जाते थे। इसीलिए वह सुबह ही निकल पड़ा था। बस अड्डे पर आते ही उसे बस मिल गई थी। बस में काफी भीड़ थी। बड़ी मुश्किल से उसे बैठने की जगह मिल पाई थी।

कंडक्टर किसी यात्री पर बिगड़ रहा था, "इस सामान को उठाओ। छत पर रखो। आने-जाने का रास्ता ही बंद कर दिया है। किसका है यह सामान ?" कंडक्टर ने ऊँचे और कर्कश स्वर में पूछा।

एक दुबला-पतला-सा ग्रामीण धीमे स्वर में बोला, "जी, मेरा है।" कंडक्टर ने ग्रामीण के वजूद को तौलते हुए आवाज सख्त करके लगभग दहाड़ते हुए कहा, "तेरा है तो इसे अपने पास रख। यहाँ रास्ते में क्यों अड़ा दिया है ? उठा इसे !"

ग्रामीण ने गिड़गिड़ाकर अजीब-सी मरियल आवाज में कहा, "साहब...नजदीक ही उतरना है..."

सुदीप जब भी किसी को गिड़गिड़ाते देखता है तो उसे अपने पिता जी की छवि याद आने लगती है। ऐसे में उसका पोर-पोर चटखने लगता है। जैसे कोई धीरे-धीरे उसके जिस्म पर आरी चला रहा हो।

उसने कंडक्टर की ओर देखा। कंडक्टर का तोंदियल शरीर कपड़े फाड़कर आने को छटपटा रहा था। बनैले सुअर की तरह उसके चेहरे पर पान से रँगे दाँत, उसकी भव्यता में इजाफ़ा कर रहे थे। सुदीप को लगा जंगली सुअर बस की भीड़ घुस आया है। उसने सहमकर सहयात्री की ओर देखा तो निरपेक्ष भाव से अपने खयालों में गुम था। सुदीप ने ग्रामीण पर नजर डाली जो अभी तक दयनीयता से उबर नहीं पाया था।

उसके भीतर पिता जी की छवि आकार लेने लगी। वह दिन स्मृति में दस्तक देने लगा जब पिता जी उसे लेकर स्कूल में दाखिल कराने ले गए थे। उनकी बस्ती के बच्चे स्कूल नहीं जाते थे। पता नहीं पिता जी के मन में यह विचार कैसे आया कि उसे स्कूल में भरती कराया जाए। जबकि पूरी बस्ती में पढ़ाई-लिखाई की ओर किसी का ध्यान नहीं था।

पिता जी लंबे-लंबे डग भरकर चल रहे थे। उसे उनके साथ चलने में दौड़ना पड़ता था। उसने मैली-सी एक बदरंग कमीज और पट्टेदार नीकरनुमा कच्छा पहन रखा था। जिसे थोड़ी-थोड़ी देर बाद ऊपर खींचना पड़ता था।

स्कूल के बरामदे में पहुँचकर पिता जी पलभर के लिए ठिठके। फिर धीरे-धीरे चलकर इस कमरे से उस कमरे में झाँकने लगे। हर एक कमरे में अँधेरा था। जिसमें बच्चे पढ़ रहे थे। मास्टर कुर्सियों पर उकड़ूँ बैठे बीड़ी पी रहे थे या ऊँघ रहे थे। पिता जी फूलसिंह मास्टर को ढूँढ़ रहे थे। दो-तीन कमरों में झाँकने के बाद एक छोटे-से कमरे की ओर मुड़े। उस कमरे में अन्य कमरों से ज्यादा अँधेरा था। फूलसिंह मास्टर अकेले बैठे बीड़ी पी रहे थे।

उन्हें दरवाजे पर देखकर फूलसिंह मास्टर खुद ही बाहर आ गए थे। पिता जी ने मास्टर जी को देखते ही दयनीय स्वर में गिड़गिड़ाकर कहा, "मास्टर जी, इस जातक (बच्चे) कू अपणी सरण में ले लो। दो अच्छर पढ़ लेगा तो थारी दया ते यो बी आदमी बाण जागा। म्हारा जिनगी बी कुछ सुधर जागी।"

सुदीप पिता जी की उस मुद्रा को कभी भूल नहीं पाया। वे हाथ जोड़कर झुके खड़े थे। फूलसिंह मास्टर ने बीड़ी का टोंटा अँगूठे के इशारे से दूर उछाला और पिता जी को लेकर हेडमास्टर के कमरे में चले गए।

सुदीप का दाखिला हो गया था। पिता जी खुश थे। उनकी इस खुशी में भी वही गिड़गिड़ाहट झलक रही थी। झुक-झुककर मास्टर फूलसिंह को सलाम कर रहे थे।

बस हिचकोले खा-खाकर रेंग रही थी। आसपास के यात्रियों ने बीड़ी-सिगरेट का धुआँ ऐसे उगलना शुरू कर दिया था। जैसे सभी अपनी-अपनी दुश्चिंताओं को धुएँ के

बादलों में विलीन कर देंगे। उसने अपने पास की खिड़की का शीशा सरकाया। ताजा हवा की हलकी-हलकी सरसराहट भीतर घुस आई।

उसकी स्मृति में स्कूल के दिन एक के बाद एक लौटकर आने लगे। दूसरी कक्षा तक आते-आते वह अच्छे विद्यार्थियों में गिना जाने लगा था। तमाम सामाजिक दबावों और भेदभावों के बावजूद वह पूरी लगन से स्कूल जाता रहा। सभी विषयों में वह ठीक-ठाक था। गणित में उसका मन कुछ ज्यादा ही लगता था।

मास्टर शिवनारायण मिश्रा ने चौथी कक्षा के बच्चों से पंद्रह तक पहाड़े याद करने के लिए कहा था। लेकिन सुदीप को चौबीस तक पहाड़े पहले से ही अच्छी तरह याद थे। मास्टर शिवनारायण मिश्रा ने शाबासी देते हुए पच्चीस का पहाड़ा याद करने के लिए सुदीप से कहा।

स्कूल से घर लौटते ही सुदीप ने पच्चीस का पहाड़ा याद करना शुरू कर दिया, वह जोर-जोर से ऊँची आवाज में पहाड़ा कंठस्थ करने लगा, पच्चीस ही कम पच्चीस, पच्चीस दूनी पचास, पच्चीस तिया पचहत्तर, पच्चीस चौका सौ...

पिता जी बाहर से थके-हारे लौटे थे। उसे पच्चीस का पहाड़ा रटते देखकर उनके चेहरे पर संतुष्टि-भाव तैर गए थे। थकान भूलकर वे सुदीप के पास बैठ गए थे। वैसे तो उन्हें बीस से आगे गिनती भी नहीं आती थी। लेकिन पच्चीस का पहाड़ा उनकी जिंदगी का अहम पड़ाव था। जिसे वे अनेक बार अलग-अलग लोगों के सामने दोहरा चुके थे। जब भी उस घटना का जिक्र करते थे, उनके चेहरे पर एक अजीब-सा विश्वास चमक उठता था।

सुदीप ने पच्चीस का पहाड़ा दोहराया और जैसे ही पच्चीस चौका सौ कहा, उन्होंने टोका।

"नहीं बेट्टे...पच्चीस चौका सौ नहीं...पच्चीस चौका डेढ़ सौ..." उन्होंने पूरे आत्मविश्वास से कहा।

सुदीप ने चौंककर पिता जी को ओर देखा। समझाने के लहजे में बोला, "नहीं पिता जी,...पच्चीस चौका सौ...यह देखो गणित की किताब में लिखा है।"

"बेट्टे, मुझे किताब क्या दिखावे हैं। मैं तो हरफ (अक्षर) बी ना पिछाणूँ। मेरे लेखे तो काला अच्छर भैंस बराबर है। फिर बी इतना तो जरूर जाणूँ कि पच्चीस चौका डेढ़ सौ होता है।" पिता जी ने सहजता से कहा।

"किताब में तो साफ-साफ लिक्खा है—पच्चीस चौका सौ..." सुदीप ने मासूमियत से कहा।

"तेरी किताब में गलत बी तो हो सके...नहीं तो क्या चौधरी झूठ बोल्लेंगे। तेरी किताब से कहीं ठाड्डे (बड़े) आदमी हैं चौधरी जी। उनके धोरे (पास) तो ये मोट्टी-मोट्टी किताबें हैं...वह जो तेरा हेडमास्टर है वो बी पाँव छुए है चौधरी जी के। फेर भला वो गलत बतावेंगे...मास्टर से कहणा सही-सही पढ़ाया करे..." पिजा जी ने उखड़ते हुए कहा।

"पिता जी...किताब में गलत थोड़े ही लिक्खा है..." सुदीप रुआँसा हो गया।

"तू अभी बच्चा है। तू क्या जाणे दुनियादारी। दस साल पहले की बात है। तेरे होणे से पहले। तेरी म्हतारी बीमार पड़गी थी। बचने की उम्मेद ना थी। सहर के बड़े डॉक्दर से इलाज करवाया था। सारा खर्चा चौधरी ने ही तो दिया था। पूरा सौ का पत्ता ...यो लंबा लीले (नीले) रंग का लोट (नोट) था। डॉक्दर की फीस, दवाइयाँ सब मिलाकर सौ रुपए बणे थे।

"जब तेरी माँ ठीक-ठाक होके चलण-फिरण लगी तो मैं चार महीने बाद चौधरी जी की हवेली में गया। दुआ सलाम के बाद मैन्ने चौधरी जी ते कहा। चौधरी जी मैं तो गरीब आदमी हूँ। थारी मेहरबान्नी से मेरी लुगाई की जान बच गई। वह जी गई वरना मेरे जातक (बच्चे) बिरान हो जात्ते। तमने सौ रुपए दिए ते। उनका हिसाब बता दो। मैं थोड़ा-थोड़ा करके सारा कर्ज चुका दूँगा। एक साथ देणे की मेरी हिम्मत ना है चौधरी जी। चौधरी जी ने कहा, "मैन्ने तेरे बुरे बखत में मदद करी ती। ईब तू ईमानदारी ते सारा पैसा चुका देना। सौ रुपए पर हर महीने पच्चीस रुपए ब्याज के बनते हैं। चार महीने हो गए हैं। ब्याज-ब्याज के हो गए हैं पच्चीस चौका डेढ़ सौ। तू अपणा आदमी है तेरे से ज्यादा क्या लेणा। डेढ़ सौ में से बीस रुपए कम कर दे। बीस रुपए तुझे छोड़ दिए। बचे एक सौ तीस। चार महीने का ब्याज। एक सौ तीस अभी दे दे। बाकी रहा मूल जिब होगा दे देणा। महीने के महीने ब्याज देते रहणा।"

"ईब बता बेट्टे पच्चीस चौका डेढ़ सौ होते हैं या नहीं। चौधरी भले और इज्जतदार आदमी हैं जो उन्होंने बीस रुपए छोड़ दिए। नहीं तो भला इस जमान्ने में कोई छोड्डे है। अपणे सिव नारायण मास्टर के बाप बड़े मिसिर जी कू ही देख लो। एक धेल्ला बी ना छोड्डे। ऊप्पर ते बिगार (बेगार) अलग ते करावे हैं। जैसे बिगार उनका हक है। दिन भर में गोड्डे टूट जाँ। मजूरी के नाम पे खाल्ली हाथ। ऊप्पर ते गाली अलग। गाली तो ऐसे दें हैं जैसे बेद मंतर पढ़ रहे हों।"

सुदीप ने पच्चीस का पहाड़ा दोहराया। पच्चीस ही कम पच्ची, पच्चीस दूनी पचास, पच्चीस तिया पचहत्तर, पच्चीस चौका डेढ़ सौ...

अगले दिन कक्षा में मास्टर शिवनारायण मिश्रा ने पच्चीस का पहाड़ा सुनाने के लिए सुदीप को खड़ा कर दिया। सुदीप खड़ा होकर उत्साहपूर्वक पहाड़ा सुनाने लगा।

"पच्चीस ही कम पच्चीस, पच्चीस दूनी पचास, पच्चीस तिया पचहत्तर, पच्चीस चौका डेढ़ सौ...

मास्टर शिवरानायण मिश्रा ने उसे टोका, पच्चीस चौका सौ...

मास्टर जी के टोकने से सुदीप अचानक चुप हो गया और खामोशी से मास्टर का मुँह देखने लगा।

मास्टर शिवनारायण मिश्रा कुर्सी पर पैर रखकर उकड़ूँ बैठे थे। बीड़ी का सुट्टा मारते हुए बोले, "अबे ! चूहड़े के आगे बोलता क्यूँ नी ? भूल गिया क्या !"

सुदीप ने फिर पहाड़ा शुरू किया। स्वाभाविक ढंग से पच्चीस चौका डेढ़ सौ कहा।

मास्टर शिवनारायण मिश्रा ने डाँटकर कहा, "अबे ! कालिए, डेढ़ सौ नहीं सौ... सौ !"

सुदीप ने डरते-डरते कहा, "मास्साब ! पिता जी कहते हैं पच्चीस चौका डेढ़ सौ होवे है।"

मास्टर शिवनारायण हत्थे से उखड़ गया। खींचकर एक थप्पड़ उसके गाल पर रसीद किया। आँखें तरेरकर चीखा, "अबे तेरा बाप इतना बड़ा बिदवान है तो यहाँ क्या अपनी माँ...(एक क्रिया—जिसे सुसंस्कृत लोग साहित्य में त्याज्य मानते हैं)...आया है साले; तुम लोगों को चाहे कितना भी लिखाओ, पढ़ाओ...रहोगे वहीं-के-वहीं...दिमाग में कूड़ा-करकट जो भरा है। पढ़ाई-लिखाई के संस्कार तो तुम लोगों में आ ही नहीं सकते। चल बोल ठीक से...पच्चीस चौका सौ...स्कूल में तेरी थोड़ी-सी तारीफ क्य। होने लगी पाँव जमीन पर नहीं पड़ते। ऊप्पर से जबान चलावे है। उलटकर जवाब देत्ता है।"

सुदीप ने सुबकते हुए पच्चीस चौका सौ कहा। और एक साँस में पूरा पहाड़ा सुना दिया।

उस दिन की घटना ने उसके दिमाग में उलझन पैदा कर दी। यदि मास्साब सही कहते हैं तो पिता जी गलत क्यूँ बता रहे हैं। यदि पिता जी सही हैं तो मास्साब क्यूँ गलत बता रहे हैं। पिता जी कहते हैं चौधरी बड़े आदमी हैं, झूठ नहीं बोलते। उसके हृदय में बवंडर उठने लगे।

नर्म और मासूम बालमन पर एक खरोंच पड़ गई थी। जो समय के साथ और गहरा गई थी। किसी ने ठीक ही कहा, मन में गाँठ पड़ जाए तो खोले नहीं खुलती। सोते-जागते, उठते-बैठते, पच्चीस चौका डेढ़ सौ उसे परेशान करने लगा।

बालमन की यह खरोंच ग्रंथि बन गई थी। जब भी पच्चीस की संख्या पढ़ता या लिखता, उसे पच्चीस चौका डेढ़ सौ ही याद आता। साथ ही याद आता पिता जी का विश्वास भरा चेहरा और मास्टर शिवनारायण मिश्रा का गाली-गलौज करता लाल-लाल गुस्सैल चेहरा। दोनों चेहरे एक साथ स्मृति में दबाए पच्चीस चौका डेढ़ सौ की अँधेरी दुर्गम गलियों में भटकने लगा। जैसे-जैसे बड़ा होने लगा, कई सवाल उसके मन को विचलित करने लगे। जिनके उत्तर उसके पास नहीं थे।

बस अड्डे से थोड़ा पहले एक बड़ा-सा गति अवरोधक था। जिसके कारण अचानक ब्रेक लगने से बस में बैठे यात्रियों को झटका लगा। कई लोग तो गिरते-गिरते बचे। झटका लगने से सुदीप की विचार तंद्रा भी टूट गई। उसने जेब को छूकर देखा। तनख्वाह के रुपए जेब में सही सलामत थे।

बस गाँव के किनारे रुकी। बस अड्डे के नाम पर दो-एक दुकानें पान-बीड़ी की, एक पेड़ के तने से टिकी पुरानी-सी मेज पर बदरंग आईना रखकर बैठा गाँव का ही बदरू नाई। नाई से थोड़ा हटकर दूसरे पेड़ तले बैठा गाँव का मोची, एक केले-अमरूद वाला। बस यही था बस अड्डा।

सुदीप ने बस से नीचे उतरकर आसपास नजर दौड़ाई। बस अड्डे पर कोई विशेष

चहल-पहल नहीं थी। इक्का-दुक्का लोग इधर-उधर बैठे थे। वह सीधा घर की ओर चल पड़ा। गाँव के पश्चिमी छोर पर तीस-चालीस घरों की बस्ती में उनका घर था।

दोपहर होने को आई थी। सूरज काफी ऊपर चढ़ गया था। उसने तेज-तेज कदम उठाए। लगभग महीने-भर बाद गाँव लौटा था। जानी-पहचानी चिरपरिचित गलियों में उसे अपने बचपन से अब तक बिताए पल गुदगुदाने लगे। इससे पहले उसने कभी ऐसा महसूस नहीं किया था। एक अनजाने से आत्मीय सुख से वह भर गया था। अपना गाँव, अपने रास्ते, अपने लोग। उसने मन-ही-मन मुसकुराकर कीचड़ भरी नाली को लाँघा और बस्ती की ओर मुड़ गया। गाँव और बस्ती के बीच एक बड़ा-सा जोहड़ था। जिसमें जलकुंभी फैले हुए थे।

जलकुंभी का नीला फूल उसे बहुत अच्छा लगता है। इक्का-दुक्का फूल दिखाई पड़ने लगे थे। उसने जोहड़ के किनारे-किनारे चलना शुरू कर दिया।

पिता जी आँगन में पड़ी एक पुरानी चारपाई की रस्सी कस रहे थे। सुदीप को आया देखकर वे उसकी ओर लपके।

''अचानक...क्या बात है...लगता है सहर में जी नी लग्या।''

''नहीं, ऐसी बात नहीं है...बस ऐसे चला आया।'' सुदीप ने सहजता से कहा।

जेब से निकालकर तनख्वाह के रुपए उनके हाथ में रखकर, पाँव छुए। पिता जी गद्गद हो गए। दोनों हाथों में रुपए थामकर माथे से लगाया जैसे देवता का प्रसाद ग्रहण कर रहे हों। मन-ही-मन अस्फुट शब्दों में कुछ बुदबुदाए। फिर सुदीप की माँ को पुकारा, ''दीपे की माँ, करके ग्हाँ तो आ...ले सिंभाल अपने लाड़ले की कमाई।''

माँ आवाज सुनकर बाहर आई। आँचल पसारकर रुपए लिये और सुदीप को छाती से लगा लिया। उस क्षण ऐसा लग रहा था जैसे समूचा घर खुशी की बारिश में भीग रहा है।

सुदीप चुपचाप सभी के खिले चेहरे देख रहा था, सब खुश थे, ऊपरी तौर पर तो वह भी मुसकुरा रहा था, लेकिन उसके भीतर एक खलबली मची थी। वह अशांत था।

उसने माँ से कहा, ''यहाँ बैट्ठो माँ...'' हाथ बढ़ाकर आँचल से कुछ रुपए ले लिये, गंभीर स्वर में बोला, ''पिता जी, मुझे आपसे एक बात कहनी है।''

''क्या बात है बेट्टे ?...कुछ चाहिए ?'' पिता जी ने जिज्ञासावश पूछा।

''नहीं पिताजी कुछ नहीं चाहिए...मैं आपको कुछ बताना चाहता हूँ।''

पिता जी गुमसुम होकर उसकी ओर देखने लगे। कुछ देर पहले की खुशी पर धुंध फैलने लगी थी। तरह-तरह की आशंकाएँ उन्हें झकझोरने लगी थीं। वे अचानक बेचैनी महसूस करने लगे थे।

सुदीप ने पच्चीस-पच्चीस रुपए की चार ढेरियाँ लगाईं। पिता जी से कहा, ''अब आप इन्हें गिनिए।''

पिता जी चुपचाप सुदीप की ओर देख रहे थे, उनकी समझ में कुछ भी नहीं आ रहा था। असहाय होकर बोले, ''बेट्टे, मुझे तो बीस ते आग्गे गिनना बी नी आत्ता, तू

ही गिणके बता दे। सुदीप ने धीमे स्वर में कहा, "पिता जी, ये चार जगह पच्चीस-पच्चीस रुपए हैं। अब इन्हें मिलाकर गिनते हैं...चार जगह का मतलब है पच्चीस चौका..." कुछ क्षण रुककर सुदीप ने पिताजी की ओर देखा। फिर बोले, "अब, अब देखते हैं पच्चीस चौका सौ होते हैं या डेढ़-सौ।"

पिता जी अवाक् होकर सुदीप का चेहरा देखने लगा। उनकी आँखों के आगे चौधरी का चेहरा घूम गया। तीस-पैंतीस साल पुरानी घटना साकार हो उठी। वह घटना जिसे वे अब तक न जाने कितनी बार दोहराकर लोगों को सुना चुके थे। आज उसी घटना को नए रूप में लेकर बैठ गया था सुदीप।

सुदीप रुपए गिन रहा था बोल-बोलकर। सौ पर जाकर रुक गया। बोला, "देखो, पच्चीस चौका सौ हुए...डेढ़ सौ नहीं।"

पिता जी ने उसके हाथ से रुपए ऐसे छीने जैसे सुदीप उन्हें मूर्ख बना रहा है। वे रुपए गिनने का प्रयास करने लगे। लेकिन बीस पर जाकर अटक गए। सुदीप ने उनकी मदद की। सौ होने पर पिता जी की ओर देखा। उन्हें विश्वास ही नहीं हो रहा था। उन्होंने फिर एक से गिनना शुरू कर दिया। बीस पर अटक गए। उलट-पलटकर रुपयों को देख रहे थे, जैसे कुछ उनमें कम हैं। सुदीप ने फिर गिनकर दिखाए। पिता जी को यकीन ही नहीं आ रहा था। सुदीप ने हर बार उनकी शंका का समाधान किया, हर प्रकार से।

आखिर पिता जी को विश्वास हो गया। सुदीप ठीक कह रहा है। पच्चीस चौका सौ होते हैं। झूठ-सच सामने था।

पिता जी के हृदय में जैसे अतीत जलने लगा था। उनका विश्वास जिसे पिछले तीस-पैंतीस सालों से वे अपने सीने में लगाए चौधरी के गुणगान करते नहीं अघाते थे, आज अचानक काँच की तरह चटककर उनके रोम-रोम में समा गया था। उनकी आँखों में एक अजीब-सी वितृष्णा पनप रही थी। जिसे पराजय नहीं कहा जा सकता था। बल्कि विश्वास में छले जाने की गहन पीड़ा ही कहा जाएगा।

उन्होंने अपनी मैली चीकट धोती के कोने से आँख की कोर में जमा कीचड़ पोंछा और एक लंबी साँस ली। रुपए सुदीप को लौटा दिए। उनके चेहरे पर पीड़ा का खंडहर उग आया था। जिसको दीवारों से ईंट, पत्थर और सीमेंट भुरभुराकर गिरने लगे थे। उनके अंतस् में एक टीस उठी, जैसे कह रहे हों, 'कीड़े पड़ेंगे चौधरी...कोई पानी देने वाला भी नहीं बचेगा।'

# अंधड़

वर्षों बाद वीना की चिट्ठी आई थी। वह भी दुखद समाचार के साथ। चिट्ठी पढ़ते ही सविता गहरे अवसाद में डूब गई थी। वीना का एक-एक शब्द गर्म सलाखों की तरह उसे बींध रहा था। "दीदी, तुम्हें लिखने का कोई औचित्य नहीं है। फिर भी लिख रही हूँ। पिता जी को गुजरे एक सप्ताह हो गया है। माँ इस सदमे को बर्दाश्त नहीं कर पा रही है। पिता जी ने सबके लिए कुछ-न-कुछ किया...लेकिन किसी के पास इतना समय नहीं है कि दो घड़ी बैठकर उनके परिवार को हौसला दे सके..."

पूरी चिट्ठी पढ़ लेने का हौसला उसमें नहीं बचा था। वह धम्म से सोफे पर बैठ गई थी। अतीत जैसे उसकी आँखों के बंद कोटरों में शोर मचाने लगा था। उसकी आँखों के जलाशय भर उठे थे। वह चीख-चीखकर रोना चाहती थी, लेकिन रुलाई घुटकर रह गई थी। काफी देर तक वह सोफे पर बैठी अतीत की अँधेरी तंग गलियों में भटकती रही।

पिंकी और स्वीट आज एक साथ स्कूल से लौटे थे। हर रोज पिंकी बारह-एक बजे तक लौट आती थी। स्वीट तीन बजे लौटता था। पिंकी को आज देर हो गई थी।

सविता को इस तरह उदास देखकर पिंकी ने पूछा, "मामा, तबीयत तो ठीक है ?"

सविता सँभल गई थी। उसने मन के भीतर उठते ज्वार को रोक लिया था। "मैं ठीक हूँ...कपड़े बदलो, खाना लगाती हूँ।" कहते हुए वह रसोई की तरफ चल पड़ी थी।

अपनी मानसिक पीड़ा छिपाने की कोशिश कर रही थी सविता, लेकिन पिंकी ने इस कोशिश को पकड़ लिया था, "ममा, क्या बात है ? कुछ उदास हो ?"

"नहीं, मैं ठीक हूँ...बस, ऐसे ही थोड़ा..." सविता ने फिर टालने की कोशिश की।

चिट्ठी सँभालकर उसने अलमारी में रख दी थी, ताकि पिंकी के हाथ न लग जाए। मि. लाल की गैरहाजिरी में वह कोई झमेला नहीं चाहती थी।

वीना उसकी चचेरी बहन थी। एक लंबे अरसे बाद वीना का पत्र आया था। हालात ने सविता को सबसे दूर कर दिया था। दीपचंद चाचा की मौत की खबर से उसे गहरा धक्का लगा था। समय का अंतराल भी संबंधों के सूत्र तोड़ नहीं पाया था। वह उसी वक्त मायके जाना चाहती थी, लेकिन मि. लाल का खयाल आते ही तमाम भावनाएँ गुम होने लगी थीं। कई दिनों की मानसिक यंत्रणा से गुजरकर सविता ने तय कर लिया था कि मि. लाल के लौट आने के बाद, उन्हें चिट्ठी दिखाएगी।

उसे रह-रहकर दीपचंद चाचा की याद आने लगी थी। वे अँधेरे में दीये के समान थे। दूसरों को रोशनी दिखाकर स्वयं अँधेरे में रहना उनकी आदत बन चुकी थी। जब लड़कियों को स्कूल भेजने के नाम पर नाक-भौंह सिकोड़ी जाती थी, तब उन्होंने सविता और वीना को पढ़ाया था। वीना, सविता से पाँच-छः वर्ष छोटी थी। दीपचंद स्वयं अनपढ़ थे, लेकिन पढ़ाई-लिखाई की महत्ता जानते थे। मि. लाल को भी वे ही छावनी से शहर लाए थे। स्वयं तंगहाली में रहे, लेकिन बच्चों को पढ़ाया-लिखाया।

मिस्टर लाल के साथ सविता का विवाह भी दीपचंद ने ही कराया था। मि. लाल उन दिनों पूना के एक सरकारी संस्थान में 'वैज्ञानिक' के पद पर नियुक्त थे।

लगभग तीन महीने बाद मि. लाल दक्षिणी ध्रुव से लौटे थे। वहाँ से आते ही उनकी व्यस्तता बढ़ गई थी। अभियान दल की उपलब्धियों के चर्चे सभी ओर थे। इस दल के वैज्ञानिकों को अंतर्राष्ट्रीय ख्याति मिली थी। मि. लाल के लिए यह एक महत्त्वपूर्ण उपलब्धि थी।

मौका देखकर सविता ने वीना की चिट्ठी उसके सामने रख दी थी। चिट्ठी पढ़ते ही मि. लाल का चेहरा फक्क पड़ गया था। उन्होंने कई-कई बार चिट्ठी पढ़ी थी। जैसे शब्दों के पीछे छिपे अर्थों को पकड़ने की भरसक कोशिशों के बाद भी शब्द फिसल रहे थे। उनके चेहरे पर चढ़ते-उतरते भावों को सविता खामोशी से देख रही थी।

मि. लाल ने सविता की ओर देखा। वह निरपेक्ष भाव से खड़ी थी। गहन विचार-मंथन के बाद मि. लाल की चुप्पी टूटी, "हम सब देहरादून जाएँगे।" सविता ने कोई जवाब नहीं दिया। अपने भीतर उठ रहे कोलाहल को उसने दबा दिया था।

"दीपचंद जी के बहुत एहसान थे मेरे ऊपर...आज जो कुछ भी हूँ, उन्हीं की वजह से हूँ..." वह भावुक होने लगे थे।

मि. लाल की भावुकता को देखकर वह चौंकी। उसे लगा, कोई अजनबी सामने बैठा है। पति का यह भावुक रूप उसने पहली बार देखा था। वह ताज्जुब से उसकी ओर देखने लगी।

सविता के खयालों में वह दिन उभर आया, जब मायके जाने के सवाल पर दोनों के बीच कहा-सुनी हुई थी। वह दीपचंद के घर जाना चाहती थी। मि. लाल बिफर पड़े थे, "मैं जिस गंदगी से तुम्हें बाहर निकालना चाहता हूँ...तुम लौट-लौटकर उसी में जाना चाहती हो। तुम वहाँ जाओगी, तो वे भी यहाँ आएँगे। मैं नहीं चाहता, यहाँ लोगों को पता चले कि हम 'शेड्यूल्ड कास्ट' हैं। जिस दिन लोग ये जान जाएँगे, यह मान-सम्मान सब घृणा-द्वेष में बदल जाएगा।"

सविता के मन में वितृष्णा भर गई थी। वह अपने पति के लिजलिजेपन पर आहत हो गई थी।

सविता ही नहीं, मि. लाल के भी परिवार में ज्यादातर लोग अनपढ़ ही थे। उन सभी का जीवन पारंपरिक ढंग का था। घोर अभावों के बीच उनका जीवन किसी नरक से कम नहीं था। इसके बावजूद दीपचंद जी ने बच्चों की पढ़ाई-लिखाई पर पूरा ध्यान दिया था।

मि. लाल उस माहौल में जाने से कतराने लगे थे। उन्हें लगता था, उस माहौल के छींटे उनकी प्रगति में बाधक बन जाएँगे। वह इन दिनों संस्कारहीनता की बात भी करने लगे थे। अपने डर और हीनताबोध को वह शब्दजाल में लपेटकर तर्क-सम्मत बनाने की भरपूर कोशिशें भी करने लगे थे।

सविता इन तर्कों को हीन-भावना का प्रतीक मानती थी, जो प्रतिक्रिया से उपजे थे, लेकिन वह मानने को तैयार नहीं थे। उस रोज कहा-सुनी इतनी बढ़ गई थी कि हाथापाई की नौबत आ गई थी।

इस घटना के बाद दोनों कई दिन अपने-अपने खोल में सिमटे रहे थे। अंत में सविता ने ही हार मान ली थी। अपना मन मारकर उसने स्थितियों से समझौता कर लिया था।

कुछ समय तक तो रिश्तेदारों के शिकवे-शिकायत की, बाद में वे भी समझ गए थे। कोई भूले-भटके से आ भी जाता, तो उनका व्यवहार देखकर दुबारा आने की हिम्मत ही नहीं करता था। यह बात सभी रिश्तेदारों में फैल गई थी, "वे तो बड़े लोग हैं", "छोटे लोगों से उनका क्या मेल-जोल", "वे जात छिपाकर रहते हैं", "अब वे किसी को पहचानते नहीं हैं", "पढ़े-लिखे होते ही ऐसे हैं", "बाप को भी नौकर बताने लगते हैं" आदि-आदि बातें बहुत तेजी से फैली हुई थीं। कुछ दिनों तक तो उसे लेकर चर्चा होती रही, धीरे-धीरे वे सभी भूलने लगे थे।

कभी-कभार कोई पूर्व-परिचित भूले से मिल भी जाता था, तो वह उसे टालने की कोशिश करता था। यदि मिलने वाला कोई पूर्व सहकर्मी एस.सी. हुआ, तो मि. लाल ऐसे विषयों पर बात करने से कतराते थे, जिनमें एस.सी. से संबंधित कोई चर्चा हो। वह बेहद कटुतापूर्ण शब्दों में कहते, "ये अपनी हालात के जिम्मेदार स्वयं हैं। दोष दूसरों को देते हैं। सरकार ने आरक्षण की बैसाखी देकर इन्हें और भी निकम्मा बना दिया है। हमसे तो कोई भेदभाव नहीं रखता। सबके साथ घुल-मिलकर कहते हैं...दस लोग इज्जत भी करते हैं..." कहने को तो वह कह देते थे, लेकिन अपने डर को जानते थे। हर बार सच पर झूठ का मुलम्मा चढ़ाने का प्रयास करते थे।

वह अक्सर देखते थे, बड़े-बड़े अधिकारी, बुद्धिजीवी सामान्य बातचीत में भी एस. सी. कर्मचारियों, अधिकारियों के प्रति पूर्वाग्रही थे। किसी-न-किसी बहाने उनकी मानसिक संकीर्णता झलक ही जाती थी। ऐसे में उपहास की मात्रा कुछ ज्यादा ही होती थी। वह स्वयं भी ऐसे मौकों पर उनके साथ मिल जाते थे, बल्कि उनसे भी आगे बढ़कर अपनी प्रतिक्रिया व्यक्त करते थे।

ऐसे क्षणों में वह भूल जाते थे कि उसके पिता जी सुअर के गोश्त की दुकान चलाते थे। पाँच भाइयों में वह सबसे छोटे थे। सभी भाई पिता जी के काम में हाथ बँटाते थे। कारोबार ठीक-ठाक चल रहा था। इसी बीच उन्हें छावनी मेस में गोश्त सप्लाई करने का ठेका भी मिल गया था, जिससे आमदनी बढ़ गई थी। छावनी क्षेत्र में बूचड़खाना खोलने की इजाजत भी मिल गई थी। बूचड़खाना के निकट ही उन्होंने रहने का इंतजाम

भी कर लिया था। एक सुअर-बाड़ा भी बना लिया था, जिसमें हर समय तीस-चालीस सुअर रह सकते थे।

परिवार में किसी ने भी स्कूल का मुँह नहीं देखा था। वह सबसे छोटे थे। उन्हें ही छावनी के निकट के गाँव की पाठशाला में भेजा गया था। वह दुबले-पतले नाटे कद के थे। चेहरा चेचक के दाग से भरा हुआ था। रंग हलका साँवला था। पहली मुलाकात में कोई प्रभाव वह नहीं छोड़ते थे, लेकिन बुद्धि तीव्र थी। कुछ ही दिनों में उन्होंने स्कूल में अपनी जगह बना ली थी।

सुबह चार बजे से ही आँगन में सुअरों की चीं-चाहट शुरू हो जाती थी। आठ-नौ बजे तक छावनी की गाड़ी में गोश्त लदकर मेस में पहुँच जाता था। उस समय घर का प्रत्येक व्यक्ति व्यस्त रहता था। किसी को भी साँस लेने की फुर्सत नहीं रहती थी।

हर समय सुअरों के इर्द-गिर्द घूमती जिंदगी किसी नरक से कम नहीं थी। चारों ओर मक्खियों की भिनभिनाहट देखकर जी मिचलाने लगता था। सुबह होते ही सुअर को पकड़कर बूचड़खाना के अंदर ले जाते थे। मारना, दूणना और फिर साफ-सफाई करके उसे धोना। काट-कूट करके छोटे-छोटे टुकड़ों में काटना काफी थका देने वाला काम था। उन्हें भी भाइयों के साथ लगना पड़ता था। उनके कपड़ों से लेकर हाथ, पाँव, चेहरे तक पर गोश्त के छोटे-छोटे टुकड़े, खून के धब्बे लग जाते थे।

फुर्सत मिलते ही वह खूब रगड़-रगड़कर नहाते थे। फिर भी उनके जिस्म से सुअर के गोश्त की गंध जाती नहीं थी। यह गंध उनकी पहचान बन गई थी। कक्षा में कोई उनके पास बैठना पसंद नहीं करता था। अक्सर वह अलग-थलग ही रहते थे। कक्षा में प्रथम आने के बावजूद वह हीनता-बोध से मुक्त नहीं थे। कई बार तो सहपाठी उन्हें 'खटीक' कहकर चिढ़ाते थे।

हाई स्कूल की परीक्षा उन्होंने प्रथम श्रेणी में पास की थी। दीपचंद उनके पिता जी के मित्र थे। वह शहर में नगरपालिका में सफाईकर्मी थे। शिक्षा के महत्त्व को समझते थे। उन्हीं ने कहा था, "ठेकेदार जी, आपका सुक्कड़ तो बहुत होशियार हैगा। इसे शहर के बड़े कॉलिज में दाखिल कर दो...तरक्की करेगा।"

ठेकेदार को काम से ही फुर्सत नहीं थी। उसे तो यह भी पता नहीं था कि शहर में कॉलेज है कहाँ। वैसे भी, छावनी से शहर आने-जाने में घंटों लग जाते थे।

"शहर में रहेगा कहाँ ?" ठेकेदार ने सवाल किया।

"क्यूँ...मेरा घर नहीं हैगा। जहाँ दो बच्चे मेरे, तीसरा यो भी सही। आप फिकर ना करो। ये जिम्मेदारी मेरी।" दीपचंद ने दो टूक बात कही।

एक दिन वह अपने झोले में कुछ किताबें और एक जोड़ा कपड़े डालकर दीपचंद के घर आ गए थे। दीपचंद ने उन्हें पूरे चार साल अपने पास रखा था। तब तक वह बी. एस-सी. कर चुके थे। पूरे कॉलेज में वह एक अच्छे छात्र के रूप में ख्याति पा चुके थे, लेकिन जिस लोकप्रियता के वह हकदार थे, उससे वंचित थे। यह बात उनके सीने में काँटे की तरह चुभती थी। उनका परिवार सुअर का गोश्त बेचता है, यह किसी से छिपा

नहीं था। उन दिनों वह स्वयं भी इस बात को किसी से छिपाते नहीं थे। उन्हें लगता था—छिपाएँ क्यों ? लेकिन जैसे-जैसे वह आगे बढ़ रहे थे, उनका आत्मविश्वास सूखे रेत-सा मुट्ठी से फिसलने लगा था।

एम.एस-सी में दाखिले के साथ ही उन्होंने दीपचंद का घर छोड़ दिया था। एक अलग कमरा लेकर रहने लगे थे। कुछ ट्यूशनें भी पकड़ ली थीं, जिससे उनके खर्च निकल आते थे।

एम. एस-सी करते ही उन्हें एक शोध संस्थान में 'वैज्ञानिक' की नौकरी मिल गई थी। एक वर्ष बाद ही उन्होंने शहर छोड़ दिया था। पूना के एक प्रसिद्ध शोध संस्थान ने उन्हें रख लिया था। तब से आज तक उन्होंने पीछे मुड़कर नहीं देखा था। एक के बाद एक तरक्की की सीढ़ियाँ उन्होंने तेजी से पार की थीं। इसी बीच दीपचंद की भतीजी सविता से उनकी शादी भी हो गई थी। दो बच्चे थे—पिंकी और स्वीट।

बच्चों के बड़े होने तक वह एक नए संसार में प्रवेश कर चुके थे, जहाँ उन्होंने एक अलग दुनिया देखी थी, जिसमें उन्हें मान-सम्मान मिला था, लेकिन कभी-कभी उन्हें लगता था, जैसे ये मान-सम्मान मात्र एक दिखावा है। एक औपचारिक विवशता। फिर भी वह इस विवशता के भ्रमजाल में पूरी तरह उलझ चुके थे। एक भय उन्हें हमेशा घेरे रहता था। कहीं 'जाति' का भेद न खुल जाए। इस मामले में वह कुछ ज्यादा ही सचेत थे। सविता को भी उन्होंने ताकीद कर रखी थी कि भूले से भी 'जाति' का उल्लेख न करे। बच्चों को इस विषय में ज्यादा जानकारी नहीं थी।

लेकिन दक्षिण ध्रुव की यात्रा ने उनके मन के बंद कपाट उघाड़ दिए थे। वैज्ञानिक शोध के लिए भिन्न-भिन्न प्रकार के सैंपल लेते हुए या किसी विशेष तथ्य का अध्ययन करते हुए उन्हें लगातार एक सवाल विचलित कर रहा था—वह यहाँ क्यों आए हैं ? रटा-रटाया वाक्य दोहराने की कोशिश वह करते थे—'मानव विकास की कल्याण-भावना।'

यह तर्क उन्हें संतुष्ट नहीं कर रहा था। रह-रहकर उनके मन में सवालों के बवंडर उठने लगे थे। इन वैज्ञानिक शोध-कार्यों का लाभ किसे मिलेगा ? उन्हें, जो पहले से विकसित हैं या उन्हें, जो विकास से कई वर्ष पीछे चल रहे हैं या फिर उन्हें, जो पीछे छूट गए हैं, उसके अतीत का हिस्सा है। जिन्हें आज वह पहचानने से भी इनकार करने लगा है।

वह इन प्रश्नों में उलझकर रह गए थे। ऐसे क्षणों में उन्हें लगता, जैसे उनकी नसें फट जाएँगी। दक्षिण ध्रुव का एकांत उन्हें लगातार अतीत की ओर खींच रहा था।

एक समय था, जब वह अतीत के जिक्र से ही तिलमिला जाते थे। अतीत को भुलाने में उन्हें काफी हद तक सफलता भी मिलती थी, लेकिन अचानक इतने वर्षों बाद उन्हें क्या हो रहा है ? वह इतना उद्विग्न क्यों हैं ? वह हैरान थे। अपने ही निर्मित संसार में जैसे अकेला हो गए थे। अपनी इस मानसिक पीड़ा को वह किसी से बाँट नहीं सकते थे। पीछे छूट गए लोगों को आवाज देने का हौसला उनमें नहीं था। अतीत से जुड़ने की क्षमताएँ शिथिल पड़ने लगी थीं, लेकिन वह फिर से उसी अतीत की ओर

लौटने के लिए बेचैन हो उठे थे। अपने मन में उठने वाले परिवर्तनों को वह ठीक से समझ नहीं पा रहे थे।

बीस वर्ष लंबे समय का लेखा-जोखा रखना उनके लिए आसान नहीं था। आज वह राजधानी की पॉश कॉलोनी के शानदार फ्लैट में रहते हैं, जहाँ उनके अतीत की परछाईं तक नहीं पहुँच सकती है। बच्चे अंग्रेजी पब्लिक स्कूलों में पढ़ते हैं। वे नहीं जानते, उनके ननिहाल के लोग कौन हैं ? चाचा, ताऊ, दादा-दादी कौन हैं ? क्या करते हैं ? उन्होंने पिंकी और स्वीट को हमेशा इनसे दूर रखा था।

नाते-रिश्तेदारों से कन्नी काटने का निर्णय उन्होंने अचानक नहीं लिया था, बल्कि स्कूल, कॉलेज और फिर नौकरी तक आते-आते उन्होंने जो कुछ भी भोगा, महसूस किया, उसी का परिणाम था ये सब। कदम-कदम पर जाति का अहसास उन्हें हीनता-बोध से भर देता था। ऐसे क्षणों में उनका आत्म-विश्वास डगमगा जाता था।

उन्हें लगता था, जैसे वह काँटों के बीच चल रहे हैं। सामान्य बातचीत में ही नहीं, बड़े-से-बड़े निर्णयों तक में 'जाति' अहम भूमिका अदा करती थी। कई बार उनकी क्षमताओं को कम आँका गया था। उत्तरदायित्वपूर्ण कार्यों से अलग रखे जाने का प्रयास होता था।

राजधानी स्थानांतरित होते ही उन्होंने तय कर लिया था, वह स्वयं को बदल लेंगे। उन्होंने सबसे पहला काम यह किया था कि अपने नाम—'सुक्कड़ लाल' को वह एस. लाल लिखने लगे थे।

राजधानी आते ही उन्होंने पंजाबी बोलने का अभ्यास भी शुरू कर दिया था। अंग्रेजी के साथ-साथ कुछ ही दिनों में वह फर्राटेदार पंजाबी बोलने लगे थे। उन्होंने एक गुर अपना लिया था। यदि कोई पंजाबी जाति के विषय में सवाल करता था, तो वह अपने-आपको उत्तर प्रदेश का कायस्थ बता देते थे। यदि कोई हिंदीभाषी यही सवाल करता, तो पंजाबी खत्री बता देते थे। यह गुर चल निकला था।

लेकिन दीपचंद की मौत की खबर ने उनकी स्मृति के जंग लगे किवाड़ एक ही झटके में खोल दिए थे। सविता ने देहरादून जाने से मना कर दिया था। "किस मुँह से जाऊँगा वहाँ...जाकर क्या जवाब दूँगी। इतने दिन कहाँ थी ?...इन सवालों का जवाब देकर झूठ बोलने की हिम्मत मुझमें नहीं है।"

उन्होंने भारी मन से कहा था। ऐसा नहीं था कि वह जाना नहीं चाहती थी। अपने भाई-बहनों, माँ-बाप से मिलने के लिए उसका मन तरसता था, लेकिन पति के अहम के सामने उसकी भावनाएँ निष्प्राण हो चुकी थीं।

देहरादून जाने की बात सुनकर पिंकी उछल पड़ी थी, "ममा, हम भी जाएँगे देहरादून..."

"नहीं...ये अकेले ही जाएँगे...हमारा वहाँ है ही कौन ?" सविता ने कटुता से कहा था। मि. लाल ने कोई प्रतिक्रिया जाहिर नहीं की थी। कोई और वक्त होता, तो शायद वह सविता को डाँट देते। वह चुप ही रहे।

"डैड, वी आर ऑल्सो गोइंग विद यू...(डैड, हम भी आपके साथ जा रहे हैं)।" ...पिंकी ने लगभग फैसला सुनाने के अंदाज में कहा।

पिंकी और स्वीट को वह अपने अतीत से दूर ही रखना चाहते थे। उन्हें डर था—बच्चे उस माहौल को बर्दाश्त नहीं कर पाएँगे जब उन्हें पता चलेगा कि हमारी जड़ें कहाँ हैं, तो उन पर क्या बीतेगी। उन्होंने पिंकी को बहुत समझाने की कोशिश की, लेकिन वह जिद पर अड़ी रही। मि. लाल को हारकर हामी भरनी पड़ी, लेकिन स्वीट ने साफ कह दिया था, "ममा जाएँगी, तो मैं भी जाऊँगा...वैसे भी, मैंने कंप्यूटर ज्वाइन कर रखा है...मेरी क्लास छूट जाएगी।"

स्टेशन से वे सीधे दीपचंद के घर गए थे। उन्हें देखकर सभी चौंके थे। कई लोग तो उन्हें पहचान ही नहीं पा रहे थे। जब उन्हें पता चला तो सहसा उनके मुँह से निकला, "अरे, सुक्कड़, तू...तू तो बदल ही गया। सूणा है, बहौत बड़ा आपीसर बण गिया है ...कितनी तनख्वाह मिल जावे है ?"

अपने लिए 'सुक्कड़' संबोधन सुनकर वह क्षण भर के लिए अचकचा गए थे, लेकिन धीरे-धीरे स्मृति में बसी ध्वनि कानों में गूँजने लगी थी। वर्षों से वह 'मि. लाल' सुनते-सुनते 'सुक्कड़' को भूल ही गए थे।

पिंकी हैरान थी। उसे लग रहा था, जैसे वह किसी आदिम जगह पर आ गई है। ऐसे लोग, ऐसा माहौल इससे पहले उसने नहीं देखा था। उसका परिचय अपने डैड (मिस्टर एस. लाल) से था। यह 'सुक्कड़' कहाँ से आ गया। 'सुक्कड़' संबोधन पर उसे गुस्सा आने लगा था। उसके होंठ फड़फड़ाकर गुस्से का इजहार करने के लिए उतावले थे, लेकिन गुस्सा पिए चुप बैठी रही।

दीपचंद की मौत से बिखरे परिवार ने अपने दुःख भुलाकर उनकी अच्छी आवभगत की थी। पिछले दंश भूलकर वे अपनापन दिखाने का भरसक प्रयास कर रहे थे।

पिंकी ने रात का खाना ठीक से नहीं खाया था। खाने को देखकर ही उसका जी उचट गया था। ऐसा खाना खाने की उसे आदत नहीं थी। घर की हर चीज, यहाँ तक कि प्रत्येक व्यक्ति से उसे एक अजीब-सी गंध आ रही थी। उसने दबी-दबी आवाज में कहा भी था, "डैड, हम यहाँ रहेंगे ?"

मि. लाल ने पिंकी को समझाने की कोशिश की थी, "रात भर की तो बात है पिंकी, कल मसूरी जाएँगे..."

पिंकी सहज नहीं हो पा रही थी। उसके मन में कई तरह के सवाल उठने की कोशिश कर रहे थे। वह काफी देर तक अपने मन के सवालों को ठीक से समझने की चेष्टा करने लगी। आखिर उसने मन के सवालों को बाहर आने दिया, "डैड, व्हाई दे आर कॉलिंग यू सुक्कड़। दीज अनकल्चर्ड पीपल डोंट हैव मैनर्स। इन डेल्ही एवरी बॉडी कॉल्स यू मि. लाल, ऐंड हीयर...इट्स पिटी...आइ कॉन्ट टॉलरेट, डैड..." (डैड, वे आपको

'सुक्कड़' कहकर क्यों बुलाते हैं। दिल्ली में तो सभी मि. लाल कहकर बुलाते हैं। और यहाँ...खेद है...मैं यह बर्दाश्त नहीं कर सकती।) पिंकी का चेहरा गुस्से से लाल होने लगा था।

मि. लाल पिंकी को ऐसे ताक रहे थे, जैसे पहली बार उसे देखा हो। पिंकी के सवालों ने उनके जिस्म में चींटियाँ भर दी थीं।

अपनी ओर ऐसे ताकता देखकर पिंकी बोली, ''डैड, ऐसे क्यूँ देख रहे हो ?'' उन्हें झटका-सा लगा। संयत होते हुए बोले, ''पिंकी, तुम्हें इस तरह नहीं बोलना चाहिए, ये सब तुम्हारे नाना, मामा हैं। इन्हें तुम असभ्य और गंदा कह रही हो। गलती तुम्हारी नहीं है, बेटी...मेरी है। मैं अपनी तरक्की को ही सब कुछ समझ बैठा था। इसीलिए मैं इन्हें उसी नजरिए से देखने लगा था, जैसे तुम देख रही हो, लेकिन आज जहाँ मैं हूँ...तुम हो...उसे पाने में इनका बहुत-बहुत बड़ा हाथ है...ये न होते, तो शायद मैं भी इतना बड़ा वैज्ञानिक न बन पाता। ये खुद नरक में रहे, लेकिन मुझे नरक से निकालने में जो त्याग इन्होंने किया...उसके बदले में इन्होंने न कुछ माँगा, न मैंने इन्हें कुछ दिया, बल्कि इन्हें अपने से तुच्छ मानकर रिश्ते तक तोड़ बैठा...तुम लोगों को इनसे दूर रखा। सच तो यह है कि मैं मि. लाल ऐसे वृक्ष की तरह हूँ, जो अपनी जड़ों को ही अपनी छाया नहीं देता...मेरी असली पहचान तो यह 'सुक्कड़' ही है, जिसे मैंने एस. लाल में बदलकर एक झूठी जिंदगी को सच मान लेने की कोशिश की। यह असभ्य भी नहीं है, पिंकी...तुम्हें ऐसा नहीं कहना चाहिए...'' उनका गला भर्राने लगा था।

पिंकी हैरानी से अपने डैड का यह रूप देख रही थी। उसने डैड को इतना भावुक कभी नहीं देखा था।

काफी देर दोनों खामोशी से अपने-आप में सिमटने की कोशिश करते रहे। पिंकी को लगा, उसने कुछ गलत कह दिया है। उसने बेहद नम्र स्वर में कहा, ''आइ ऐम सॉरी, डैड (मुझे दुख है, डैड), मेरा मतलब यह नहीं था, लेकिन डैड, यह मेरी समझ में नहीं आ रहा है कि इतने वर्षों तक आपने इन सबके बारे में कभी जिक्र तक नहीं किया।''

''बहुत-से कारण थे, पिंकी...जो पीड़ा मैंने भोगी है, उसका तुम्हें आभास नहीं होने दिया।'' मि. लाल ने अपने मन की गाँठ खोलने की कोशिश की। पिंकी जैसे सब कुछ जान लेने के लिए उतावली हो उठी थी। ''डैड, वह पीड़ा इन लोगों ने आपको दी थी ?''

''नहीं...'' मि. लाल ने दृढ़ता से कहा।

''फिर ?'' पिंकी ने आश्चर्य से पूछा।

''सामाजिक सोच और मान्यताओं ने।'' मि. लाल ने गंभीरता से कहा। पिंकी इस उत्तर पर चुप हो गई थी, लेकिन सवाल उसके मन में लगातार अंकुरित हो रहे थे। वह गंभीर हो गई थी। कुछ सोचते हुए बोली, ''मैं नहीं जानती, सामाजिक सोच से आपका आशय क्या है ? लेकिन डैड, किसी भी बदलाव के लिए भागना तो समाधान नहीं होता। भागकर तो हम उसे बढ़ा देते हैं।''

पिंकी ने मानो मि. लाल को रँगे हाथों पकड़ लिया था। उसे चुप देखकर पिंकी मुखर होने लगी थी, ''डैड, इनसे अच्छा तो आपका अर्दली रहता है। आपने इनके लिए क्या किया ? आई थिंक, यू हैव इग्नोर्ड देम (मुझे लगता है, आपने इन्हें नजर-अंदाज किया है)...आपको ऐसा नहीं करना चाहिए था, डैड। ये लोग क्या सोचते होंगे आपके बारे में ?'' पिंकी ने गहरी वितृष्णा से कहा।

पिंकी के मुँह से ये सब सुनकर ताज्जुब हुआ था। उन्होंने कुछ कहने के लिए मुँह खोलना चाहा, लेकिन शब्द गले में ही अटक गए थे। कुछ क्षण चुप्पी छाई रही। पिंकी ने फिर कहना शुरू किया, ''डैड, हम मसूरी नहीं जाएँगे। यहीं रहेंगे...इन सबके साथ ...मैं इन्हें करीब से जानना चाहती हूँ। डैड, आप कहते हैं...ये लोग मेरे नाना, मामा हैं। ...फिर माँ यहाँ क्यों नहीं आई ?''

मि. लाल को लगा, जैसे पिंकी सचमुच बड़ी हो गई है। इतनी बड़ी कि वह जान भी नहीं पाए।

पिंकी के सवालों के उत्तर उनके पास नहीं थे। उनकी चेतना जैसे कुंद हो गई थी। वे दोनों चुप हो गए थे। दोनों के बीच जैसे अचानक गहरी खाई बन गई थी। पिंकी चुपचाप दीवान पर लेट गई थी। मि. लाल ने भी कमरे की बत्ती बुझा दी थी। अँधेरा होते ही मि. लाल की स्मृति में तेज अंधड़ चलने लगे थे।

पिंकी सो गई थी, लेकिन मि. लाल तमाम कोशिशों के बाद भी सो नहीं पा रहे थे। पिंकी के सवाल उन्हें लगातार बेचैन कर रहे थे। कमरे का अँधेरा उनके मन में समा गया था। मटमैले तकिए की गंध उनकी साँसों में भर गई थी। वह जितना सोने की कोशिश करते, पिंकी के सवाल उन्हें उतना ही ज्यादा विचलित करने लगते। उन्होंने आँखें बंद कर ली थीं, लेकिन खयालों में पिंकी के शब्दों की प्रतिध्वनि गूँज रही थी। ''आपने यह ठीक नहीं किया, डैड...आपको ऐसा नहीं करना चाहिए था...जब ये सब मेरे नाना, मामा हैं, तो ममा यहाँ क्यों नहीं आई।''

रात जैसे-जैसे बढ़ रही थी, मि. लाल अँधेरे के बीच अपने वजूद को तलाश करने की कोशिश करने लगे थे, लेकिन रात अन्य दिनों की अपेक्षा लंबी हो गई थी।

उन्होंने करवट बदली और सुबह होने की प्रतीक्षा करने लगे, लेकिन स्मृति में उठने वाले अंधड़ थमने का नाम ही नहीं ले रहे थे। उन्हें लगा, जैसे वह अपनी पहचान भूल चुके हैं, जिसे ढूँढ़ने की तमाम कोशिशें अंधड़ के बीच खो गई हैं।

# जिनावर

धूप तेज थी। जगेसर ने गर्दन सीधी करके ऊपर आसमान की ओर देखा। सूरज एकदम सिर के ऊपर चमक रहा था। राजबाहे का किनारा छोड़कर वह नीचे ढलान पर उतर पड़ा था। रास्ता कच्चा और रेतीला था। वह लंबे-लंबे डग भरकर चल रहा था। अचानक उसने पीछे मुड़कर देखा। बिरजू की बहू काफी पीछे रह गई थी। उसने आवाज दी, "बहू जी, इस तरियो तो देर हो जागी। इबी तो पंदरा कोस और जाणा है।" आवाज देने के बावजूद बहू की चाल में कोई फर्क नहीं पड़ा था। लगता था जैसे वह चल नहीं, घिसट रही है।

जगेसर रास्ते के एक किनारे बैठकर उसका इंतजार करने लगा। एक हाथ में मजबूत लंबी लाठी पकड़े हुए था। दूसरे हाथ से कंधे पर रखी कपड़ों की पोटली थामे हुए था। पोटली में बहू के कपड़े-लत्ते थे। एक-आध कोई चीज-बस्त भी हो सकती है। यह जगेसर का वहम था। अक्सर ऐसा होता है। गाँव से बाहर आते ही बहू-बेटियाँ गहने उतारकर पोटली में ठूँस देती हैं या घर से ही उतारकर कपड़ों में बाँध देती हैं। जगेसर कभी जानने की कोशिश नहीं करता, पोटली में क्या है, क्या नहीं है। बस उसका काम है बहू-बेटियों को सही-सलामत उनके मायके या ससुराल से लाना और छोड़ना। बहू-बेटियों के सामान पर या उनकी ओर नजर उठाकर देखना उसकी आदत नहीं है।

पौ फटने से पहले ही चौधरी ने जगेसर को जगाकर कपड़ों की पोटली उसके सामने ला पटकी थी। हमेशा की तरह हुकुम दिया था, "बिरजू की बहू को मायके छोड़ने जाना है। कपड़े-लत्ते हैं इस पोटली में...साँझ से पहले लौट अइयो।" जगेसर को हैरानी हुई थी। पंदरा कोस जाणा, पंदरा आणा...वह भी साँझ से पहले।

जगेसर की आदत नहीं है ज्यादा पूछताछ करने की। चौधरी का हुकुम है, तो जाना ही है। उसने पोटली उठाई और हवेली के दरवाजे पर जाकर खड़ा हो गया था।

मुँह-अँधेरे ही वे निकल पड़े थे। हवेली से बिरजू की बहू अकेले ही बाहर आई थी। बाहर तक छोड़ने कोई नहीं आया था। बिरजू घेर में मवेशियों को सानी करने चला गया था। हवेली से बाहर निकलते हुए बहू रो रही थी।

वह आगे-आगे चल पड़ा था। बहू काफी फासले से उसके पीछे-पीछे आ रही थी। जगेसर के मन में रह-रहकर सवाल उठ रहा था—ऐसा तो कभी नहीं हुआ कि कोई बहू-बेटी ससुराल या मायके जाए और उसे छोड़ने बाहर तक भी कोई न आए। जबकि

हवेली में सास है, आस-पड़ोस की औरतें हैं, फिर भी बहू अकेले ही निकल पड़ी है।

लंबे-लंबे डग भरकर चलना जगेसर की आदत है। कद-काठी से लंबा है। बहू काफी धीरे-धीरे चल रही थी। रास्ते में कई लोग मिले भी, लेकिन किसी ने कुछ खास ध्यान नहीं दिया था। गाँव से बाहर निकलते ही वे राजबाहे के किनारे-किनारे चलने लगे थे। राजबाहे से लगे हुए चौधरी के खेत थे। चारों तरफ हरियाली-ही-हरियाली थी।

उसे अचानक सरोज का खयाल आ गया था, जिसे छोटे से बड़े होते देखा था जगेसर ने। शादी के बाद ससुराल से सरोज को लाने जगेसर को ही भेजा गया था।

गाँव से बाहर तक सरोज के साथ उसकी ननदें, जेठानी, सास और भी कई स्त्रियाँ आई थीं। उनके लौटते ही सरोज ने भारी-भरकम कपड़ों पर ओढ़ा हुआ दुशाला उतारकर जगेसर के हाथ में थमा दिया था, "ये ले इसे भी कपड़ों की पोटली में बाँध ले...इतने कपड़े पहन-ओढ़ के मेरे से ना चला जात्ता...और तू बी धीरे-धीरे चल, क्या बैल की तरियो आग्गे-आग्गे चल रा।" उसकी बात पर जगेसर को हँसी आ गई थी। उसने उसी रौ में कहा, "चौधराइन जी कहो तो तम्हें काँधे पे बिठा के चलूँ।" सरोज उसे मारने दौड़ी थी।

"अच्छा, ईब तू मुझे काँधे पे बिठावेगा...ठहर जा मैं तेरा काँधा ही तोड़ दूँगी।" सरोज का बचपन लौट आया था। वह जगेसर के पीछे दौड़ी थी। ऊबड़-खाबड़ रास्ते पर जगेसर ने अपनी चाल तेज कर दी थी। सरोज आठ-दस कदम दौड़कर ही थक गई थी। उसे देखकर जगेसर भी खड़ा हो गया था।

"ईब तम बच्ची ना हो...भाग्या ना करो..." जगेसर ने उसे समझाने की कोशिश की, "धीरे-धीरे चलो छह कोस ही तो है। टेम से पहुँच जाँगे।"

वे दोनों धीरे-धीरे चलने लगे थे। लेकिन सरोज कोस भर चलकर ही थक गई थी। उसे देखकर जगेसर भी बैठ गया था। सरोज के चेहरे पर पसीने और थक़ावट के चिह्न देखकर उसे अच्छा नहीं लगा था। उसने एक लंबी साँस खींची। शादी से पहले यही सरोज कैसे हिरनी की तरियो कुलाँचे भरकर दौड़ती थी।

जगेसर ने सरोज का खयाल अपने मन से झटक दिया। बिरजू की बहू धीरे-धीरे चलकर उसके निकट पहुँच गई थी। उसने सिर का पल्लू पीछे खींच लिया था। मुँह उघड़ा हुआ था। जगेसर पहली बार बहू को उघड़े मुँह देख रहा था। उसके मुँह से शब्द नहीं फूटे लेकिन मन में जरूर गूँजे, "वाह ! इतनी सुंदर..." वह टकटकी लगाए उसे देखने लगा था। ज्यादा रोने से बहू की आँखें सूज गई थीं। चेहरा उदास था। फिर भी सुंदरता छिप नहीं पाई थी। भरे-पूरे गोल चेहरे पर बड़ी-बड़ी काली, गहरी आँखें देख जगेसर ठगा-सा रह गया था।

शब्द जैसे गले में फँस गए थे, "बहू जी..." बिरजू की बहू चुपचाप खड़ी थी उसके समीप। दोनों के बीच जैसे खामोशी की झील पसरी हुई थी। जगेसर इस खामोशी से डर गया था। वह बिना कुछ कहे चल पड़ा था। आदतन उसकी गति बढ़ गई थी। लेकिन थोड़ी दूर जाने पर उसने पीछे मुड़कर देखा। बहू धीरे-धीरे चली आ रही थी।

उनके बीच फिर से फासला बढ़ गया था।

बहू के उदास चेहरे ने जगेसर के मन में कई शंकाएँ पैदा कर दी थीं। वह नहीं जानता था, बहू जी को अचानक मायके क्यों भेजा जा रहा है, जबकि शादी को भी ज्यादा दिन नहीं हुए हैं। वह जितना सोचने की कोशिश करता उतना ही उलझ रहा था। कोई भी सूत्र उसकी पकड़ में नहीं आ पा रहा था।

रात-दिन चौधरी के ही कामों में लगे रहने के बाद भी वह हवेली के क्रिया-कलापों से अनजान था। उसके लिए चौधरी की वफादारी और हुकुम बजाने की तत्परता ही सब कुछ थी। चौधरी की रौब-दाब से सामने किसी की हिम्मत नहीं थी, जो आवाज उठा सके।

कहने को तो जगेसर चौधरी का नौकर था। दो वक्त की रोटी, साल में एक-दो बार कपड़े कभी-कभी तो उतरन से ही काम चल जाता था। जगेसर की आदत थी, जो मिला खा लिया, जो दिया पहन लिया। जरूरतें भी सीमित थीं। छोटा-सा था जब बापू ने चौधरी के हवाले कर दिया था। दिन-रात हवेली में ही रहता था। चौधरी की सिर चढ़ी बेटी उसकी हमउम्र थी। बचपन से ही उसे जग्गू कहकर बुलाती थी, जगेसर तो जबान पर चढ़ता ही नहीं था।

जब बापू मरे, जगेसर दस बरस का था। एक साल बाद माँ भी चल बसी थी। उसके बाद तो वह चौधरी का ही होकर रह गया था। उसे तो कभी पता भी नहीं चला कि बापू ने ऐसा क्या कर्ज लिया था जो उम्र भर की गुलामी उसके हिस्से में आई थी। अब तो वह चौधरी से अलग कुछ भी सोच नहीं पाता है। चौधरी को छोड़कर वह जाए भी तो कहाँ जाए।

एक उम्र ऐसी आ गई थी, जब चौधरी ने उसे हवेली से बाहर के कामों में लगा दिया था। खेत-खलिहान से लेकर दुनिया-जहान के काम। कभी सरोज को लेने उसकी ससुराल जाओ, कभी छोड़ने। आज बहू जी को छोड़ने की जिम्मेदारी दे दी।

कपड़ों की पोटली जमीन पर रखकर वह बहू जी का इंतजार करने लगा। पास के खेत में कुछ सरसराहट-सी हुई। उसने मिट्टी का ढेला उठाकर खेत में फेंका। एक खरगोश तेजी से उछलते हुए भागा। खरगोश को देखते ही उसके चेहरे पर खुशी की लहर दौड़ गई। क्षण-भर को लगा जैसे मन में उठ रही सारी शंकाएँ छू-मंतर हो गई थीं। अचानक उसके मुँह से निकल पड़ा, ''बहू जी, देखो, खरगोश...'' बहू अपनी धीमी चाल से चलते हुए, उसके पास आकर बैठ गई थी। तब तक खरगोश आँखों से ओझल हो चुका था। थकान और प्यास से बहू के होंठों पर पपड़ी जमने लगी थी। तेज धूप के कारण चेहरा लाल हो गया था।

बहू की हालत देखकर जगेसर कुछ बेचैन-सा हो उठा था। उसने निगाहें झुकाकर कहा, ''बहू जी, थारा जी तो ठीक है ना ?''

बहू शून्य में नजरे गड़ाए एकटक देख रही थी। उसे इस तरह चुप देखकर जगेसर और अधिक बेचैनी महसूस करने लगा। उसकी समझ में नहीं आ रहा था कि क्या

कहे...क्या पूछे।

कुछ देर खामोश रहने के बाद उसने फिर हिम्मत की और पूछ ही लिया, ''बहू जी, मैं ठहरा नौकर, कोई भूल हो जावे तो माफ कर दियो...आपकू इस हाल में देख के कुछ ठीक-सा ना लगे। कुछ परेशान्नी है तो मैन्ने बता दो। थारे मायके पहुँचाने का जिम्मा मेरा है। मैन्ने तो सोच्चा था दुपहर ते पहले पहुँच जाँगे। ईब तो दिक्खे, साँझ हो जागी। रोट्टी-पाणी का टेम बी लिकड़ जा गा। आप थोड़ी-सी हिम्मत करो तो जल्दी पहुँच सकें।''

बहू अभी भी शून्य में ताक रही थी, जैसे किसी गहरी सोच में डूबी हो। जगेसर की बातें उसे सुनाई ही नहीं पड़ रही थीं।

कुछ देर दोनों चुपचाप अपने आप में खोए बैठे रहे। लेकिन जगेसर ज्यादा देर इस माहौल को अपने दिलो-दिमाग पर वहन नहीं कर पा रहा था। उसे लग रहा था जैसे मजबूत, सख्त हथेलियों में कुछ पिघल रहा है। उसने लंबी साँस खींची और उठकर चल दिया। बहू अभी तक उसी मुद्रा में बैठी थी।

जगेसर ने कहा, ''चलो बहू जी, धूप तेज है। आग्गे थोड़ी दूर पे एक बगीचा है। वहाँ कुआँ बी है। पाणी मिल जागा।''

कुछ कदम चलकर, उसने पीछे मुड़कर देखा। बहू यथावत बैठी थी। अपने भीतर खदबदाते कोलाहल को दबाकर उसने आवाज दी, ''बहू जी, आ जाओ...'' उसके स्वर में हताशा भर गई थी।

बिरजू की बहू अनमने ढंग से उठी। धीमे-धीमे चलने लगी। उसे आते देखकर जगेसर भी चल पड़ा था। इस बार उसने अपनी चाल धीमी कर ली थी। उसके मन में सवालों के बवंडर उठने लगे थे। आखिर बात क्या है ? बहू जी इतनी खामोश क्यूँ है। नहीं...पूछना नहीं चाहिए।

कई बार वह बहू-बेटियों के साथ मायके, ससुराल गया था। लेकिन ऐसा कभी नहीं हुआ। गाँव से बाहर निकलते ही बहू-बेटियों का संकोच छूट जाता था। वे हँसने-बोलने लगती थीं। सरोज तो रास्ते भर कुछ-न-कुछ बड़बड़ाती ही रहती है। कभी कहेगी, ''जग्गू चला नी जात्ता...अरे, बैल अपने कंधे पे एक बैलगाड्डी ही धर लात्ता...तुझे पता नहीं सरोज चौधराइन को मायके आणा है...मरकट कहीं का।''

एक बार तो उसने हद ही कर दी थी। अपनी ननद, जेठानी, देवरानी और सास के एक से एक किस्से सुना-सुनाकर खुद भी हँसती थी और उसे भी हँसा रही थी। उस वक्त लगता ही नहीं था कि सरोज चौधरी की बेटी है। कितना अच्छा लगता था सरोज का साथ। जैसे चारों तरफ खेतों में हँसी के बंबू फट गए हों। खेतों में फसलों पर हँसी की बालियाँ लहलहाने लगी हों।

सरोज ने अपने सैंडिल निकालकर जगेसर के हाथ में थमा दिए थे। ''ले जग्गू तू पहन ले इन्हें...मैं तो चल भी नहीं पा री...'' जगेसर ने सैंडिल अपने हाथों में उठा लिये थे। लेकिन सरोज दस कदम भी नहीं चल पाई थी कि चीख पड़ी थी। चीखी इतने जोर

से थी कि जगेसर भी डर गया था। उसकी एड़ी में काँटा चुभ गया था। जगेसर ने काँटा निकालकर जबर्दस्ती सैंडिल पहना दिए थे। कैसी-कैसी जिद करती थी रास्ते भर। छह कोस का रास्ता पलक झपकते ही कट जाता था। सरोज है ही ऐसी। किसी से भी घुल-मिल जाती है, छोटे-बड़े का भेद भूलकर।

बहू जी के साथ तो यह रास्ता काटे नहीं कट रहा है। उसने पीछे मुड़कर फिर देखा। बहू जी, उसी धीमी गति से चल रही थी। वह रुककर इंतजार करने लगा। नजदीक आ जाने पर वह बोला, ''इस झुरमुट से आग्गे ही बगीचा है। वहीं थोड़ी देर आप इराम कर लियो। कुएँ का पाणी बी बहुत मीट्ठा है।'' जगेसर ने सोचा था बहू जी कुछ तो कहेंगी ही। लेकिन वह बिना कुछ कहे आगे बढ़ गई थी। जगेसर ठगा-सा खड़ा रह गया था।

बहू आगे-आगे चल रही थी और जगेसर पीछे-पीछे। बहू का एक-एक कदम मन-मन भर का था। जैसे मुश्किल से कदम उठा पा रही है। कोई धकेल-धकेलकर चलने के लिए बाध्य कर रहा है। जगेसर की हैरानी लगातार बढ़ रही थी। उसे लग रहा था कोई बात जरूर है। चेहरा कैसा कठोर, भावहीन बना रखा है।

बगीचे में पहुँचकर उन्होंने धूप से राहत महसूस की थी। आसपास कोई नहीं था। कुएँ के पास ही पेड़ पर डोल और रस्सी टँगे थे। पेड़ से डोल-रस्सी उतारते हुए जगेसर ने कहा, ''बहू जी, आप बैठ जाओ...थोड़ा सुस्ता लो। मैं कुएँ से पाणी ले के आ रा हूँ।''

कुएँ के निकट ही एक पेड़ से पीठ टिकाकर बहू बैठ गई थी। जगेसर ने डोल से बँधी रस्सी की गाँठ कसी। सावधानी के साथ डोल कुएँ में डाल दिया। छपाक की आवाज से डोल पानी से टकराया। रस्सी की सहायता से डोल को पानी में गोल-गोल घुमाया। सधे हाथों से पानी से भरा डोल ऊपर खींचा।

पानी से भरा डोल बहू के पास ले जाकर रख दिया। ''बहू जी, पाणी ले लो...'' बहू ने धीरे से गर्दन ऊपर उठाई। हथेलियों को ओक की शक्ल में बनाकर होंठों से लगाया। जगेसर ने डोल से धीरे-धीरे पानी हथेलियों की ओक में डाला। बहू जी गटगट करके पानी पीने लगी। हथेलियों से रिसकर पानी बहू जी के कपड़ों पर गिर रहा था। कपड़ों के भीगने की परवाह किए बगैर, बहू पानी इस तरह पी रही थी जैसे जन्म भर की प्यास हो।

बहू को पानी पिलाकर जगेसर ने एक डोल पानी कुएँ से और निकाला। हाथ-मुँह धोए और खुद भी पानी पिया।

बहू फिर से पेड़ से टिककर बैठ गई थी। उसने आँखें बंद कर ली थीं। पेड़ों की पत्तियों से छनकर धूप बहू के ऊपर आ रही थी। जगेसर ने कंधे पर रखी चादर जमीन पर फैलाकर बहू जी से कहा, ''आप यहाँ लेट जाओ। इराम कर लो। जी सँभल जागा।''

बहू निरपेक्ष भाव से उसी तरह आँखें बंद किए बैठी रही, जैसे जगेसर के शब्द

उसने सुने ही नहीं। जगेसर बुत की तरह खड़ा इंतजार करने लगा। उसे उम्मीद थी बहू जी लेट जाएँगी। लेकिन जब काफी देर तक भी बहू वैसे ही बैठी रही तो वह अन्यमनस्क हो उठा, "बहू जी, कुछ तो बोल्लो...म्हारे ते कोई गलती हो गई है..." उसका गला भर्रा उठा था।

बहू ने जगेसर के स्वर की आद्रता को महसूस किया और आँखें खोल दीं। एक पल को लगा जैसे आँखों में कई-कई कुओं का जल भरा हुआ है। जगेसर उन आँखों की ताव नहीं सह पाया था। घबराकर नजरें घुमा ली थी।

"क्या बोल्लूँ...कुछ है बोलने कू..." आखिर बहू ने खामोशी तोड़ी। जगेसर को लगा जैसे अचानक घंटियाँ खनखना उठी हैं। वह हक्का-बक्का-सा बहू की ओर देखने लगा।

"मैं अपनी मरजी से मायके नहीं जा रही हूँ...मुझे जबर्दस्ती घर से निकाल दिया है। हमेशा-हमेशा के लिए..." बहू की आवाज जैसे किसी गहरी गुफा से छनकर आ रही थी। उसकी आँखों के गहरे कुएँ छलछला उठे थे। गले में जैसे कुछ फँस गया था।

जगेसर के भीतर एक हूक-सी उठी, "घर से काढ़ दिया..." बहू की रुलाई बाँध तोड़कर फूट पड़ी थी। पिछले कई महीनों से अपने दुख-दर्द को उसने अकेले ही जिया था। कहती भी किससे। बिरजू कोई भी बात सुनने को तैयार नहीं था। "मेरे बाप के खिलाफ एक भी लफज बोल्ली तो हाड़-गोड़ तोड़ के धर दूँगा। जिंदगी भर लूली-लँगड़ी बणके खाट पे पड़ी रहेगी...औरत है तो औरत बणके रहे।"

सास ने भी साफ कह दिया था, वह कुछ नहीं कर सकती। "इस घर का तो रिवाज ही है। औरत सिर्फ इस्तेमाल की चीज है। इस घर में रिश्तों की मर्यादा का कोई मतलब ना है बहू। जिंदगी सुख-चैन से काटनी है तो समझौता कर ले..." सास ऐसी जिंदगी से समझौता करने की सलाह दे रही थी जिसमें हर रोज मरना पड़े, "एक-एक पल मैंने नरक की तरह गुजारा है," बहू बिलख पड़ी थी।

जगेसर की हमदर्दी पाकर बहू खुद को सँभाल नहीं पाई थी। जगेसर भी विचलित हो उठा था। मरने-मारने वाला जगेसर बर्फ की तरह पिघलने लगा था, "शांत हो जाओ बहू जी..." उसने सांत्वना देने की कोशिश की। उसके मन में कई तरह के सवाल एक साथ उठ खड़े हुए थे, "चौधरी जी ने तम्हें घर से काढ़ दिया...क्यूँ..." जगेसर ने हिम्मत जुटाकर पूछा। उसकी समझ में नहीं आ रहा था।

"क्यूँ...!" बहू के चेहरे और आँखों में गहरी नफरत भर गई थी। भीतर की कड़वाहट जैसे बाहर आने के लिए तड़प उठी थी।

"चौधरी...मेरा ससुर...ससुर नहीं खसम बणना चाहवे था मेरा...मैंने विरोध करा तो मुझे मारा-पीटा गया। तरह-तरह के जुल्म किए...फिर भी मैन्ने हार नी मानी तो निकाल बाहर किया। तुझे हुकुम दिया...जा छोड़ आ इसे..." बहू के भीतर जमा लावा मौका पाते ही फूट पड़ा था।

जगेसर दोहरी उलझन में था। उसे विश्वास नहीं हो रहा था। उसने प्रतिरोध किया,

"ना बहू जी...चौधरी तो राजा आदमी हैं...गाँव देहात में उनकी इज्जत है। वो ऐसा ना कर सकते..."

"यही तो मुश्किल है...आँखों पे पट्टी बाँध रखी है सबने। इसीलिए तेरे जैसे उसकी उँगलियों पे नाचते हैं..." बहू मुखर होने लगी थी। उसके चेहरे पर नफरत की स्याह परछाईं दिखाई पड़ रही थी। आँखों में क्रोध के लाल डोरे स्पष्ट दिखाई पड़ रहे थे।

कुछ क्षण की चुप्पी के बाद बोली, "सतवीर की किसनी...चौधरी के खेत से गायब हो गई थी। बहुत ढूँढ़ने पर भी ना मिली। तीन महीने बाद लाश मिली थी। वह भी जोहड़ में। जब बस्ती में खुसर-फुसर हुई तो लोग इकट्ठे होने लगे थे। तब तूने और रामजीवण ने चौधरी के भड़काने पर लाठियों से पीट-पीट के लहूलुहान कर दिया था...वह तुम ही थे..." बहू का एक-एक शब्द तीर की तरह जगेसर के सीने में उतर गया था। वह फटी-फटी आँखों से बहू को देख रहा था।" किसनी तीन महीने हवेली के अंदर बंद थी। चौधरी के कब्जे में। उस मासूम-सी लड़की को बरबाद किया इसी चौधरी ने। पता नहीं और कितने दिन हवेली में रहती...अचानक सरोज के मायके आ जाने से गड़बड़ हो गई थी। जैसे ही सरोज आई, रातोरात किसनी को हवेली से हटा दिया गया। कहीं भेद ना खुल जावे...मार के जोहड़ में फेंक दिया..." बहू नागिन की तरह फुफकार रही थी। सामने बैठा जगेसर अधमरा-सा हो गया था, जैसे किसी ने जिस्म से समूचा रक्त खींच लिया हो। उसके मन में सवाल उभरा—किसनी कू चौधरी ने मारा...?

"जाओ...तुम यहाँ से चले जाओ..." बहू ने नफरत से कहा।

जगेसर असमंजस में था। उसे सूझ ही नहीं रहा था कुछ। 'जो कुछ बहू जी ने कहा यदि वह सच है तो...नहीं' उसके अंतस में चीत्कार उठने लगी। जिंदगी का एक भयानक पन्ना उसके सामने फड़फड़ा रहा था। उसका सोच लौट-लौटकर बहू जी के इर्द-गिर्द मँडराने लगा।

उसने ढेर-सा थूक निगला और साहस बटोरकर बोला, "बहू जी, मैं ठहरा अनपढ़, गँवार...मालिक ने जो कह दिया, मान लिया। कभी सोच्चा भी नहीं...बचपन से यही सुणा था...बड़े लोग्गों की बड़ी बात..." उसने गहरी साँस खींची और चुप हो गया। कुछ देर जमीन में नजरें गड़ाए बैठा रहा...अचानक जैसे किसी फैसले पर पहुँच गया, "ठीक है बहू जी...आप उठो...आपको मायके छोड़ के वापस आणा है...लौट के सारी बात साफ करूँगा..." वह उठकर खड़ा हो गया था। बहू अभी तक सुबक रही थी।

"आप बिस्वास करो। आप चलो..." जगेसर ने मिन्नतें कीं।

"कहाँ छोड़ के आणे की बात कर रहा है...मायके...मायका जो होता तो आज मेरी ये दुर्गति होती...मायका अंधा कुआँ है मेरे लिए...जिसमें मैं जाना नहीं चाहती...मायके के दरवज्जे तो पहले ही मेरे लिए बंद हो चुके हैं," बहू ने गहन पीड़ा से कहा।

"हिम्मत रक्खो बहू जी...मायके के दरवज्जे कभी भी किसी लड़की के लिए बंद ना

होंवे...थारी माँ है...मामा है...'' मामा का जिक्र आते ही बहू बिफर पड़ी, ''मामा का नाम मत लो...'' उसका चेहरा गुस्से में तमतमा उठा था। जैसे जगेसर ने किसी दुखती रग को छू दिया हो।

कुछ देर दोनों चुप्पी साधे रहे। बहू की आवाज ने खामोशी को तोड़कर सरसराहट पैदा की, जैसे दूर से हलकी-हलकी हवा की मानिंद, नींद में सोए पत्तों को जगाकर वृक्षों की टहनियाँ हिली हों।

''मेरा बाप कब मरा मैं नहीं जानती। मामा के घर में ही होश सँभाला...मामी को गुजरे भी कई बरस हो गए थे। घर में सिर्फ तीन जन थे। मैं, माँ और मामा। दस साल की भी नहीं थी कि मामा ने इस अबोध शरीर को बरबाद कर दिया था। बहुत रोई-चिल्लाई थी...लेकिन कोई सुनने वाला नहीं था...माँ ने भी मुझे ही समझाने की कोशिश की थी। बेबसी ने माँ को डरपोक बना दिया था। मामा का आसरा छिन जाने का डर था। माँ जरूर चुप थी लेकिन मैं चुप ना थी। मैंने मामा को कभी माफ नहीं किया। मौका मिलते ही जलील कर देती थी। जब भी मेरे करीब आने की कोशिश करता...मैं चीखने-चिल्लाने लगती थी...'' बहू अपनी ही रौ में सीने में दबी राख कुरेद रही थी।

''कहने को तो बिरजू से मेरा ब्याह हुआ था...हकीकत यह थी कि मामा ने चौधरी से पाँच हजार रुपए लिये थे। चौधरी जब अपनी करतूतों में सफल नहीं हो सका तो मुझे निकाल बाहर किया...'' बहू की आवाज जैसे अँधेरों की अभेद्य दीवार तोड़कर बाहर आ रही थी।

जगेसर का सोच भी संशय की गहरी मटमैली चादर ओढ़ चुका था। उसे रह-रहकर खयाल आ रहा था कि अपनी बस्ती में ऐसा न कभी देखा था, न सुना था। उसका मन नफरत और गुस्से से भर उठा था। उसे लग रहा था जैसे उसके भीतर कुछ जल रहा है। उसे खुद पर भी गुस्सा आ रहा था। उसने एक ऐसे आदमी के लिए अपनी जिंदगी बर्बाद कर ली जो आदमी नहीं, जंगली जिनावर है। उसका सोच अतीत की घटनाओं को खँगालने लगा। न जाने कितनी बार उसने चौधरी के लिए अपनों पर लाठियाँ चलाई थीं। वह खुद भी तो जिनावर बन गया था...उसने लाठी को जमीन पर पटका।

उसे लाठी पटकते देखकर बहू भी सहम गई थी। लेकिन कहा कुछ नहीं। जगेसर उठकर खड़ा हो गया था, ''चलो बहू जी...मायके नहीं जाणा है तो वापस चलो...''

''वापस, कहाँ चलूँ...तुम लौट जाओ...मुझे मेरे हाल पर छोड़ दो...'' बहू ने आवाज में दृढ़ता लाने की कोशिश की।

''नहीं बहू जी, आपकू इस हाल में छोड़ के ना जा सकूँ...जंगल-बियाबान है...साँझ होते ही अँधेरा घिर आवेगा...आप जहाँ कहो वहाँ छोड़ दूँगा...कहो तो माँ के घर या...'' जगेसर ने अपनी भावना व्यक्त कर दी थी।

''माँ...माँ का घर तो बहुत पहले उजड़ गया था। यह सुनसान जंगल हवेलियों से ज्यादा सुरक्षित है। कम-से-कम भेड़िए आवेंगे तो रंग-रूप बदल के तो ना आवेंगे। जाके

कह देना छोड़ आए हो...'' बहू के समझाने की कोशिश की।

''ना...बहू जी...मैं लछमन ना हूँ जो सीता कू बियाबान जंगल में छोड़ के वापस चला जाऊँ...'' जगेसर ने दृढ़ आत्मविश्वास दिखाया। उसके आत्मविश्वास को देखकर बहू भी चौंकी। धूप का एक कतरा जगेसर के चेहरे पर चमक पैदा कर रहा था।

बहू उठकर खड़ी हो गई। उसी आत्मविश्वास से भरकर बोली, ''चलो।'' जगेसर ने चौंककर देखा। बहू जी के चेहरे पर हलकी-सी खुशी दिखाई पड़ रही थी। बगीचे से बाहर कच्चे रास्ते पर धूप में अभी भी उतनी ही तपिश थी।

# कुचक्र

रात के लगभग दो बजे थे। आर. बी. के क्वार्टर की घंटी बजी। वह गहरी नींद में था। घंटी लगातार बज रही थी। अलसाई आँखों से वह उठा। उसने बेमन से दरवाजा खोला। इंस्पेक्टर के साथ दो सिपाही खड़े देखकर वह चौंक गया। "आप मि. आर. बी. हैं ?" इंस्पेक्टर ने सवाल दागा।

"जी, कहिए...!"

"आपको थाने चलना है।"

"थाने ?...लेकिन क्यों ?"

"निशिकांत ने आपके खिलाफ रिपोर्ट दर्ज कराई है। तुमने उसके घर में घुसकर मारपीट की है। वह अस्पताल में पड़ा है।" इंस्पेक्टर ने एक-एक शब्द गोली की तरह दागा।

"लेकिन इंस्पेक्टर...मैंने...मैंने तो उसे बदमाशों से बचाया। मैं खुद उसे लेकर अस्पताल गया था। उसे मैंने नहीं गुंडों ने पीटा। उनमें से एक को मैं पहचानता हूँ।" आर.बी. ने सफाई दी। उसकी आवाज में आश्चर्यमिश्रित भय भरा हुआ था।

"मि. आर. बी. थाने चलिए। जो कहना है वहीं चलकर कहिए।" इंस्पेक्टर ने आँखें तरेरकर कठोरता से कहा।

थाने पहुँचते ही इंस्पेक्टर ने सख्ती से पूछताछ शुरू कर दी। आर.बी. ने बार-बार एक ही बात दोहराई, "मैंने निशिकांत से लड़ाई-झगड़ा नहीं किया। मैं उसे बचाने गया था। मैं सच कह रहा हूँ इंस्पेक्टर साहब।"

"सीधे-सीधे रास्ते पर आ जाओ। मि. आर. बी.। हमें सख्ती करने को मजबूर मत करो।" इंस्पेक्टर का लहजा सख्त हो गया था।

आर.बी. की समझ में नहीं आ रहा था। ऐसा क्यों हो रहा है। वह हैरान था। उसे लगा जैसे वह किसी कुचक्र में फँस गया है।

निशिकांत ने अस्पताल में डॉक्टर और वी.के. की उपस्थिति में बयान दिया था, "आर. बी. ने उसके घर में घुसकर उससे मारपीट की। उसकी जान लेने की कोशिश की।"

इंस्पेक्टर सिगरेट पर सिगरेट फूँक रहा था और लगातार आर. बी. को डराने-धमकाने की कोशिश कर रहा था। आर. बी. को आखिरी चेतावनी देते हुए इंस्पेक्टर बोला, "मि. आर. बी. सच क्या है...साफ-साफ कह दो...वरना सच्चाई उगलवाने में देर नहीं लगेगी।"

"इंस्पेक्टर साहब मैं सच कह रहा हूँ। मेरा कोई झगड़ा निशिकांत से नहीं है। पंप अटेंडेंट अजय सिंह और उसके साथी निशिकांत को पीट रहे थे। मैंने हो-हल्ला सुना तो उसे छुड़ाने चला गया। मेरे पहुँचते ही वे लोग भाग गए। मैंने ही निशिकांत को अस्पताल पहुँचाया था। उसके सिर में चोट लगी थी। खून बह रहा था। आप मेरा विश्वास कीजिए इंस्पेक्टर साहब...मैं सच कह रहा हूँ..." आर. बी. ने गिड़गिड़ाकर कहा। वह हताश होने लगा था।

इंस्पेक्टर ने आर. बी. के बालों को पकड़कर झटका दिया। आर. बी. दर्द से छटपटा गया। इंस्पेक्टर ने उसे धक्का देकर सामने की अँधेरी कोठरी में बंद करके बाहर से ताला लगा दिया।

"यहाँ आराम करो...कल देखेंगे...तुम साले पढ़े-लिखे लोग शराफत की भाषा नहीं जानते। पुलिस के डंडे जब चूतड़ों पर पड़ेंगे सारी सच्चाई सामने आ जाएगी।" इंस्पेक्टर ने चीखते हुए कहा। चाबी मुंशी जी के हवाले करके मोटरसाइकिल स्टार्ट की और तेजी से निकल गया।

उसके जाते ही थाने में सन्नाटा छा गया था। आर. बी. अँधेरी कोठरी में दीवार से सटा बाहर सड़क पर बिखरी रोशनी को देख रहा था। उसे लगा जैसे रोशनी उसका मुँह चिढ़ा रही है।

उसकी चेतना अँधेरे की गहरी खाई में डूबने लगी। उसकी समझ में नहीं आ रहा था, आखिर निशिकांत ने उसे क्यों फँसाया।

उसकी सोच किनारा ढूँढ़ने के लिए छटपटा रही थी। जितना सोचता, उतना ही उलझते जा रहा था। अचानक उसकी चेतना में बिजली की तरह कुछ कौंधा। पिछले दिनों घटित घटनाक्रम उसके जेहन में एक-एक कर आने लगे।

आर. बी. और निशिकांत एक ही सेक्शन में कार्यरत थे। सब कुछ ठीक-ठाक चल रहा था, लेकिन जिस रोज यह खबर फैली के हेडक्वार्टर से आने वाली प्रोमोशन सूची में आर. बी. का नाम भी है, दफ्तर में मातम-सा छा गया था। जैसे सबका हक छीनकर आर. बी. को दिया जा रहा हो। आर. बी. के समकक्ष या उससे वरिष्ठ पदों पर कार्यरत कर्मचारी ही नहीं, आर. बी. से कनिष्ठ कर्मचारी भी कुछ कटने से लगे थे।

ऐसा भी नहीं था कि इससे पहले किसी का प्रोमोशन नहीं हुआ था या पूरे संस्थान से सिर्फ आर. बी. का ही नाम सूची में था। और भी कई लोगों का नाम था। फिर भी आर. बी. को लेकर हर कोई अपनी प्रतिक्रिया कटुता से व्यक्त कर रहा था।

आरक्षण से होने वाले प्रोमोशन गैर अनुसूचित जाति के कर्मचारियों को अन्यायपूर्ण लगते थे। आर. बी. कुछ अलग-थलग-सा पड़ गया था।

शुरू-शुरू में आर. बी. की समझ में इस बदलाव का कारण नहीं आ रहा था। लेकिन एक दिन ऐसा कुछ घट गया कि सब कुछ साफ-साफ समझ में आने लगा।

आर. बी. की गैर मौजूदगी में निशिकांत सेक्शन प्रभारी शर्मा से शिकायती लहजे में कह रहा था, "शर्मा जी, आपने यह काम मुझे क्यों दे दिया...आर. बी. को दीजिए

...अब तो उसकी प्रोमोशन आने वाली है।"

"अभी तो सिर्फ अफवाह है...पता नहीं हेडक्वार्टर में लिस्ट बनी भी है या नहीं ...तुम लोगों ने उस पुड़ियाबाज कुंडु की बात पर यकीन कर लिया...यह तो उसकी आदत है, जब भी हेडक्वार्टर जाता है, कोई-न-कोई शगूफा लाकर छोड़ देता है।" शर्मा जी ने सामान्य ढंग से कुर्सी पर करवट बदलते हुए कहा। शर्मा जी पुराने मरीज थे। ज्यादा देर कुर्सी पर एक करवट बैठ नहीं पाते थे।

"कुछ भी हो शर्मा जी, इससे बुरा वक्त अब और क्या आएगा कि आर. बी. के नीचे काम करना पड़ेगा। मैंने तो तय कर लिया है, उसके प्रोमोशन ऑर्डर आने से पहले ही मैं इस सेक्शन से अपना तबादला करवा लूँगा...बस बहुत हो गया अब...!" निशिकांत ने खीझकर कहा।

"आपको छोड़ेगा कौन ? इस सेक्शन की रीढ़ हैं आप।" शर्मा जी ने निशिकांत को उकसाया।

"रीढ़-वीढ़ कुछ नहीं शर्मा जी...मर-मरकर काम करें हम और प्रोमोशन मिले इन भंगी-चमारों को...बस शर्मा जी अब तो सेंटर में बदलाव आना ही चाहिए...नहीं तो ये लोग देश को तबाह कर देंगे...ये जाहिल और मूर्ख लोग सरकारी पदों पर बैठकर देश को कहीं का नहीं छोड़ेंगे। एक बार नौकरी में जब आरक्षण मिल गया तो फिर प्रोमोशन में आरक्षण देने का तुक क्या है ? क्या इससे जातिवाद को बढ़ावा नहीं मिला ? लोगों में कितनी कुंठा है। द्वेष भावना बढ़ गई है। अंग्रेज ऐसा बीज बो गए हैं कि बस अब पता नहीं कब तक भुगतना पड़ेगा..."

आर. बी. कब पीछे आकर खड़ा हो गया वे दोनों नहीं देख पाए। जब निगाह पड़ी तो दोनों भौंचक्के रह गए। आर. बी. ने सारा वार्तालाप सुन लिया था। लेकिन खामोश रहा। न कोई प्रतिक्रिया व्यक्त की और न प्रतिवाद ही किया। उसके मन में निशिकांत के प्रश्नों का उत्तर देने की ललक तो उठी थी लेकिन दफ्तर की मर्यादा का खयाल रखते हुए वह खामोश ही रहा।

चुपचाप अपनी कुर्सी पर बैठ गया। शर्मा जी भी फाइल में नजरें गड़ाकर बैठ गए थे। निशिकांत कमरे से बाहर निकल गया था। बाकी लोग भी चुप बैठे थे। सभी किसी तूफान की प्रतीक्षा में थे।

आर. बी. दफ्तर में अकेला पड़ गया था। ऐसा नहीं था कि दफ्तर में या संस्थान में और अनुसूचित जाति के लोग नहीं थे। काफी लोग थे। लेकिन इस मुद्दे पर बगले झाँकने लगते थे या इधर-उधर हो जाते थे। हर कोई एक अजीब-से खोल में सिमटा हुआ था। जैसे किसी अदृश्य भय ने उन्हें घेर रखा हो। वे खुलकर सामने आने में कतराते थे।

कई अवसरों पर आर. बी. ने यह महसूस किया था कि संस्थान में कार्यरत जितने भी एस. सी. थे चाहे कर्मचारी हों या अधिकारी, एस. सी. होने से मिलने वाली सुविधाएँ बटोरने में जितने जागरूक दिखाई देते थे, सामाजिक तौर पर उतने ही डरे हुए, हीन भावना से ग्रस्त थे। इसीलिए कभी भी अपने विरुद्ध होने वाले दुष्प्रचार का वे विरोध

नहीं कर पाते थे। आर. बी. के मन में भी कई तरह के सवाल उठते थे लेकिन दूसरे ही पल वे गुम हो जाते थे। यही कारण था कि वह अपनी लड़ाई में एकदम अकेला पड़ गया था। उसने संस्थान में कई लोगों से बात की। आपसी चर्चा में वे काफी उग्र दीख पड़ते थे। लेकिन थोड़ी देर बाद ही वे सब साबुन के झाग की तरह खो जाते थे।

सुबह आर. बी. जब अपने दफ्तर में घुसा ज्यादातर लोग अपनी-अपनी जगह आ चुके थे। कक्ष में घुसते ही आर. बी. ने 'गुडमॉर्निंग टु एवरी बडी' (सभी को नमस्ते) कहा। लेकिन कहीं से कोई प्रत्युतर नहीं मिला। उसे बेहद बुरा लगा। उसने घूमकर देखा सभी अपने-अपने काम में व्यस्त होने का नाटक कर रहे थे।

आर. बी. ने पूरे रोष में भरकर कहा, "अबे...(गाली)...के कोई तो नमस्ते का जवाब दे...या सामान्य शिष्टाचार भी नीलाम कर दिया है।"

गाली सुनते ही सब हड़बड़ा गए। सबसे ज्यादा नाराजगी दिखाई निशिकांत ने, "आर. बी. गाली-गलौच दफ्तर में शोभा नहीं देती..."

"हाँ, मि. निशिकांत मेरी गाली तुम्हें अशोभनीय लगती है...और जो गालियाँ कल तुम शर्मा जी के सामने खड़े होकर दे रहे थे...वे जायज थीं। सत्यम् शिवम् सुंदरम् थीं।" आर. बी. ने तल्ख आवाज में कहा।

"मैं...मैंने...क्या कहा ?...क्या गाली दी ? पूछ लो शर्मा जी से।" निशिकांत मिमियाया।

"मि. निशिकांत...कुछ पूछने की जरूरत नहीं है। मैं सिर्फ इतना कहना चाहता हूँ कि दफ्तर में गंदगी मत फैलाओ...यदि मेरा प्रोमोशन हो रहा है तो किसी से भीख या एहसान नहीं ले रहा हूँ...समझे ! दफ्तर के कार्यों में आपकी कितनी रुचि है, हर कोई जानता है। कोई कुछ नहीं बोलता है, तो इसका मतलब यह नहीं है कि कोई नहीं जानता।" आर. बी. ने सख्त लहजे में कहा।

"आर. बी. तुम हद से आगे बढ़ रहे हो...अंजाम बुरा होगा।" निशिकांत ने धमकी दी।

"मि. निशिकांत, हम तो अभी तक अंजाम ही देखते आ रहे हैं।" कहकर आर. बी. अपनी कुर्सी पर बैठ गया। ऑर्डरली से पानी लाने के लिए कहा। ऑर्डरली अनमने ढंग से उठा।

दफ्तर का समूचा माहौल ही गड़बड़ा गया था। एक अनजाना तनाव पसर गया था सबके बीच। आर. बी. से दुआ-सलाम तक बंद कर दी गई थी। इस बदलाव को आर. बी. समझ रहा था।

वी. के. सेक्सन के सबसे बड़े अफसर थे। निशिकांत उनका मुँह लगा था। प्रगाढ़ता के पार्श्व में वी. के. और निशिकांत का एक ही जाति और एक ही प्रांत के होना, महत्त्वपूर्ण कारण था। दफ्तर के बाद अक्सर निशिकांत वी. के. के बँगले पर दिखाई देता था।

दो-तीन महीने में निशिकांत को डेप्यूटेशन मिल जाती थी। दफ्तर के समय भी वह अक्सर बाहर ही रहता था। वी. के. का वरदहस्त होने से कोई कुछ कह नहीं पाता था।

एक दिन मौका देखकर, निशिकांत ने वी. के. के सामने आर. बी. की चर्चा छेड़ दी। नमक-मिर्च लगाकर काफी कुछ कह डाला। कामचोर, चुगलखोर, अयोग्य, कोई-न-कोई

समस्या खड़ी कर देनेवाला, अभद्र आदि एक ऐसे व्यक्ति के रूप में आर. बी. को प्रस्तुत किया कि वी. के. की भवें तन गईं। आर. बी. आरक्षित कोटे से है सुनकर वी. के. चौंका। उसके अपने जातीय पूर्वाग्रह थे। इस जानकारी ने आग में घी का काम किया।

वी. के. ने निशिकांत से कहा, ''ओए, पुत्तर, तू फिकर न कर। मैं देख लूँगा उस खोत्ते नू। दफ्तर की कुर्सी पर बैठकर उसकी जात थोड़े ही बदल जाएगी। हमारी दादी कहा करती थी—इन लोगों को मुँह मत लगाओ। मुँह लगाओगे तो काटने लगेंगे।''

वी. के. के आश्वासन से संतुष्ट होकर निशिकांत उठने लगा। ''मैं अब चलूँगा पापा जी ! काफी देर हो गई है। विमल इंतजार कर रही होगी।''

वी. के. ने उसे रुकने का इशारा किया, ''निशिकांत, तू ऐसा करियो...कल विमल को यहाँ भेज देना। मिसेज की थोड़ी मदद कर देगी।'' वी. के. ने कहा, ''भेज दूँगा पापा जी...कितने बजे भेजूँ ?'' निशिकांत ने अपनेपन से कहा। वी. के. ने भीतर के कमरे में बैठी अपनी पत्नी को आवाज देकर पूछा, ''डियर, किन्ने बजे आ जाए निशिकांत दी वोट्टी।''

''दो बजे तक आ जावे।'' उसने वहीं से उत्तर दिया।

''कोई गल्ल नी है पापाजी,...कल लंच टाइम में छोड़के मैं फिर दफ्तर चला जाऊँगा।'' निशिकांत ने आश्वस्त किया।

''ठीक है...तू फिकर ना कर...मैं देखूँगा उस आर. बी. को...'' वी. के. ने निशिकांत की पीठ थपथपाई।

निशिकांत ने वी. के. के पाँव छूकर विदा ली।

अगले ही सप्ताह आर. बी. का ट्रांसफर स्टोर सेक्शन में कर दिया गया। स्टोर में पहले ही काफी घालमेल चल रहा था। वी. के. ने काफी सोच-समझकर आर. बी. का तबादला किया था। निशिकांत की सूचनाएँ तो थी ही उससे पहले भी एक घटना हो चुकी थी। जो फाँस की तरह सीने में गड़ी हुई थी।

जी. एंड जी. कंपनी के पास संस्थान को मशीनरी उपकरण सप्लाई करने का बहुत बड़ा कांट्रैक्ट था। कांट्रैक्ट का सारा काम आर. बी. की सीट से ही होता था। वी. के. ने वेंडर सीटिंग में जी. एंड जी. के मैनेजर भटनागर को काफी कुछ कहा था। समय पर माल सप्लाई न करने के साथ-साथ उपकरणों का स्तर भी घटिया बताया था। मीटिंग काफी तनावपूर्ण वातावरण में खत्म हुई थी। ''जी. एंड जी. ने यदि सप्लाई और गुणवत्ता में सुधार न किया तो ऑर्डर निरस्त कर दिया जाएगा।'' वी. के. ने अल्टीमेटम दे दिया था।

अगले रोज भटनागर वी. के. से बँगले पर मिला। सरकारी बँगले के ड्राइंग-रूम का खाली कोना देखकर भटनागर ने कहा, ''वी. के. साहब यह कोना कुछ खाली-खाली-सा है। इसमें रेफ्रीजेरेटर या ऐसा ही कोई आइटम होना चाहिए।''

वी. के. ने लंबी साँस छोड़ते हुए कहा, ''मि. भटनागर जब जेब ही खाली हो तो कमरे का कोना कैसे भरेगा...वैसे भी सरकारी नौकरियों में मिलता क्या है ? ऊपर से इतने खर्चे। बड़े बेटे को इंजीनियरिंग में दाखिले के लिए पचास हजार देने पड़े। ऊपर

से हर महीने फीस इतनी कि कुछ बचता ही नहीं।"

भटनागर दिन-रात ऐसे अधिकारियों के संपर्क में था। कंपनी उसे इस काम के लिए मोटी तनख्वाह देती थी। उसने बेहद नम्र लहजे में कहा, "वी. के. साहब हुकुम कीजिए...हम सेवा के लिए तैयार हैं..."

वी. के. ने ऐसी लापरवाही दिखाई जैसे मानो कोई संन्यासी हों, और अभी इसी वक्त कमंडल उठाकर अयोध्या की ओर प्रस्थान करने वाले हैं।

"मि. भटनागर ये सब तो जिंदगी का हिस्सा हैं...हमारे एक गुरु जी हैं। आपने नाम सुना होगा। स्वामी सहदेव जी...दिव्य-पुरुष हैं...हिस्सार में रहते हैं...हिस्सार में ही कुटिया बना ली है। अक्सर कहा करते हैं—जो भी है सब यहीं धरा रह जाएगा। साथ कुछ भी नहीं जाएगा।" वी. के. ने श्रद्धाभाव से दोनों हाथ जोड़कर माथे से लगाए जैसे साक्षात् गुरु जी के दर्शन हो गए हों।

भटनागर को होटल लौटने की जल्दी थी। एक और कस्टमर से डील करनी थी।

"वी. के. साहब, कैलविनेटर या वोल्टास...? या फिर मैडम की जो पसंद हो ? कल पहुँच जाएगा...इस वक्त मुझे इजाजत दीजिए।" भटनागर ने उठते हुए कहा।

वी. के. रुकने का इशारा करके भीतर चले गए। कुछ ही क्षण में श्रीमती वी. के. बाहर आई...ड्राइंग-रूम में आते ही बोली, "वोल्टास का एक नया मॉडल आया है...बड़ा प्यारा है...उसके शेड्स भी अच्छे हैं।"

भटनागर ने खड़े होकर उनका अभिवादन किया, "मैडम, कल आदमी आएगा ...अब मैं चलता हूँ..."

पता नहीं कैसे बात पूरे संस्थान में फैल गई। वी. के. ने निशिकांत को बुलाकर पूछा, "निशिकांत, ये क्या हो रहा है भई...मुझे बदनाम किया जा रहा है...ओ कोई मैं रिश्वतखोर हूँ...रही रेफ्रीजरेटर की बात, वह तो मुझे ससुराल से मिला है रक्षाबंधन पर।" वी. के. कुछ देर की खामोशी के बाद बोले, "निशिकांत, तू पता तो कर यह बात शुरू कहाँ से हुई ?"

"पापा जी, मेरा तो पूरा शक आर. बी. पर है। वह इस तरह कि जी. एंड जी. कंपनी का रिप्रेजेंटेटिव जब भी आता है, वह आर. बी. के पास ही ठहरता है। क्या नाम है उसका इलियास खान। पापा जी, मेरा तो यकीन है यह अफवाह आर. बी. ने ही फैलाई है।" निशिकांत ने फुसफुसाकर धीरे से कहा।

दरअसल निशिकांत की नजर आर. बी. की सीट पर थी। वी. के. साहब के करीब आते हुए भी आर. बी. को उस सीट से हटवाने की जुगत वह बैठा नहीं पा रहा था। इससे पहले भी वह कई कोशिशें कर चुका था। लेकिन आर. बी. के काम से वी. के. प्रभावित था। कई वर्षों का अनुभव भी था, आर. बी. के पास।

लेकिन रेफ्रीजरेटर प्रकरण से वी. के. की दृष्टि में आर. बी. को संदिग्ध बनाने में निशिकांत सफल हो गया था।

स्टोर सेक्शन में पद भार सँभाले आर. बी. को एक सप्ताह भी नहीं बीता था कि

गोदाम में चोरी का मामला सामने आ गया। स्टोर अफसर ने आर. बी. को बुलाकर पूछताछ की, "मि. आर. बी. आपको पता है आपके गोदाम में क्या हुआ है ? आप कभी गोदाम जाते हैं ? आपका स्टोरकीपर क्या कर रहा है आप जानते हैं ? कभी गोदाम में जाकर माल का निरीक्षण आप करते हैं ? जी. एम. तक मामला पहुँच गया है। उन्होंने संबंधित स्टॉफ का नाम पूछा है। नाम तो बताना ही पड़ेगा। आप लोग दिन-भर दफ्तर में बैठे-बैठे करते क्या हैं ?" स्टोर अफसर ने एक साथ ढेर-से प्रश्न कर डाले।

आर. बी. खामोशी से स्टोर अफसर के हाव-भाव, मुख-मुद्राएँ पढ़ने की कोशिश कर रहा था। उसे वह बेहद लिजलिजा, डरपोक दिखाई पड़ा। आर. बी. ने सधी हुई आवाज में कहा, "मुझे स्टोर में आए जुम्मा-जुम्मा आठ दिन हुए हैं। इन आठ दिनों में न तो आपने कोई दिशा-निर्देश ही दिया, न ही कभी मुझे ले जाकर गोदाम के माल रखने की प्रक्रिया से ही अवगत कराया। मेरा स्टोर ज्ञान शून्य है। मैं तकनीकी स्टॉफ हूँ। मेरे पास स्टोर का कोई प्रशिक्षण भी नहीं है। आप जैसे योग्य अफसर के यहाँ होते हुए चोरी कैसे हो गई। आपके अलावा स्टोर होल्डर है। पुराने योग्य स्टॉफ है। फिर आप सिर्फ मेरा ही नाम जी. एम. के पास भेज देने की धमकी क्यों दे रहे हैं ?" कहकर आर. बी. रुक गया।

क्षण-भर की खामोशी के बाद आर. बी. ने कहना शुरू किया, "गोदाम के रख-रखाव और सुरक्षा की जो सामान्य विधियाँ हैं, कभी उनका पालन किया गया है ? इतने वर्षों से आप स्टोर अफसर हैं इस विषय में आपने क्या कार्यवाही की है ? फिर किसी कर्मचारी को ही दोषी कैसे ठहरा सकते हैं ? भेज दीजिए मेरा ही नाम। वी.के. साहब ने अपनी कलम की ताकत से मेरा तबादला यहाँ कर दिया, अब आप भी अपनी कलम का इस्तेमाल करके मेरा नाम जी. एम. के पास भेज दीजिए। पूरे संस्थान में मुझे छोड़कर बाकी सभी लोग काबिल और समझदार हैं...काम के प्रति व्यक्ति की निष्ठा या मेहनत से आप लोगों का कोई सरोकार नहीं है ? मेरी योग्यताओं की परख तो आप लोग कर रहे हैं लेकिन और लोग भी तो हैं, जरा उन पर भी तो निगाह दौड़ाएँ..." आर. बी. के भीतर आक्रोश का समंदर उमड़ रहा था। उसकी तेज लहरें तल्ख शोर कर रही थीं।

"मि. आर. बी. मेरे कहने का मतलब यह नहीं था...आपने मेरी बात को गलत समझ लिया।" अफसर ने हथियार डाल दिए थे।

आर. बी. ने सख्त लहजे में कहा, "स्टोर होल्डर को बुलाकर पूछिए, गोदाम में सुरक्षा के क्या प्रबंध हैं ? ताले किस स्तर के हैं ? खिड़की-दरवाजों की दशा क्या है ? कागजी कार्यवाही से किसी को सजा तो आप लोग दिला देंगे, लेकिन गोदाम की दशा नहीं बदल सकते...स्पॉट पर जाकर देखिए स्टोर है या बूचड़खाना..."

"ओ. के. मि. आर. बी. आप भी साथ चलिए। देखते हैं क्या बेहतर हो सकता है।" स्टोर अफसर ने स्वीकारोक्ति दी।

स्टोर अफसर ने स्टोर होल्डर को अपने केबिन में बुलाकर पूछताछ की। वार्तालाप

घंटे भर चला। आर. बी. मूक श्रोता बना रहा। वार्तालाप का निष्कर्ष सिर्फ इतना था कि स्टोर होल्डर और अफसर दोनों की रुचि स्टोर से ज्यादा डेप्यूटेशन और माल सप्लाई करने वाली कंपनियों से संपर्क बनाए रखने में थी। बातचीत में एक-दूसरे की कमजोरियों को जानबूझकर अनदेखा किया जा रहा था। बातचीत उत्तेजक ढंग से ठीक उसी तरह हो रही थी जैसे कॉफी हाउसों और चायघरों में बुद्धिजीवियों के बीच होती है, जिसका कोई परिणाम नहीं निकलता।

वी. के. स्टोर की स्थिति से पूरी तरह वाकिफ था। स्टोर अफसर उसकी बिरादरी का था। आर. बी. को स्टोर में स्थानांतरित करने के पीछे वी. के. की गहरी चाल थी। वह जानता था, स्टोर में जो भी जाएगा फँसेगा। इसीलिए आर. बी. से ज्यादा उपयुक्त पात्र और कौन हो सकता था।

आर. बी. इन समीकरणों को जान गया था। वह काफी सावधानियाँ बरत रहा था। स्टोर अफसर के कुछ खास लोग गोलबंद होकर आर. बी. को परेशान करने लगे थे। उनके कार्यकलापों में उपेक्षाभाव आ गया था। कहीं से किसी सहयोग की उम्मीद आर. बी. नहीं कर पा रहा था।

आखिर वही हुआ जिसका आर. बी. को डर था। तमाम सावधानियों के बावजूद वी. के. ने उसकी ए. सी. आर. (वार्षिक गोपनीय रिपोर्ट) खराब कर दी थी। उसे एक चेतावनी पत्र देकर सूचित किया गया था कि आपकी ए. सी. आर. में विश्वसनीयता, तकनीकी योग्यता और कार्य में पहल करने की कमी पाई गई है। अतः आपको चेतावनी दी जाती है कि आप भविष्य में इन कमियों में वांछित सुधार लाएँ।

आर. बी. परेशान हो उठा। उसकी समझ में नहीं आ रहा था क्या करे। उसने स्टॉफ एसोसिएशन के महासचिव को पत्र दिखाया। उसका रुख भी तटस्थ ही था। उसे लगा जैसे सभी लोग उसके विरोध में खड़े हैं।

वह पत्र लेकर सीधा वी. के. के केबिन में पहुँचा। वी. के. नाजुक-सी स्टेनो से गपशप कर रहा था। स्टेनो के चेहरे पर पाँच इंच मुसकान फैली हुई थी।

आर. बी. ने पत्र वी. के. की मेज पर पटक दिया। गुस्से में उसकी नसें तन गई थीं। आँखों में लाल डोरे पनप गए थे।

"मि. वी. के. आप साबित कर सकते हैं कि मुझमें तकनीकी योग्यता की कमी है। मेरी विश्वसनीयता संदिग्ध है। मैं किसी कार्य में पहल नहीं करता।...आप सिद्ध नहीं कर सकते...और यदि आप सोचते हैं कि मुझे प्रोमोशन मिलने वाली है उसे रुकवाकर आपको और आपके चमचों को कुछ राहत मिलेगी तो आप गलत साबित होंगे। आपने मेरी मानसिक शांति भंग की है। आप शांत नहीं रह पाएँगे।" आर. बी. ने गुस्से में तड़फड़ाते हुए कहा।

"मि. आर. बी. आप शांति से बैठकर बात कीजिए...इस ए. सी. आर. का आपके प्रोमोशन पर कोई फर्क नहीं पड़ेगा...मैंने जी. एम. से बात कर ली है।" वी. के. ने सफाई देने की कोशिश की।

"क्या बात कर ली है आपने...मैं सिर्फ इतना जानना चाहता हूँ क्या एक भी ऐसा वाकया आप बता सकते हैं जब मेरी तकनीकी योग्यता पर प्रश्नचिह्न लगा हो। मेरी विश्वसनीयता के कारण सरकारी कार्य में बाधा पड़ी हो, या मैंने कभी इनिसिएटिव्ज न लिए हों। मि. वी. के. के इस सेक्शन में मैं उस समय से था जब आप इस संस्थान में भी नहीं थे। प्रत्येक मीटिंग में आप मेरी रिपोर्ट और डाटाज को आधार मानकर चलते थे। मुझे मेरी योग्यता का यह इनाम दिया आपने।...अफसोस है मि. वी. के. मुझे आपके जातिगत पूर्वाग्रहों का शिकार होना पड़ा। आपकी रुचि काम से ज्यादा जातीय अहम की पुष्टि में है...यह रहा चेतावनी पत्र। इसे फ्रेम में जड़वाकर दीवार पर लगी महात्मा गाँधी की तस्वीर के साथ टाँग लीजिए, ताकि आने वाले लोग देख सकें कि आप कितने काबिल अफसर हैं..." पत्र फेंककर आर. बी. केबिन से बाहर आ गया।

वी. के. के पसीने छूट गए थे। स्टेनो के चेहरे पर भी हवाइयाँ उड़ने लगी थीं। वी. के. ने आर. बी. का यह रूप पहली बार देखा था।

आर. बी. गुस्से में तमतमाया स्टोर सेक्शन में लौट आया था। उसे लगा यह एस. सी. होने का चक्कर लगातार उसका पीछा कर रहा है। स्कूल से कॉलेज, कॉलेज से नौकरी...सभी जगह किसी-न-किसी रूप में दबाव सहने पड़े हैं। यहाँ तक कि गली-मुहल्लों तक में लगातार उसे याद दिलाया जाता है कि तुम चाहे जो हो जाओ रहोगे तो छोटी जात ही।

आर. बी. ने इन तमाम दबावों के बीच कभी भी घुटने नहीं टेके थे। लेकिन इस बार वी. के. के सामने खुद को बौना महसूस कर रहा था। वी. के. ने उस पर गुपचुप वार किया था उसे लग रहा था वह निहत्था है और वी. के. तमाम अस्त्रों से लैस होकर उस पर हमला कर रहा है।

इसी बीच कॉलोनी में एक घटना घट गई। निशिकांत के घर के ठीक सामने पंप हाउस था। निशिकांत की लड़की पंप अटेंडेंट से फँस गई थी। निशिकांत को कुछ समय से लड़की के रंग-ढंग पर शक होने लगा था। उसने अपनी पत्नी से चर्चा की तो वह निशिकांत पर भभक उठी। अजीब-सा मुँह बनाकर बोली, "तुम्हारी जबान में कीड़े पड़ें ...अपनी ही जायी पर शक करते हो। तुम्हारा तो दिमाग फिर गया है। पहले मुझ पर शक करते थे, अब अपनी ही बेटी पर कर रहे हो। कुछ तो शर्म करो।"

निशिकांत उस समय तो चुप हो गया। लेकिन उसके मस्तिष्क में संदेह के अंकुर फूट चुके थे। कॉलोनी में लोग दबी जबान से बातें करते थे। जो उड़ते-उड़ते निशिकांत के कानों तक पहुँच गई थी।

उस रोज निशिकांत अचानक दफ्तर से घर लौट आया। दोपहर का समय था। ऐसे वक्त कॉलोनी में शांति रहती है। ज्यादा आवागमन भी नहीं रहता। जब वह अपने क्वार्टर में पहुँचा दरवाजा खुला था। पत्नी गहरी नींद में सोई थी। उसने घर में इधर-उधर देखा, छत पर, सीढ़ियों में, सभी जगह लड़की को देखा। कहीं नहीं थी। वह सीधा पंप हाउस की ओर चल दिया। पंप हाउस की खिड़की से झाँककर देखा। जो देखा कुछ वह

किसी भी बाप के लिए शर्मनाक था।

उसने लड़की को दो-तीन झापड़ लगाए। लड़की क्वार्टर की ओर भागी। निशिकांत शिकारी कुत्ते की तरह पंप अटेंडेंट पर झपटा। पंप अटेंडेंट मजबूत कद-काठी का जवान था। निशिकांत से हाथापाई पर उतर आया। निशिकांत के कपड़े फट गए। हो-हल्ला सुनकर कॉलोनी की औरतें खिड़की-दरवाजों से झाँकने लगीं। निशिकांत की लड़की को अस्त-व्यस्त कपड़ों में पंप हाउस से निकलकर भागते हुए वे देख चुकी थीं। निशिकांत के फटे कपड़े और चीखना-चिल्लाना कहानी को चरम पर ले गया था।

अटेंडेंट को धमकी देता हुआ निशिकांत अपने क्वार्टर में लौट आया। उसका गुस्सा और अपमान लड़की पर उतरा। लात-घूँसों से अच्छी तरह ठुकाई करके उसे कमरे में बंद कर दिया। बाहर से ताला लगाकर बीवी पर झपटा। बीवी ने भागकर दूसरे कमरे का दरवाजा बंद कर लिया था।

रात के लगभग दस बजे पंप अटेंडेंट तीन साथियों के साथ निशिकांत के क्वार्टर में घुस आया और निशिकांत की जमकर पिटाई शुरू कर दी। अड़ोस-पड़ोस के दरवाजे बंद हो गए थे, बत्तियाँ बुझ गई थीं कोई भी बाहर नहीं निकला।

आर. बी. का क्वार्टर तीन-चार ब्लॉक छोड़कर था। वह खाना खाकर टहलने निकलता था। शोर सुनकर निशिकांत के क्वार्टर में जाकर देखा, कुछ लोग उसे बुरी तरह पीट रहे थे। उसने एक के हाथ से हाकी स्टिक छीन ली और उनसे भिड़ गया। अचानक हमले से वे भाग खड़े हुए। निशिकांत को काफी चोटे आ गई थीं। आर. बी. उसे जल्दी से अस्पताल ले गया। मरहम-पट्टी होते ही वह लौट आया था। खबर मिलते ही वी. के. भी अस्पताल में पहुँच गया था।

थाने की अँधेरी कोठरी में बंद आर. बी. एक गहरे संकट से गुजर रहा था। उसे लगा—निशिकांत और वी. के. ने उसे पूरी तरह अपने जाल में फँसा लिया था। पूरी रात उसने बैठे-बैठे गुजार दी थी। एक क्षण के लिए भी उसकी आँखें नहीं झपकी थीं। थाने की गंदी-धूसर कोठरी में उसका रेशा-रेशा चीख रहा था। भीतर-ही-भीतर जैसे आग का एक गोला उसे झुलसा रहा था।

थाने के आँगन में धूप का एक कतरा उतर आया था। कोठरी के ठीक सामने बरामदे में पड़ी मेज पर ताजा अखबार पड़ा था। उसके मुखपृष्ठ पर बड़ी-बड़ी सुर्खियों में लिखा था, "आरक्षण विरोध में एक और युवक का आत्मदाह।"

आर. बी. ने कोठरी की सलाखों के पीछे से शीर्षक पढ़ा। उसने एक गहरी साँस ली। उसे लगा जैसे उसका सिर फट जाएगा। उसने हथेलियों में अपना सिर भींच लिया और दीवार के सहारे टिककर बैठ गया। उसकी आँखों के सामने अँधेरा छा गया था। ऐसा अँधेरा जिसमें दूर-दूर तक रोशनी का कोई कतरा भी नहीं था। थाने के आँगन में फैलती धूप अचानक साँवले साए में बदल गई थी। शायद सूरज के सामने बादल का टुकड़ा आ गया था, जो आर. बी. की आँखों में नश्तर की तरह चुभ रहा था।

# अम्मा

यह कहानी अम्मा की है—आप कह सकते हैं, लेकिन किसी एक अम्मा की नहीं, न जाने कितनी अम्मा सुबह-सवेरे हाथ में झाड़ू-कनस्तर थामे हुए गली-मुहल्लों में मिल जाएँगी जिनका जर्जर शरीर वक्त के थपेड़े खाकर पुराने दरख्त की तरह समय के साथ गलने लगा है। उनका हर एक पल, एक अनजाने, अदृश्य भविष्य की ओर जा रहा है, जिसके बारे में तमाम भविष्यवाणियाँ, बौद्धिक कलाबाजियाँ और संकल्पनाएँ बिखर जाती हैं या झूठी साबित होती हैं।

मैं जिस अम्मा की बात कर रहा हूँ—उसका नाम क्या है, मैं नहीं जानता। शायद वह स्वयं भी अभी तक अपना नाम भूल चुकी होगी। क्योंकि जब वह मायके से ससुराल आई थी तो सास-ससुर ने उसे 'बहू' कहकर पुकारा, देवर और ननद ने भाभी या भावज, पास-पड़ोस की बड़ी-बूढ़ियों ने उसके खसम के नाम पर 'सुकडू की बहू' नामकरण अनजाने में ही कर दिया था। शुरू के दिनों में सुकडू उसका नाम नहीं लेता था। नाम तो वह अब भी नहीं लेता। उन दिनों नाम लेने की जरूरत ही नहीं पड़ती थी। दिन-भर तो वह माँ-बहन के साए में घिरी रहती थी। देर रात सुकडू चुपके-चुपके उसकी चारपाई पर पहुँचता था, वह भी चोर की तरह दबे पाँव। कुछ ही देर के लिए। उसमें भी डर लगा रहता था, कहीं बहन या माँ जाग न जाए। एक छोटे से आँगन में टिन की छत और लकड़ी के फट्टों को जोड़कर रहने भर की जगह थी।

इस थोड़े से वक्त में बात करने की फुरसत ही कहाँ होती थी। उन दिनों आज की यह अम्मा तो वह थी नहीं। जो अब घिसट-घिसटकर धीमे कदमों से चलती है जिसकी गंदी साड़ी सामने से पेट के पास ठूँसी रहती है। सण जैसे रूखे बाल, झुर्रियों से भरा चेहरा, मिचमिची आँखों वाली अम्मा, वक्त की मार ने जिसकी एक आँख को छोटा कर दिया है। और जिसके सामने के दाँत टूटे हुए हैं। जो एक-आध बचा है, वह भी भड़भूजे की कढ़ाई में उछलते मकई के दानों की तरह हिलता है।

उस समय की बात ही कुछ और थी। लंबे घने बाल, चंचल गहरी काली आँखें, साँवला-सलोना रूप। भरा-पूरा शरीर जिसकी मोहक गंध ने सुकडू को सम्मोहित कर लिया था। उन थोड़े-से पलों को पाने के लिए वह दिन भर कुलाँचे मारता था। आज भी उसकी स्मृति में वे थोड़े से दिन ही सबसे अच्छे दिन हैं, भले ही थोड़ी देर का साथ होता था, फिर भी भरपूर जिए गए क्षण थे वे।

जब पहला बेटा हुआ तो उसका नाम बड़े जतन से शिवचरण रखा गया था। सुकड़ू को भी अब जरूरत महसूस होने लगी थी, दुल्हन को किसी नाम से पुकारने की, और उसने एक दिन उसे 'शिबु की अम्मा' कहकर पुकार लिया था। 'शिबु की अम्मा' जो अब सिर्फ अम्मा भर रह गई है। सुकड़ू तो अभी भी 'शिबु की अम्मा' ही कहकर बुलाता है।

नाती-पोतों से भरा-पूरा परिवार है अम्मा का। उम्र के सातवें दशक में पहुँचकर शरीर साथ छोड़ने लगा है। अक्सर बीमार रहने लगी है। जोड़ों के दर्द से परेशान है। फिर भी दस-पंद्रह घरों का काम निबटाकर ही घर लौटती हैं।

सफेद कपड़े अम्मा की कमजोरी थे। आज भी जब झाड़ू और टूटा-फूटा बदरंग कनस्तर लेकर अम्मा काम पर निकलती है तो सफेद साड़ी ही उसके तन पर लिपटी रहती है। यह समय की मार है कि अब ये सफेद साड़ी, सफेद होने का अहसास भर है। सफेद रंग न जाने वक्त के साथ कब पीले-मटमैले रंगों में बदल गया। वह समझ भी नहीं पाई। समझ तो वह यह भी नहीं पाई थी कि समय इतनी तेजी से कैसे बदल गया। गाँव-देहात की लड़की शहर में आकर चौकन्नी हिरनी की तरह हर चीज को अचरज से देखती थी उन दिनों।

आज सास-ससुर दोनों का देहांत हुए कई बरस हो चुके हैं। लेकिन उसे अच्छी तरह याद है, जब पहली बार सासु से 'ठिकानों' में 'सलाम' की रस्म पूरी करने ले गई थी तो उसने कभी सोचा भी नहीं था कि एक दिन वह भी सास की तरह झाड़ू और कनस्तर हाथ में लेकर दरवाजे-दरवाजे घूमेगी।

सास ने बाकायदा ट्रेनिंग दी थी उसे। कैसे दरवाजे पर पहुँचकर आवाज देना है। कैसे टट्टी में घुसना है, कैसे पानी डालना है। फिर झाड़ू के कितने हाथ दाएँ, कितने बाएँ चलाने हैं। किस घर में किसे, कैसे और कितनी बात करनी है। घर-आँगन में कितनी दूर तक जाना है। आँगन में पड़ी चीज को नहीं छूना है। कोई चाय पानी दे तो कप या गिलास वापस कहाँ रखना है। हरेक ठिकाने में आँगन के किसी कोने, आले या छोटे-मोटे पेड़ की किसी टहनी पर एक-आध कप या गिलास सास ने सँभालकर रखे थे, जो वक्त-जरूरत पर काम आते थे।

और भी न जाने कितनी बातें सास ने उसे समझाई थी। वह अचरज से सास की कही बातें सुनती थी। गाँव के तौर-तरीके अलग थे। गाँव में तो हाजत-फरागत के लिए औरत-मर्द सब गाँव से बाहर ही जाते हैं। वैसे भी गाँव में ज्यादातर काम खेत-खलिहान के ही होते थे। यह काम उसके लिए एकदम नया था। टट्टियों के दरवाजे खोलते ही उसका सिर भन्ना जाता था। दुर्गंध से। अंग्रेजों की देखा-देखी हिंदुस्तानियों ने भी घरों में पाखाने बना लिए थे। उसे यह सब अजीब लगता था।

शुरू-शुरू में सास उसे साथ लेकर ठिकानों में जाती थी। काम वह करती थी, सास पास खड़ी होकर हिदायतें देती थी। समय पंख लगाकर उड़ने लगा था। सास उसके काम से खुश थी। हर तरह से उसका खयाल रखती थी। हर समय साए की तरह उसके

साथ रहती थी।

एक दिन अचानक सास की तबीयत बिगड़ गई। सास ने ऐसा बिस्तर पकड़ा कि फिर उठ नहीं पाई। घर-बाहर के काम की सारी जिम्मेदारी शिबु की अम्मा के ऊपर आन पड़ी थी।

शिवचरण के बाद बिसन और उसके बाद किरण। तीन बच्चों की माँ अब शिबु की अम्मा से 'अम्मा' बन गई थी। ननद ससुराल जा चुकी थी। घर में रह गए थे कुल दस प्राणी। सास-ससुर, देवर-देवरानी उनकी एक लड़की। सुकडू और तीन बच्चे। ससुर दिन-भर घर में पड़ा खाँसता रहता था। देवर कहने को तो एक बैंड पार्टी में बाजा बजाता था लेकिन शादी-ब्याह के दिनों को छोड़कर बाकी समय खाली ही रहता था। इधर-उधर घूमकर सारा दिन गुजार देता था। सुकडू नगरपालिका में सफाई कर्मचारी था। मामूली तनख्वाह थी। पूरे परिवार का भार सुकडू के कंधों पर था। ऊपर से सरदार प्रीतम सिंह का कर्जा जिसका सूद हर महीने चुकाना पड़ता था।

सास ने जो ट्रेनिंग उसे दी थी, उसके सहारे डूबते परिवार को भरोसा मिला था। दस की जगह पंद्रह ठिकानों का काम पकड़ लिया था अम्मा ने। पाँच उसने बिरमदेई से खरीदे थे किश्तों पर, हर महीने थोड़े-थोड़े पैसे देने का वादा कर लिया था उसने।

अम्मा के पास सबसे ज्यादा आमदनी का ठिकाना था चोपड़ा का। चोपड़ा की बड़े बाजार में कपड़े की दुकान थी। अच्छी-खासी आमदनी थी। चोपड़ा सुबह घर से निकलता तो रात दस बजे ही घर लौटता था। बच्चे भी सुबह स्कूल चले जाते थे। मिसेज चोपड़ा दिन-भर घर में अकेले रहती थी।

अम्मा अक्सर मिसेज चोपड़ा के घर में एक आदमी को देखती थी। शुरू-शुरू में वह यही समझती रही कि घर-परिवार का ही कोई होगा। लेकिन भेद जल्दी ही खुल गया। एक दिन दोनों को जिस स्थिति में देखा, अम्मा का दिल धक से रह गया। मिसेज चोपड़ा उसे भली और अच्छी लगती थी। उस दिन जो कुछ देखा, उसके बाद से उसके प्रति अम्मा के मन में एक अजीब-सी नफरत पनपने लगी।

मिसेज चोपड़ा ने उसकी तनख्वाह में पाँच रुपए बढ़ा दिए उस रोज के बाद। बाकी ठिकानों से उसे सिर्फ पाँच-पाँच रुपए ही मिलते थे। मिसेज चोपड़ा दस रुपए देने लगी थीं। वैसे मिसेज चोपड़ा भी खुशमिजाज, खूब बातें करती थीं। दुनिया जहान की बातें। अम्मा मुँह बाए सुनती थी। जिस रोज मिसेज चोपड़ा अकेली होती थी। अम्मा को चाय पीने के लिए रोक लेती थी। आँगन में खड़े अमरूद के पेड़ पर अम्मा का एक कप रखा रहता था। चाय पीते-पीते अम्मा सोचती थी कि चोपड़ा बहन जी इतनी अच्छी हैं फिर भी एक पराए मर्द के साथ...छिः,...छिः...कहते हुए भी शर्म आती है।

एक रोज जब अम्मा उसके घर पहुँची तो मिसेज चोपड़ा बाथरूम में थी। वह आदमी बेडरूम में बैठा हुआ था। अम्मा ने आवाज देकर कहा, भैण जी, पाणी डाल दो...सफाई हो गई है।''

मिसेज चोपड़ा ने बाथरूम से ही आवाज देकर कहा, ''विनोद प्लीज एक बाल्टी

पानी जमादारनी को दे दो...मैं सिर धो रही हूँ...देर लगेगी बाथरूम से निकलने में। बाल्टी नल के नीचे लगी है।''

वह उठा और पानी की बाल्टी अम्मा के सामने ले जाकर रख दी। मुसकुराकर अम्मा को देखा। अम्मा ने पानी डालने के लिए हाथ का इशारा किया। विनोद ने टट्टी में पानी डालने की बजाय अम्मा की कमर में हाथ डालकर झटके से उसे अपनी ओर खींचा। अम्मा इस हरकत से हड़बड़ा गई। चीखकर बोली, ''क्या करते हो यह ?... छोड़ो...छूटने के लिए कसमसाने लगी।

विनोद ने दबाव बढ़ा दिया। कसकर अपने सीने से भींच लिया। अम्मा को लगा जैसे किसी आदमखोर ने उसे दबोच लिया है। वह बंधन ढीला करने के लिए जोर लगा रही थी। जैसे ही पकड़ कुछ कम हुई झटका देकर उसने खुद को मुक्त कर लिया। हाथ में थमी झाड़ू की मूठ पर हथेली कस गई। पूरी ताकत से झाड़ू का वार सीधा उसकी कनपटी पर किया। चोट लगते ही वह लड़खड़ा गया और बेडरूम की तरफ भागा। अम्मा लगातार उसे पीटते हुए बेडरूम में घुस गई। वह नीचे फर्श पर गिर पड़ा था। अम्मा की झाड़ू सड़ाक-सड़ाक उस पर पड़ रही थी। मुँह से गालियाँ फूट रही थीं।

चीख-पुकार सुनकर मिसेज चोपड़ा अर्द्धनग्न कपड़ों में बाथरूम से बाहर आ गई। बेडरूम का दृश्य देखकर भौंचक रह गई; विनोद को बचाने के लिए दौड़ी।

''रुको...यह क्या कर रही हो ?...रुको...मत मारो उसे...'' मिसेज चोपड़ा ने उसके हाथ से झाड़ू छीनने की कोशिश की। अम्मा ने उसे भी धक्का देकर पीछे धकेल दिया। दो-तीन वार और किए। रुककर बोली, ''भैण जी इस हरामी के पिल्ले से कह देणा ...हर एक औरत छिनाल ना होवे है।'' अम्मा की आँखों में लाल सुर्ख डोरे अंगारों की तरह दहक रहे थे। गुस्से से शरीर काँप रहा था। अम्मा का साँवला रंग और गहरा हो गया था।

विनोद की वहशीयत ठंडी पड़ चुकी थी। झाड़ू की मूठ का एक तगड़ा हाथ उसकी आँख पर पड़ा था। आँख के आसपास नीले रंग का बड़ा-सा गूमड़ उभर आया था जिसे हथेली से दबाए वह फर्श पर औंधा पड़ा था।

अम्मा ने कनस्तर उठाया और दनदनाते हुए बाहर निकल गई।

अगले दिन उसने चोपड़ा का ठिकाना सस्ते दामों में हरदेई को बेच दिया। साथ में पूरी घटना भी उसे हरदेई को विस्तार से सुना दी।

हरदेई बदजबान औरत थी। गालियाँ तो उसके मुँह से धाराप्रवाह फूटती थीं। गाली के बगैर उसका कोई वाक्य ही नहीं बनता था। पूरा किस्सा सुनकर अम्मा से बोली, ''तू तो मूरख है नासपिट्टी, अपनी माँ के यार कू टट्टी में घसीट लेती। पहले उतरवाती उसके कपड़े कि आ तुझे करवा दूँ मसूरी की सैर। फेर करवात्ती उससे थिगनी का नाच। झाड़ू से पीट-पीटकर साले कुत्ते कू सड़क पे लियात्ती। जुलूस लिकड़ (निकल) जात्ता चोद्दे (गाली) का, जिब गगपति को हिलाता सड़क पे दौड़ता। भूल जाता सारा इशक...और वह चौपड़ी...ऐसी लुगाइयों का इलाज मैं जाणूँ हूँ...ये ले थाम लोट (नोट)

...इब कल से चोपड़ी मेरी।...साली...दो-दो बच्चों की माँ होके इशक करे है...!"

अम्मा ने बीस रुपए में चोपड़ा का ठिकाना बेचकर राहत की साँस ली।

चोपड़ी को बीस रुपए में बेच देने की खबर जब अम्मा की सास को मिली तो घर में कुहराम मच गया। सास ने चीख-चीखकर पूरा मोहल्ला सिर पर उठा लिया, "अरी नासपिट्टी, करमजली, मेरे मरने के बाद ही मनचाही कर लेत्ती। इस चोपड़ी के बोत (बहुत) एहसान हैं म्हारे ऊप्पर। बखत-कुबखत जिब बी जरूरत पड़े थी; मदत करी है उन्ने। इबते नरीं बरसों से मैं वहाँ जात्ती थी...वो खानदानी लोग हैं। म्हारे जैसे तो उनकी जेब में पड़े हैं। और तू...लाटसाहबनी...इतनी बड़ी हो गई कि उसे ही बेच के आ गई। वह बी उस हरामजादी हरदेई कू। मैं अच्छी तरियो पिछाणूँ...उसे...उन्ने ही कोई पट्टी पढ़ाई होगी तैन्ने। वह तो बोत दिनों से उस ठिकाने कू कबजाणे की फिराक में थी। अरी एक बार मन्ने तो पूछ लिया होत्ता.." सास ने रो-रोकर जी हलकान कर लिया था। अम्मा चुप्पी साधे सास का रोना-कलपना सुनती रही। लेकिन चोपड़ी के घर हुए हादसे की कोई चर्चा न की।

मदद तो मिसेज चोपड़ा उसकी भी करती थीं जब तक मामला मिसेज चोपड़ा तक सीमित था, अम्मा ने कभी कुछ नहीं कहा था। न किसी के सामने उसकी चर्चा ही की थी। लेकिन जब उस कमीने ने अम्मा पर ही हाथ डाल दिया तो वह बर्दाश्त नहीं कर सकी।

दो-चार दिन रो-धोकर सास तो चुप हो गई। लेकिन एक दिन सुकडू ने चर्चा छेड़ दी। उस रोज नगरपालिका में तनख्वाह बढ़ी थी। सुकडू बहुत दिन बाद देसी दारू का पव्वा चढ़ाकर आया था। तनख्वाह अम्मा के हाथ पर रखते हुए बोला, "ये ले रुपए ...पर एक बात कान खोल के सुण ले...शिबु की अम्मा...तूने यो अच्छा नी करा जो माँ का जी दुखाया...ये ठिकाने माँ ने कितने जोड़-तोड़ करके घेरे थे। घर का सारा टीम टब्बर इन्हीं ते चला करे था। बापू तो कुछ करे ना था। माँ ने बहुत बुरा टेम निभाया इन ठिकानों के भरोसे। रोट्टी-पाणी, कपड़ा-लत्ता सब कुछ आवे था। बाहण (बहन) का जिब ब्याह हुआ था तो इस चोपड़ी ने ही अपणी दुकान से कपड़ा दिलवाया था, वो भी उधार...और उस चोपड़ी को तू बेच आ गई। तूने अच्छा नी किया शिबू की अम्मा...जा माँ से माफी माँग ले और बीस रुपए दे के हरदेई से चोपड़ी को वापिस ले। इब आखिरी दिनों में माँ को क्यूँ दुःख देते हैं। चोपड़ी जैसी बीरबानी (स्त्री) ढूँढ़े पे भी ना मिलेगी। जितनी सूरत से खूबसूरत हैगी ही सीरत से भली।" शिबु की अम्मा को चुप देखकर सुकडू ने जोर से कहा, "तू चुपचाप घोघोमाई बणके बैट्ठी है...मेरी बात सुण रही है ?"

अम्मा खामोशी से सुकडू का वार्तालाप सुन रही थी, उसके मन में अजीब-सा शोर उठ रहा था जिसे वह अनसुना नहीं कर पा रही थी। वह नहीं चाहती थी, उस हादसे के कारण घर में क्लेश हो।

अनेक बार उसने अपने भीतर उठते शोर को सुना लेकिन हमेशा खामोश रही। अब तो भीतर न जाने कितने जख्म भर गए थे। पुरानी यादों को जब अम्मा कुरेदने

बैठती है तो उसका रोम-रोम काँप उठता है। अपनी यादों की तरह ही उसने मन की तमाम इच्छाओं को भी मायके से साथ आए मटमैले टिन के ट्रंक में बंद कर दिया था। बस बच्चों की परवरिश में लगी रही बिना किसी शिकवे शिकायत के।

शिवचरण को उसने मोहल्ले के स्कूल में ही डाल दिया था। उसके एक साल बाद बिसन को और फिर किरण को स्कूल भेजने लगी थी। बनिए-बाभनों की नकल पर उसने बेटी का नाम किरणलता रखा था। घर में सभी उसे किरण कहते थे, लेकिन अम्मा हमेशा किरणलता कहकर बुलाती थी।

जैसे-जैसे बच्चे बड़े हो रहे थे उनके खर्चे भी बढ़ रहे थे। घर तो वैसे ही खींचतान कर चलता था। ऊपर से उनकी किताबों, कापियों का और खर्च बढ़ गया था। शिवचरण हर दूसरे-तीसरे दिन कोई-न-कोई फरमाइश ले आता था। बिसन अपने चाचा पर गया था। वैसा ही नैन-नक्श, वैसी ही आदतें। दिन भर फिल्मी गाने और शीशे के सामने खड़े होकर बनना-सँवरना, कभी ढोलक लेकर बैठ जाना, कभी हारमोनियम। अम्मा जब भी उसे गाना गाते या हारमोनियम बजाते देखती तो उसका खून खौल उठता।

''मैं कितनी दफे तैन्ने समझा-समझा के हार गई...तैन्ने नचणिया नहीं बनाना है। अपने चाच्चा की तरियो सड़कों पे बैंड बाज्जे वालों की गैल पें-पें करता घूमेगा। उसकी हालत देक्खी है...फेफड़ों में जान ना है उसके। साँस धोंकनी की तरियो चले है...और तू उसकी लैन पे चल रहा है...पढ़-लिख के आदमी बणजा...किसी दफ्तर में किलारक (क्लर्क) नहीं तो चपरासी ही लग जाएगा। इस गंदगी से तो छूट जाएगा। जहाँ न दो टेम की रोट्टी ढंग से मिले है, न इज्जत। गले-गले तक कर्जे में डूबे हैं। तेरे बाप कू तनख्वाह बाद में मिले, सरदार प्रीतम सिंह आके पहले खड़ा हो जावे। घर-बाहर कहीं भी दो घड़ी का चैन ना है। रोज-रोज की किटकिट...बस यों ही जिंदगानी है कि कोई धीरे भी न बैठावे। जैसे छूत की बीमारी लग जावेगी।''

अम्मा का गला भर्रा आया था। शिवचरण किताबों का बस्ता खोल के बैठ गया था। किरणलता अम्मा के लिए चाय बनाने लगी थी। बिसन ने इधर-उधर देखा। कहीं कोई सहारा न था जो अम्मा के गुस्से से बचा सके। चुपचाप जाकर पढ़ने बैठ गया।

किरणलता को अम्मा ने कभी नहीं डाँटा। हमेशा कहती थी, ''पराए घर जाएगी। पता नहीं कितने दिन का साथ है। इसे क्या डाँटना। दो अच्छर सीख लेगी तो कम-से-कम अपने सुख-दुःख की खबर तो दे दिया करेगी। चिट्ठी के दो हरुफ लिखवाणे के लिए भी दूसरों का मुँह ताकना पड़े है और बेट्टी तो वैसे भी लछमी होवे।''

अम्मा ने बच्चों को हमेशा झाड़ू के काम से दूर रखा। यहाँ तक कि हारी-बीमारी में भी बच्चों को ठिकानों में नहीं भेजा। यह अम्मा की जिद्द थी। सास-ससुर या जात-बिरादरी के लोग टोकते तो कह देती, ''ना...मैं...अपने जातकों (बच्चों) को इस गंदगी में ना धकेलूँगी। मिहनत-मजूरी करा लूँगी, पर उनके हाथ में झाड़ू ना दूँगी।''

शिवचरण दसवीं पास करते ही नगरपालिका में क्लर्क की जगह एक एवजी में काम करने लगा था। यह काम उसे एक ठेकेदार के जरिए से मिला था। जो भी वेतन

मिलता था उसमें से बीस प्रतिशत ठेकेदार को देने पड़ते थे। ठेकेदार को देने के बाद जो भी बचता था, वह अम्मा के हाथ में थमा देता था। अम्मा को विश्वास होने लगा था कि दिन पलटेंगे।

नगरपालिका में शिवचरण ने अपनी एक खास जगह बना ली थी। थोड़ी बहुत नेतागिरी भी वह करने लगा था। उन दिनों शहर में एक मजदूर नेता का बड़ा रौब-दाब था। शिवचरण उसी के पीछे लग गया था। जब भी उसकी मीटिंग होती या जुलूस होता, शिवचरण उसमें बढ़-चढ़कर सक्रिय हो जाता था। झंडे लगाना, पर्चे बाँटना, नारे लगाना, ये सारे काम शिवचरण करता था। थोड़ा-बहुत भाषण देना भी उसने सीख लिया था। जिसका फायदा शिवचरण को यह हुआ कि नगरपालिका के तंत्र में उसकी घुसपैठ होने लगी थी। कई अफसरों, बाबुओं से संपर्क बनाने में उसे सफलता मिल गई थी जिसके फलस्वरूप जो काम ठेकेदार कराता था, वे अब शिवचरण कराने लगा था जिससे उसकी आमदनी बढ़ गई थी।

आदमी जब आदमखोर हो जाता है तो फिर अपना-पराया नहीं देखता बस उसे खून चाहिए। शिवचरण के साथ भी ऐसा ही हुआ था, सगे-संबंधी हो या जात-बिरादरी के अन्य लोग सभी से काम कराने के बहाने कमीशन लेने लगा था, अपने-पराए का कोई भेद उसमें नहीं था। लोग कहते थे कि उसकी आँख में सुअर का बाल है।

उसकी बढ़ती आमदनी देखकर भी अम्मा समझ नहीं पाई थी। सुकडू नगरपालिका में ही काम करता था फिर भी उसने शिवचरण के बारे में कभी अम्मा से चर्चा नहीं की थी। एक दिन हरदेई की बहू चोपड़ा के ठिकाने का काम निबटाकर जैसे ही गली में आई। सामने से अम्मा को आते देखकर ठिठक गई। बहुत आदर भाव दिखाते हुए बोली, "अम्मा जी, तम अभी भी काम करो हो। इब तम्हें क्या कमी है। जेठजी तो भतेरा (बहुत) कमावे हैं। रामकिशन को नौकरी दिलवाने के तीन हजार लिये थे। सभी जाणे हैं।"

"बहू, तू किसकी बात करे है...शिवचरण की ? उन्ने तीन हजार लिये...तैन्ने कहाँ से सुण लिया ?" अम्मा ने अचरज से कहा।

"अम्मा जी, अनजान ना बणो। जिब घर में गड्डी की गड्डी लोट (नोट) आवे हैं तो पड़ोसियों को भी पता हो जावे...फेर तम तो माँ हो...घर की मालकिन हमने तो सुणा है जेठजी सारे पैसे थारे ही हाथ में लाके धरे। इब तो वही कहावत हो गई दुनिया को लूट्टो भी और भले भी बणे रहो।" हरदेई की बहू चिनगारी लगाकर आगे बढ़ गई।

अम्मा का चेहरा फक्क पड़ गया था। उस वक्त वह कुछ बोल नहीं पाई थी।

शाम को शिवचरण के आते ही अम्मा ने साफ-साफ कह दिया, "शिबु, आजकल तू जो करे है ठीक ना है...जो मैंने पता होता कि तू इस तरियो पैसा कमावे है तो मैं तेरे पैसे कू हाथ भी ना लगाती। तैन्ने पढ़ा-लिखा दिया ! तेरी साद्दी (शादी) कर दी ...मेरा काम खत्म...अच्छा इनसान न बणा सकी यो मेरा कसूर। कल से तू अपना चौका-चूल्हा अलग कर ले...मन्नै ना खाणी इस कमाई की रोटी। अलग रहके चाहे

किसी ने लूट या मार...मेरे से कोई मतलब नहीं।''

शिवचरण मुँह बाए अम्मा की बात सुन रहा था। उसकी समझ में नहीं आ रहा था कि अम्मा कह क्या रही है। अचानक अम्मा को हुआ क्या है ? उसने पूछ ही लिया, ''अम्मा बात क्या है ? मैं कोई चोरी करके पैसा लाता हूँ। वह ठेकेदार इतने सालों से यही काम कर रहा था। कितनी बड़ी कोठी उसने बना ली है।...मैं करने लगा तो इसमें बुराई क्या है ? मैं मेहनत करता हूँ तो लोग खुशी से देते हैं। मैं किसी को नाजायज दबाकर तो कुछ नहीं लेता।''

''बुराई की बात करे है शिबु...बुराई तो किसी का गला काटने में भी ना है। बुराई तो डाका डालने में भी ना है। सूद पे रुपया चलाने में भी ना है। पर बेट्टे...करेक (जरा) उनकी भी तो सोच...जो अपने जातकों के मुँह का कौर छीन के अपनी मिहनत की कमाई तेरे हाथ पे धर देवे हैं। ना बेट्टे...ना...कभी सोच्चा है उनकी दुरदशा पे ...कैसे जीव हैं वे लोग ?'' अम्मा का गला भर आया था।

''अम्मा ! दुर्दशा तो ये लोग अपने आप करे हैं। दो पैसे घर ले जाने के बजाय दारू पीते हैं। सट्टा खेलते हैं।'' शिवचरण ने तर्क दिया।

''ठीक कहता है बेट्टे...जो तैन्ने स्कूल ना भेज्जा होत्ता तो तू भी उनकी तरियो होता। रही दारू की बात...दारू तो तू बी पीवे। आज तैन्ने मुफत की मिले तो पीवे। कल जिब ना मिलेगी तो खरीद के पीवेगा। जिब लत पड़ जा ना फेर ना दिक्खे कि बच्चे भूक्खे बैठे हैं या बीमार पड़े हैं...तेरी समझ में जो आवे...तू कर, मैन्ने जो कहणा था कह दिया। कल से अपणा खा-कमा। अलग रह...मैन्ने ना चाहिए तेरी यो कमाई।'' कहते हुए अम्मा उठकर घर के काम में लग गई। उसे लगातार यह दर्द साल रहा था कि उसकी कोख से एक आदमखोर ने जन्म ले लिया है, जो अपनों को ही खा रहा है।

आज जहाँ अम्मा खड़ी है, वहाँ से जब मुड़कर देखती है तो पीछे सब धुँधला-धुँधला दिखाई पड़ता है। न जाने कितने उतार-चढ़ाव देख चुकी है अम्मा।

बिसन के लड़के मुकेश ने उसके सीने में जो फफोला दिया है वह शायद सबसे गहरा है। जिसने अम्मा को सदमा पहुँचाया है।

मुकेश ने एम. ए. कर लिया था। लेकिन नौकरी का कहीं दूर-दूर तक अता-पता नहीं था। काफी भाग-दौड़, जोड़-तोड़ के बाद भी नौकरी नहीं मिली थी। मुकेश को लेकर घर में तनाव रहने लगा था। जिसके कारण वह कई-कई दिन घर ही नहीं आता था। बिसन की परेशानी बढ़ने लगी थी। खोज-बीन करने पर पता चला, वह एक स्कूल टीचर के घर पड़ा रहता है।

स्कूल टीचर अपने दो छोटे-छोटे बच्चों के साथ पति से अलग रहती थी। देखने में आकर्षक और जवान थी। मुकेश से कहीं मुलाकात हुई थी। वही मुलाकात घनिष्ठता में बदल गई थी। एक ऐसा रिश्ता दोनों के बीच बन गया था जिसे वे कोई नाम नहीं दे पाए थे। रोज-रोज के तनाव से भागकर वह टीचर के पास पहुँच जाता था। सुकून ढूँढ़ने। शुरू-शुरू में मुकेश के आकर्षक व्यक्तित्व ने टीचर को खींचा था। अकेलेपन से

ऊबकर वह मुकेश के बाहुपाश में सिमट गई थी। कुछ ही मुलाकातों के बाद यह आकर्षण जरूरत में बदल गया था। दो-दो बच्चों को दिन-भर सँभालने के लिए कोई तो घर में होना ही चाहिए। टीचर सुबह आठ बजे स्कूल चली जाती थी और मुकेश दिन-भर बच्चों को सँभालता था।

रात में वह दस-साढ़े दस से पहले अपने घर नहीं लौटता था। एक दिन जब वह रात में देर से लौटा तो बिशन ने मुकेश को डाँटकर पूछा, "आजकल, इतनी देर कहाँ रहते हो ? सुबह मुँह-अँधेरे घर से निकलते हो, रात में लौटते हो ?"

मुकेश ने टालने का प्रयास किया। लेकिन जब बिसन ने सख़्ती दिखाई तो मुकेश के तमाम बहाने लड़खड़ाने लगे। बिसन को उसके और टीचर के बीच चल रहे रिश्तों की भनक पहले ही लग चुकी थी।

बिसन ने गुर्राकर तीखी आवाज में कहा, "ये स्कूल टीचर का क्या चक्कर है ?"

स्कूल टीचर का नाम सुनते ही मुकेश सकपका गया। बिसन की आवाज सुनकर अम्मा भी आ गई थी। मुकेश सिर नीचे किए चुपचाप खड़ा था। बिसन के किसी सवाल का उत्तर उसने नहीं दिया था। बिसन का पारा चढ़ गया। गुस्से में चीखकर बोला, "कुछ लाज-शर्म हो तो इसी वक्त निकल जा यहाँ से।" तड़तड़ करके दो-तीन थप्पड़ मुकेश को जड़ दिए। अम्मा बीच-बचाव करके मुकेश को अलग ले गई। बिसन अभी भी चिल्ला रहा था। अम्मा ने मुकेश को अपने पास बैठाकर पूछताछ की। अम्मा के सामने उसने सब कुछ उगल दिया।

अम्मा को लगा, सामने उसका पोता नहीं मिसेज चोपड़ा के बेडरूम में विनोद बैठा है। उसकी आँखों में अजीब-सी वितृष्णा भर गई। वह कुछ नहीं बोली। गहरी साँस ली और लेट गई।

मुकेश कब उठकर गया, पता ही नहीं चला। सुबह शिवचरण की बहू ने आकर कहा, "अम्मा जी, मुकेश का ब्याह कर दो। सुबह का भूला घर लौट आवेगा।"

अम्मा ने लंबी साँस लेते हुए कहा, "ना बहू...किसी निरदोस बच्ची कू इस साँड के गले में ना बाँधूँगी। जिब आदमी कू बासी गोश्त का चस्का लग जावे है तो ताजे गोश्त कू हाथ भी ना लगावे...मैं जीते जी किसी गरीब की बेट्टी को जानबूझ के गड्ढे में ना धकेलूँगी..." अम्मा ने लंबे-लंबे साँस लिये। जैसे पीड़ा से उबरने का प्रयास कर रही हो।

सुबह की रोशनी छत पर उतर आई थी। अम्मा ने झाड़ू और कनस्तर उठाया, और ठिकानों की तरफ चल दी।

उस रोज वह शाम तक घर नहीं लौटी। दिन-भर बाहर ही रही। मुकेश के चले जाने से उसे गहरा सदमा लगा था।

शाम को जब लौटी तो शरीर थककर चूर हो चुका था। साँस उखड़ी हुई थी। उसकी हालत देखकर सभी घबरा गए। बिसन ने उसे चारपाई पर लिटाते हुए पूछा, "अम्मा, सुबह से कहाँ थी ? सब जगह ढूँढ़ लिया। यहाँ सब परेशान थे।" अम्मा ने कोई उत्तर नहीं दिया।

उसे चुप देखकर बिसन ने कहा, "अम्मा, ये ठिकानों का काम छोड़ो। अब आप के शरीर में ताकत कहाँ है ? और वैसे भी अब आपको इतनी तकलीफ उठाने की जरूरत क्या है ? घर तो चल ही रहा है। अच्छा नहीं लगता अम्मा...आप गंदगी ढोने जाती हैं...लोग देखते हैं तो शर्म आती है...!"

"बेट्टे बिसन...तैन्ने और तेरे जातकों (बच्चे) ने सरम आवे...इसीलिए तो पढ़ाया-लिखाया। थारे सबके हाथ से झाडू-टोकरा छुड़ाया...मेरे बाद इस घर की कोई बहू-बेट्टी ठिकानों में नहीं गई...सिरफ इसलिए कि तुम सब लोग इज्जत से जीना सिक्खो। ऐसा कोई काम ना करो जिससे सिर नीच्चा हो...कहीं कमी रह गई है बेट्टे, जो तेरा मुकेश जूठन पर मुँह मारने गया, वह भी नौकर की तरह, उसके बच्चों को सँभालने, इज्जत से उसे ब्याह के घर ले आता...भले ही दो जातकों की माँ है। मेरा दिल खुश हो जाता। अपनी बहू बणा के रखती...पर यो तो ठीक ना है, अच्छा नी करा उन्ने..." अम्मा का गला भर्रा गया। वह रोने लगी।

जब आँसू रुके तो फिर बोली, "तेरे बापू रिटायर हुए तो जो पैसे मिले थे, उनसे सरदार का कर्जा उतार दिया। इब तो जिंदगानी थारे ही भरोसे है...जिब किरणलता अपने जातकों कू लेके आवे हैं तो उसके खाली हाथ पे कुछ रखने के लिए तो मेरे पास कुछ होणा चाहिए। कब तक तेरे से माँगूगी...ना बेट्टे...उस सुख की खातिर मुझे काम करना पड़ रहा है तो आखरी साँस तक करूँगी।"

अम्मा की आँखों में गहरे पानी की झील उग आई थी, जिसमें छोटी-छोटी लहरें उठ रही थीं। जैसे तमाम जख्म फिर से हरे हो गए हों।

अम्मा का टूटा-फूटा कनस्तर और झाडू दीवार के सहारे टिका मुँह चिढ़ा रहा था।

# खानाबदोश

सुकिया के हाथ की पथी कच्ची ईंटें पकने के लिए भट्टे में लगाई जा रही थीं। भट्टे के गलियारे में झरोखेदार कच्ची ईंटों की दीवार देखकर सुकिया आत्मिक सुख से भर गया था। देखते-ही-देखते हजारों ईंटें भट्टे के गलियारे में समा गई थीं। ईंटों के बीच खाली जगह में पत्थर का कोयला, लकड़ी, बुरादा, गन्ने की बाली, भर दिए गए थे।

असगर ठेकेदार ने अपनी निगरानी में हर चीज तरतीब से लगवाई थी। आग लगाने से पहले भट्टा मालिक मुखतार सिंह ने एक-एक चीज का मुआयना किया था।

चौबीसों घंटे की ड्यूटी पर मजदूरों को लगाया गया था। जो मोरियों से भट्टे में कोयला, बुरादा आदि डाल रहे थे। भट्टे का सबसे खतरे वाला काम था मोरी पर काम करना। थोड़ी-सी असावधानी भी मौत का कारण बन सकती थी।

भट्टे की चिमनी धुआँ उगलने लगी थी। यह धुआँ मीलों दूर से दिखाई पड़ जाता था। हरे-भरे खेतों के बीच गहरे मटमैले रंग का यह भट्टा, एक धब्बे जैसा दिखाई पड़ता था।

मानो और सुकिया महीना भर पहले ही इस भट्टे पर आए थे, दिहाड़ी मजदूर बनकर। हफ्ते-भर का काम देखकर असगर ठेकेदार ने सुकिया से कहा था कि साँचा ले लो और ईंट पाथने का काम शुरू करो। हजार ईंट के रेट से अपनी मजदूरी लो। भट्टे पर लगभग तीस मजदूर थे जो वहीं काम करते थे। भट्टा मालिक मुखतार सिंह और असगर ठेकेदार साँझ होते ही शहर लौट जाते थे। शहर से दूर, दिन-भर की गहमा-गहमी के बाद यह भट्टा अँधेरे की गोद में समा जाता था।

एक कतार में बनी छोटी-छोटी झोंपड़ियों में टिमटिमाती डिबरियाँ भी इस अँधेरे से लड़ नहीं पाती थीं। दड़बेनुमा झोंपड़ियों में झुककर घुसना पड़ता था। झुके-झुके ही बाहर आना होता था। भट्टे का काम खत्म होते ही औरतें चूल्हा-चौका सँभाल लेती थीं। कहने भर के लिए चूल्हा-चौका था। ईंटों को जोड़कर बनाए चूल्हे में जलती लकड़ियों की चिट-चिट जैसे मन में पसरी दुश्चिंताओं और तकलीफों की प्रतिध्वनियाँ भी जहाँ सब कुछ अनिश्चित था।

मानो अभी तक इस भट्टे की जिंदगी से तालमेल नहीं बैठा पाई थी। बस सुकिया की जिद के सामने वह कमजोर पड़ गई थी। साँझ होते ही सारा माहौल भाँय-भाँय करने लगता था। दिन-भर के थके-हारे मजदूर अपने-अपने दड़बों में घुस जाते थे। साँप-बिच्छू

का डर लगा रहता था। जैसे समूचा जंगल झोंपड़ी के दरवाजे पर आकर खड़ा हो गया है। ऐसे माहौल में मानो का जी घबराने लगता था। लेकिन करे भी तो क्या, न जाने कितनी बार सुकिया से कहा था मानो ने, ''अपने देस की सूखी रोटी भी परदेश के पकवानों से अच्छी होवे है।''

सुकिया के मन में एक बात बैठ गई थी। नर्क की जिंदगी से निकलना है तो कुछ छोड़ना भी पड़ेगा। मानो की हर बात का एक ही जवाब था उसके पास, ''बड़े-बूढ़े कहा करे हैं कि आदमी की औकात घर से बाहर कदम रखणे पे ही पता चले है। घर में तो चूहा भी सूरमा बणा रह। काँधे पर यो लंबा लट्ठ धरके चलणे वाले चौधरी सहर (शहर) में सरकारी अफसरों के आग्गे सीध्धे खड़े ना हो सके हैं। बूढ्ढी बकरियों की तरह मिमियाएँ हैं...और गाँव में किसी गरीब कू आदमी भी ना समझे हैं...।''

सुकिया की इन बातों से मानो कमजोर पड़ जाती थी। इसीलिए गाँव-देहात छोड़कर वे दोनों एक दिन असगर ठेकेदार के साथ इस भट्टे पर आ गए थे।

पहले ही महीने में सुकिया ने कुछ रुपए बचा लिये थे। कई-कई बार गिनकर तसल्ली कर ली थी। धोती की गाँठ में बाँधकर अंटी में खोंस लिये थे। रुपए देखकर मानो भी खुश हो गई थी उसे लगने लगा था कि वह अपनी जिंदगी के ढर्रे को बदल लेगा।

सुकिया और मानो की जिंदगी एक निश्चित ढर्रे पर चलने लगी थी। दोनों मिलकर पहले तगारी बनाते, फिर मानो तैयार मिट्टी लाकर देती। इस काम में उनके साथ एक तीसरा मजदूर भी आ गया था। नाम था जसदेव। छोटी उम्र का लड़का था। असगर ठेकेदार ने उसे भी उनके साथ काम पर लगा दिया था। इससे काम में गति आ गई थी। सुकिया भी अब फुर्ती से साँचे में ईंटें डालने लगा था। जिससे उनकी दिहाड़ी बढ़ गई थी।

उस रोज मालिक मुखतार सिंह की जगह उनका बेटा सूबेसिंह भट्टे पर आया था, मालिक कुछ दिनों के लिए कहीं बाहर चले गए थे, उनकी गैरहाजिरी में सूबेसिंह का रौबदाब भट्टे का माहौल ही बदल देता था। इन दिनों में असगर ठेकेदार भीगी बिल्ली बन जाता था। दफ्तर के बाहर एक अर्दली की ड्यूटी लग जाती थी। जो कुर्सी पर उकड़ूँ बैठकर दिन-भर बीड़ी पीता था। आने-जाने वालों पर निगरानी रखता था। उसकी इजाजत बगैर कोई अंदर नहीं जा सकता था।

एक रोज सूबेसिंह की नजर किसनी पर पड़ गई। तीन महीने पहले ही किसनी और महेश भट्टे पर आए थे। पाँच-छः महीने पहले ही दोनों की शादी हुई थी।

सूबेसिंह ने उसे दफ्तर की सेवा-टहल का काम दे दिया था। शुरू-शुरू में किसी का ध्यान इस ओर नहीं गया था। लेकिन जब रोज ही गारे-मिट्टी का काम छोड़कर वह दफ्तर में ही रहने लगी तो मजदूरों में फुसफुसाहटें शुरू हो गई थीं।

तीसरे दिन सुबह जब मजदूर काम शुरू करने के लिए झोंपड़ियों से बाहर निकल रहे थे, किसनी हैंडपंप के नीचे खुले में बैठकर साबुन से रगड़-रगड़कर नहा रही थी।

भट्टे पर साबुन किसी के पास नहीं था। साबुन और उससे उठते झाग पर सबकी नजर पड़ गई थी। लेकिन बोला कोई कुछ भी नहीं था। सभी की आँखों में शंकाओं के गहरे काले बादल घिर आए थे। कानाफूसी हलके-हलके शुरू हो गई थी।

महेश गुमसुम-सा अलग-अलग रहने लगा था। साँवले रंग की भरे-पूरे जिस्म की किसनी का व्यवहार महेश के लिए दुःखदायी हो रहा था। वह दिन-भर दफ्तर में घुसी रहती थी। उसकी खिलखिलाहटें दफ्तर से बाहर तक सुनाई पड़ने लगी थी। महेश ने उसे समझाने की कोशिश की थी। लेकिन वह जिस राह पर चल पड़ी थी वहाँ से लौटना मुश्किल था।

भट्टे की जिंदगी भी अजीब थी। गाँव-बस्ती का माहौल बन रहा था। झोंपड़ी के बाहर जलते चूल्हे और पकते खाने की महक भट्टे की नीरस जिंदगी में कुछ देर के लिए ही सही ताजगी का अहसास होता था। ज्यादातर लोग रोटी के साथ गुड़ या फिर लाल मिर्च की चटनी ही खाते थे। दाल-सब्जी तो कभी-कभार ही बनती थी।

शाम होते ही हैंडपंप पर भीड़ लग जाती थी। जिस्म पर चिपकी मिट्टी को जितना उतारने की कोशिश करते वह और उतना ही भीतर उतर जाती थी। नस-नस में कच्ची मिट्टी की महक बस गई थी। इस महक से अलग भट्टे का कोई अस्तित्व नहीं था।

किसनी और सूबेसिंह की कहानी अब काफी आगे बढ़ गई थी। सूबेसिंह के अर्दली ने महेश को शराब की लत डाल दी थी। शराब पीकर महेश झोंपड़ी में पड़ा रहता था। किसनी के पास एक ट्रांजिस्टर भी आ गया था। सुबह-शाम भट्टे की खामोशी में ट्रांजिस्टर की आवाज गूँजने लगी थी। ट्रांजिस्टर वह इतने जोर से बजाती थी कि भट्टे का वातावरण फिल्मी गानों की आवाज से गमक उठता था। शांत माहौल में संगीत लहरियों ने खनक पैदा कर दी थी।

कड़ी मेहनत और दिन-रात भट्टे में जलती आग के बाद जब भट्टा खुलता था तो मजदूर से लेकर मालिक तक की बेचैन साँसों को राहत मिलती थी। भट्टे से पकी ईंटों को बाहर निकालने का काम शुरू हो गया था। लाल-लाल पक्की ईंटों को देखकर सुकिया और मानो की खुशी का इंतहा नहीं थी। खासकर मानो तो ईंटों को उलट-पुलटकर देख रही थी। खुद के हाथ की पथी ईंटों का रंग ही बदल गया था। इस दिन ईंटों को देखते-देखते ही मानो के मन में बिजली की तरह एक खयाल कौंधा था। इस खयाल के आते ही उसके भीतर जैसे एक साथ कई-कई भट्टे जल रहे थे। उसने सुकिया से पूछा था, ‘‘एक घर में कितनी ईंटें लग जाती हैं ?’’

‘‘बहुत...कई हजार...लोहा, सीमेंट, लकड़ी, रेत अलग से।’’ उसके मन में उसे खयाल उभरा था। उसे तत्काल कोई आधार नहीं मिल पा रहा था। वह बेचैन हो उठी थी।

उसे खामोश देखकर सुकिया ने कहा, ‘‘चलो, काम शुरू करना है। जसदेव बाट देख रहा होगा।’’ सुकिया के पीछे-पीछे अनमनी ही चल दी थी मानो लेकिन उसके दिलोदिमाग पर ईंटों का लाल रंग कुछ ऐसे छा गया था कि वह उसी में उलझकर रह गई थी।

झिंगुरों की झिन-झिन और बीच-बीच में सियारों की आवाजें रात के सन्नाटों में स्याहपन बोल रही थीं। थके-हारे मजदूर नींद की गहरी खाइयों में लुढ़क गए थे। मानो के खयालों में अभी भी लाल-लाल ईंटें घूम रही थीं। इन ईंटों से बना हुआ एक छोटा-सा घर उसके जेहन में बस गया था। यह खयाल जिस शिद्दत से पुख्ता हुआ था, नींद उतनी ही दूर चली गई थी।

दूर किसी बस्ती से हलके-हलके छनकर आती मुर्गे की बाँग, रात के आखिरी पहर के अहसास के साथ ही मानो की पलकें नींद से भरी होने लगी थीं।

सुबह के जरूरी कामों से निबटकर जब सुकिया ने झोंपड़ी में झाँका तो वह हैरान रह गया था। इतनी देर तक मानो कभी नहीं सोती। वह परेशान हो गया था। गहरी नींद में सोई मानो का माथा उसने छूकर देखा, माथा ठंडा था। उसने राहत की साँस ली। मानो को जगाया, ''इतना दिन चढ़ गया है...उठने का मन नहीं है ?''

मानो अनमनी-सी उठी। कुछ देर यूँ ही चुपचाप बैठी रही। मानो का इस तरह बैठना सुकिया को अखरने लगा था, ''आज क्या बात है ?...जी तो ठीक है ?''

मानो अपने खयालों में गुम थी। मन की बात बाहर आने के लिए छटपटा रही थी। उसने सुकिया की ओर देखते हुए पूछा, ''क्यों जी...क्या हम इन पक्की ईंटों पर घर नहीं बणा सके हैं ?''

मानो की बात सुनकर सुकिया आश्चर्य से मानो को ताकने लगा। कल की बात वह भूल चुका था। सुकिया ने गहरे अवसाद से भरकर कहा, ''पक्की ईंटों का घर दो-चार रुपए में ना बणता है।...इत्ते ढेर-से नोट लगे हैं घर बणाने में। गाँठ में नहीं है पैसा चले हाथी खरीदने।''

''महीने भर में जो हमने इत्ती ईंटें बणा दी हैं...क्या अपणे लिए हम ईंटे ना बणा सके हैं।'' मानो ने मासूमियत से कहा।

''यह भट्टा मालिक का है। हम ईंटें उनके लिए बणाते हैं। हम तो मजदूर हैं। इन ईंटों पर अपणा कोई हक ना है।'' सुकिया ने अपने मन में उठते दबाव को महसूस किया।

''इन ईंटों पर म्हारा कोई भी हक ना है...क्यूँ...'' मानो ने ताज्जुब भरी कड़ुवाहट से कहा। उसके अंदर में बवंडर मचल रहा था। कुछ देर की खामोशी के बाद मानो बोली, ''हर महीने कुछ और बचत करें...ज्यादा ईंटें बनाएँ...तब ?...तब भी अपणा घर नहीं बणा सकते ?'' अपने भीतर कुलबुलाते सवालों को बाहर लाना चाहती थी मानो।

''इतनी मजदूरी मिलती कहाँ है ? पूरे महीने हाड़-गोड़ तोड़ के भी कितने रुपए बचे ! कुल अस्सी। एक साल में एक हजार ईंटों के दाम अगर हमने बचा भी लिये तो घर बणाने लायक रुपया जोड़ते-जोड़ते उम्र निकल जागी। फेर भी घर ना बण पावेगा।'' सुकिया ने दुखी मन से कहा।

''अगर हम रात-दिन काम करें तो भी नहीं ?'' मानो ने उत्साह में भरकर कहा।

''बावली हो गई है क्या ?...चल उठ...काम पे जाणा है। टेम ज्यादा हो रहा है।

ठेकेदार आता ही होगा। आज पूरब की टाँग काटनी है लगार के लिए।'' सुकिया मानो के सवालों से घबरा गया था। उठकर बाहर जाने लगा।

''कुछ भी करो...तुम चाहो तो मैं रात-दिन काम करूँगी...मुझे एक पक्की ईंटों का घर चाहिए। अपने गाँव में...लाल-सुर्ख ईंटों का घर।'' मानो के भीतर मन में हजार-हजार वसंत खिल उठे थे।

सुकिया और मानो को एक लक्ष्य मिल गया था। पक्की ईंटों का घर बनाना है ...अपने ही हाथ की पकी ईंटों से। सुबह होते ही काम पर लग जाते थे और शाम को भी अँधेरा होने तक जुटे रहते हैं। ठेकेदार असगर से लेकर मालिक तक उनके काम से खुश थे।

सूबे सिंह किसनी को शहर भी लेकर जाने लगा था। किसनी के रंग-ढंग में बदलाव आ गया था। अब वह भट्‌टे पर गारे-मिट्‌टी का काम नहीं करती थी। महेश रोज रात में शराब पीकर मन की भँड़ास निकालता था। दिन में भी अपनी झोंपड़ी में पड़ा रहता था या इधर-उधर बैठा रहता था। किसनी कई-कई दिन तक शहर से लौटती नहीं थी। जब लौटती थकी, निढाल और मुर्झाई हुई। कपड़ों-लत्तों की अब उसके पास कमी नहीं थी।

उस रोज सूबेसिंह ने भट्‌टे पर आते ही असगर ठेकेदार से कहा था, ''मानो को दफ्तर में बुलाओ, आज किसी की तबीयत ठीक नहीं है।''

असगर ठेकेदार ने रोकना चाहा था, ''छोटे बाबू मानो को...''

बात पूरी होने से पहले ही सूबेसिंह ने उसे फटकार दिया था, ''तुमसे जो कहा गया है वही करो। राय देने की कोशिश मत करो। तुम इस भट्‌टे पर मुंशी हो। मुंशी ही रहो, मालिक बनने की कोशिश करोगे तो अंजाम बुरा होगा।''

असगर ठेकेदार की घिग्घी बँध गई थी, वह चुपचाप मानो को बुलाने चल दिया था। असगर ठेकेदार ने आवाज देकर कहा था, ''मानो, छोटे बाबू बुला रहे हैं दफ्तर में।''

मानो ने सुकिया की ओर देखा। उसकी आँखों में भय से उत्पन्न कातरता थी। सुकिया भी इस बुलावे पर हड़बड़ा गया था। वह जानता था। मछली को फँसाने के लिए जाल फेंका जा रहा है। गुस्से और आक्रोश से नसें खिंचने लगी थीं। जसदेव ने भी सुकिया की मनःस्थिति को भाँप लिया था। वह फुर्ती से उठा। हाथ-पाँव पर लगी गीली मिट्‌टी छुड़ाते हुए बोला, ''तुम यहीं ठहरो...मैं देखता हूँ। चलो चाचा।'' असगर के पीछे-पीछे चल दिया।

असगर ठेकेदार जानता था कि सूबेसिंह शैतान है। लेकिन चुप रहना उसकी मजबूरी बन गई थी। जिंदगी का खास हिस्सा उसने भट्‌टे पर गुजारा था। भट्‌टे से अलग उसका कोई वजूद ही नहीं था।

असगर ठेकेदार के साथ जसदेव को आता देखकर सूबे सिंह बिफर पड़ा था।

''तुझे किसने बुलाया है ?''

"जी...जो भी काम हो बताइए...मैं कर दूँगा..." जसदेव ने विनम्रता से कहा।

"क्यों ?...तू उसका खसम है...या उसकी (...) पर चर्बी चढ़ गई है।" सूबेसिंह ने अपशब्दों का इस्तेमाल किया।

"बाबू जी...आप किस तरह बोल रहे हैं..." जसदेव के बात पूरी करने से पहले ही एक झन्नाटेदार थप्पड़ उसके गाल पर पड़ा।

"साले...भट्टे की आग में झोंक दूँगा...किसी को पता भी नहीं चलेगा। हड्डियाँ तक नहीं मिलेंगी राख से...समझा।" सूबेसिंह ने उसे धकिया दिया। जसदेव गिर पड़ा था।

जब तक वह सँभल पाता। लात-घूँसों से सूबेसिंह ने उसे अधमरा कर दिया था। चीख-पुकार सुनकर मजदूर उनकी ओर दौड़ पड़े थे। मजदूरों को एक साथ आता देखकर सूबेसिंह जीप में बैठ गया था। देखते-ही-देखते जीप शहर की ओर दौड़ गई थी। असगर ठेकेदार दफ्तर में जा घुसा था।

सुकिया और मानो जसदेव को उठाकर झोंपड़ी में ले गए थे। वह दर्द से कराह रहा था। मानो ने उसकी चोटों पर हल्दी लगा दी थी। सुकिया गुस्से में काँप रहा था। मानो के अवचेतन में असंख्य अँधेरे नाच रहे थे। वह किसनी नहीं बनना चाहती थी। इज्जत की जिंदगी जीने की अदम्य लालसा उसमें भरी हुई थी। उसे एक घर चाहिए था पक्की ईंटों का। जहाँ वह अपनी गृहस्थी और परिवार के सपने देखती थी।

समूचा दिन अदृश्य भय और दहशत में बीता था। जसदेव को हलका बुखार हो गया था। वह अपनी झोंपड़ी में पड़ा था। सुकिया उसके पास बैठा था। आज की घटना से मजदूर डर गए थे। उन्हें लग रहा था कि सूबेसिंह किसी भी वक्त लौटकर आ सकता है। शाम होते ही भट्टे पर सन्नाटा छा गया था। सब अपने-अपने खोल में सिमट गए थे। बूढ़ा बिलसिया जो अक्सर बाहर पेड़ के नीचे देर रात तक बैठा रहता था। आज शाम होते ही अपनी झोंपड़ी में जाकर लेट गया था। उसके खाँसने की आवाज भी आज कुछ धीमी हो गई थी। किसनी की झोंपड़ी से ट्रांजिस्टर की आवाज भी नहीं आ रही थी।

बीच-बीच में हैंडपंप की खंच-खंच ध्वनि इस खामोशी में विघ्न डाल रही थी। पंप जसदेव की झोंपड़ी के ठीक सामने था। सभी को पानी के लिए इस पंप पर आना पड़ता था।

भट्टे पर दवा-दारू का कोई इंतजाम नहीं था। कटने-फटने पर घाव पर मिट्टी लगा देना था। कपड़ा जलाकर राख भर देना ही दवाई की जगह काम आते थे।

मानो ने अधूरे मन से चूल्हा जलाया था। रोटियाँ सेंककर सुकिया के सामने रख दी थी। सुकिया ने भी अनिच्छा से एक रोटी हलक के नीचे उतारी थी। उसकी भूख जैसे अचानक मर गई थी। मानो को लेकर उसकी चिंता बढ़ गई थी। उसने निश्चय कर लिया था। वह मानो को किसनी नहीं बनने देगा।

मानो भी गुमसुम अपने आप से ही लड़ रही थी। बार-बार उसे लग रहा था कि

वह सुरक्षित नहीं है। एक सवाल उसे खाए जा रहा था--क्या औरत होने की यही सजा है। वह जानती थी सुकिया ऐसा-वैसा कुछ नहीं होने देगा। वह महेश की तरह नहीं है। भले ही यह भट्‌टा छोड़ना पड़े। भट्‌टा छोड़ने के खयाल से ही वह सिहर उठी। नहीं ...भट्‌टा नहीं छोड़ना है। उसने अपने आपको आश्वस्त किया। अभी तो पक्की ईंटों का घर बनाना है।

मानो रोटियाँ लेकर बाहर जाने लगा तो सुकिया ने टोका, ''कहाँ जा रही है ?''

''जसदेव भूखा-प्यासा पड़ा है...उसे रोट्‌टी देणे जा रही हूँ।'' मानो ने सहज भाव से कहा।

''बामन तेरे हाथ की रोट्‌टी खावेगा...अकल मारी गई तेरी,'' सुकिया ने उसे रोकना चाहा।

''क्यों मेरे हाथ की रोट्‌टी में जहर लगा है ?'' मानो ने सवाल किया। पल भर रुककर बोली, ''बामन नहीं भट्‌टा मजदूर है वह...म्हारे जैसा।''

चारों तरफ सन्नाटा था। जसदेव की झोंपड़ी में ढिबरी जल रही थी। मानो ने झोंपड़ी का दरवाजा ठेला 'जी कैसा है ?' भीतर जाते हुए मानो ने पूछा। जसदेव ने उठने की कोशिश की। उसके मुँह से दर्द की आह निकली।

''कमबख्त कीड़े पड़के मरेगा। हाथ-पाँव टूट-टूटकर गिरेंगे...आदमी नहीं जंगली जिनावर है।'' मानो ने सूबेसिंह को कोसते हुए कहा।

जसदेव चुपचाप उसे देख रहा था।

''यह ले...रोट्‌टी खा ले। सुबें से भूखा है। दो कौर पेट में जाएँगे तो ताकत तो आवेगी बदन में,'' मानो ने रोटी और गुड़ उसके आगे रख दिया था। जसदेव कुछ अनमना-सा हो गया था। भूख तो उसे लगी थी। लेकिन मन के भीतर कहीं हिचक थी। घर-परिवार से बाहर निकले ज्यादा समय नहीं हुआ था। खुद वह कुछ भी बना नहीं पाया था। शरीर का पोर-पार टूट रहा था।

''भूख नहीं है।'' जसदेव ने बहाना किया।

''भूख नहीं है या कोई और बात है...'' मानो ने जैसे उसे रँगे हाथों पकड़ लिया था।

''और क्या बात हो सकती है...?'' जसदेव ने सवाल किया।

''तुम्हारे भय्या कह रहे थे तुम बामन हो ?...इसीलिए मेरे हाथ की रोटी नहीं खाओगे। अगर यो बात है तो मैं जोर ना डालूँगी...थारी मर्जी...औरत हूँ...पास में कोई भूखा हो...तो रोटी का कौर गले से नीचे नहीं उतरता है...फिर तुम तो दिन-रात साथ काम करते हो...मेरी खातिर पिटे...फिर यह बामन म्हारे बीच कहाँ से आ गया...?'' मानो रुआँसी हो गई थी। उसका गला रुँध गया था।

रोटी लेकर वापस लौटने के लिए मुड़ी। जसदेव में साहस नहीं था उसे रोक लेने के लिए। उनके बीच जुड़े तमाम सूत्र जैसे अचानक बिखर गए थे।

अपनी झोंपड़ी में आकर चुपचाप लेट गई थी मानो। बिना कुछ खाए। दिन-भर की

घटनाएँ उसके दिमाग में खलबली मचा रही थीं। जसदेव भूखा है, यह अहसास उसे परेशान कर रहा था। जसदेव को लेकर उसके मन में हलचल थी। उसे लग रहा था जैसे जसदेव का साथ उन्हें ताकत दे रहा है। ऐसी ताकत जो सूबेसिंह से लड़ने में हौसला दे सकती है। दो से तीन होने का सुख मानो महसूस करने लगी थी।

सुकिया भी चुपचाप लेटा हुआ था। उसकी भी नींद उड़ चुकी थी। उसकी समझ में नहीं आ रहा था, क्या करे, इन्हीं हालात में गाँव छोड़ा था। वे ही फिर सामने खड़े थे। आखिर जाएँ तो कहाँ ? सूबेसिंह से पार पाना आसान नहीं था। सुनसान जगह है कभी भी हमला कर सकता है। या फिर मानो को...विचार आते ही वह काँप गया था। उसने करवट बदली। मानो जाग रही थी। उसे अपनी ओर खींचकर सीने से चिपटा लिया था।

जसदेव ने भी पूरी रात जागकर काटी थी। सूबेसिंह का गुस्सैल चेहरा बार-बार सामने आकर दहशत पैदा कर रहा था। उसे लगने लगा था कि जैसे वह अचानक किसी षड्यंत्र में फँस गया है। उसे यह अंदाज नहीं था कि सूबेसिंह मारपीट करेगा। ऐसी कल्पना भी उसे नहीं थी। वह डर गया था। उसने तय कर लिया था, चाहे जो हो, वह इस पचड़े में नहीं पड़ेगा।

सुबह होते ही वह असगर ठेकेदार से मिला था। असगर ही उसे शहर से अपने साथ लाया था। जसदेव ने असगर ठेकेदार से अपने मन की बात कही। ठेकेदार ने उसे समझाते हुए कहा था, ''अपने काम से काम रखो। क्यों इन चमारों के चक्कर में पड़ते हो।''

जसदेव के बदले हुए व्यवहार को मानो ने ताड़ लिया था। लेकिन उसने कोई प्रतिक्रिया जाहिर नहीं की थी। वह सहजता से अपने काम में लगी थी। वह जानती थी कि उनके बीच एक फासला आ गया है। लेकिन वह चुप थी।

सूबेसिंह को भी लगने लगा था। मानो को फुसलाना आसान नहीं है। उसकी तमाम कोशिश निरर्थक साबित हुई थी। इसीलिए वह मानो और सुकिया को परेशान करने पर उतर आया था। उसने असगर ठेकेदार से भी कह दिया था कि उससे पूछे बगैर उन्हें मजदूरी का भुगतान न करे। न कोई रियायत ही बरते उनके साथ।

मानो से कुछ छुपा नहीं था। सूबेसिंह की हरकतों पर उसकी नजर थी। उसने अपने आप में निश्चय कर लिया था कि वह उसका मुकाबला करेगी। उसके मन में उठते-बैठते एक ही खयाल था। पक्की ईंटों का घर बनवाना है। लेकिन सूबेसिंह इस खयाल में बाधक बन रहा था।

सुकिया और मानो दिन-रात काम में जुटे थे। फिर भी हर महीने वे ज्यादा कुछ बचा नहीं पा रहे थे। पिछले दिनों उन्होंने दुगुनी ईंटें पाथी थीं। उनके उत्साह में कोई कमी नहीं थी। एक ही उद्देश्य था—पक्की ईंटों का घर बनाना है। इसीलिए सूबेसिंह की ज्यादतियों को वे सहन कर रहे थे। लेकिन एक तड़प थी दोनों में, जो उन्हें सँभाले हुए थीं।

सूबेसिंह नित नए बहाने ढूँढ़ लेता था, उन्हें तंग करने के, एक शीत युद्ध जारी था

उनके बीच, सुकिया से ईंट पाथने का साँचा वापस ले लिया गया था। उसे भट्‌टे की मोरी का काम दे दिया था। मोरी का काम खतरनाक था। मानो डर गई थी। लेकिन सुकिया ने उसे हिम्मत बँधाई थी, ''काम से क्यूँ डरना...।''

सुकिया का साँचा जसदेव को दे दिया गया था। साँचा मिलते ही जसदेव के रंग बदल गए थे। वह मानो पर हुकुम चलाने लगा था। मानो चुपचाप काम में लगी रहती थी।

''कल तड़के ईंट पाथनी है। ईंटें हटाकर जगह बना दे।'' जसदेव आदेश देकर अपनी झोंपड़ी की ओर चला गया था। मानो ने पाथी ईंटों को दीवार की शक्ल में लगा दिया था। कच्ची ईंटों को सुखाने के लिए दो खड़ी, दो आड़ी ईंटें रखकर जालीदार दीवार बना दी थी। ईंट पाथने की जगह खाली करके ही मानो लौटकर झोंपड़ी में गई थी।

हैंडपंप पर भीड़ थी। सभी मजदूर काम खत्म करके हाथ-मुँह धोने के लिए आ गए थे।

सुबह होने से पहले ही मानो उठ गई थी। उसे काम पर जाने की जल्दी थी। चारों तरफ अँधेरा था। सुबह होने का वह इंतजार करना नहीं चाहती थी। उसने जल्दी-जल्दी सुबह के काम निबटाने और ईंट पाथने के लिए निकल पड़ी थी। सूरज निकलने में अभी देर थी। जसदेव से पहले ही वह काम पर पहुँच जाती थी।

इक्का-दुक्का मजदूर ही इधर-उधर दिखाई पड़ रहे थे। वह तेज कदमों से ईंट पाथने की जगह पर पहुँच गई थी। वहाँ का दृश्य देखकर अवाक् रह गई थी। सारी ईंटें टूटी-फूटी पड़ी थीं। जैसे किसी ने उन्हें बेदर्दी से रौंद डाला था। ईंटों की दयनीय अवस्था देखकर उसकी चीख निकल गई थी। वह दहाड़ें मार-मारकर रोने लगी थी। आवाज सुनकर मजदूर इकट्‌ठा हो गए थे।

जितने मुँह उतनी बातें, सब अपनी-अपनी अटकलें लगा रहे थे। रात में आँधी-तूफान भी नहीं आया था। न ही किसी जंगली जानवर का ही यह काम हो सकता है। कई लोगों का कहना था, किसी ने जानबूझकर ईंट तोड़ा है।

मानो का ह्रदय फटा जा रहा था। टूटी-फूटी ईंटों को देखकर वह बौरा गई थी। जैसे किसी ने उसके पक्की ईंटों के मकान को ही धराशायी कर दिया था।

जसदेव काफी देर बाद आया था। वह निरपेक्ष भाव से चुपचाप खड़ा था। जैसे इन टूटी-फूटी ईंटों से उसका कुछ लेना-देना ही न हो।

सुकिया भी हो-हल्ला सुनकर मोरी का काम छोड़कर आया था। ईंटों की हालत देखकर उसका दिल भी बैठने लगा था। उसकी जैसे हिम्मत टूट गई थी। वह फटी-फटी आँखों से ईंटों को देख रहा था। सुकिया को देखते ही मानो और जोर-जोर से रोने लगी थी। सुकिया ने मानो की आँखों में बहते तेज अंधड़ों को देखा और उनकी किरकिराहट अपने अंतर्मन में महसूस की। सपनों के टूट जाने की आवाज उसके कानों को फाड़ रही थी।

असगर ठेकेदार ने साफ कह दिया था। टूटी-फूटी ईंटें हमारे किस काम की। इनकी मजदूरी हम नहीं देंगे। असगर ठेकेदार ने उनकी रही-सही उम्मीदों पर भी पानी फेर दिया था। मानो ने सुकिया की ओर डबडबाई आँखों से देखा। सुकिया के चेहरे पर तूफान में घर टूट जाने की पीड़ा छलछला आई थी। उसे लगने लगा था, जैसे तमाम लोग उसके खिलाफ हैं। तरह-तरह की बाधाएँ उसके सामने खड़ी की जा रही हैं। वहाँ रुकना उसके लिए कठिन हो गया था।

उसने मानो का हाथ पकड़ा, ''चल ! ये लोग म्हारा घर ना बणने देंगे।'' पक्की ईंटों के मकान का सपना उनकी पकड़ से फिसलकर और दूर चला गया था।

भट्टे से उठते काले धुएँ ने आकाश तले एक काली चादर फैला दी थी। सब कुछ छोड़कर मानो और सुकिया चल पड़े थे। एक खानाबदोश की तरह। जिन्हें एक घर चाहिए था, रहने के लिए। पीछे छूट गए थे कुछ बेतरतीब पल, पसीने के अक्स जो कभी इतिहास नहीं बन सकेंगे। खानाबदोश जिंदगी का एक पड़ाव था यह भट्टा।

सुकिया के पीछे-पीछे चल पड़ने से पहले मानो ने जसदेव की ओर देखा था। मानो को यकीन था, जसदेव उनका साथ देगा। लेकिन जसदेव को चुप देखकर उसका विश्वास टुकड़े-टुकड़े हो गया था। मानो के सीने में एक टीस उभरी थी। सर्द साँस में बदलकर मानो को छलनी कर गई थी। उसके होंठ फड़फड़ाए थे कुछ कहने के लिए, लेकिन शब्द घुटकर रह गए थे। सपनों के काँच उसकी आँख में किरकिरा रहे थे। वह भारी मन से सुकिया के पीछे-पीछे चल पड़ी थी, अगले पड़ाव की तलाश में, एक दिशाहीन यात्रा पर।

●●●